埋もれし近代日本の経済学者たち

八木紀一郎
柳田 芳伸 編

昭和堂

序　近代日本の知識社会のなかでの経済学――多様性と忘却――

編者

日本は経済学に関しては輸入国とみなされることが多い。しかし現在では、こと経済学や経済知識の普及においては、近代の経済学が生まれた西欧諸国を上回っているかもしれない。高等教育の領域でみれば、二〇一六年現在で経済学・経営学・商学関係の学部で学んでいる大学生は四五万人を超え、かれらに経済関連の科目を教える教員も一万人近くいる。(1) また代表的な日刊経済紙である日本経済新聞は二〇〇万部強の発行部数を誇っている。(2) 経済問題をとりあげた新書類はひきもきらずに出版され、雑誌売場では経済週刊誌数誌がそれぞれに特集を組んで競争しあっている。テレビでの経済ニュースの解説はお茶の間にも入り込み、インターネットの世界では経済情報の氾濫が起きている。

このような経済知識の量的拡大・普及と結びついて、大学教員から官庁エコノミスト、実務家からジャーナリストにいたるまで日本のエコノミストの社会内での位置は多様である。また彼/彼女らの用いている経済学の理論や手法もさまざまである。毎年夏に公表される『経済白書』（現在では『経済財政白書』）のタイトルが新聞を賑わすように標準的な経済分析が浸透しているけれども、他方では歴史や思想と結びついた総合的な社会科学として経済学をとらえる考えも根深く定着している。経済学の内容についても多様であり、戦前以来マルクス経済学の影響が強かったこともその特徴であるとは言え、最近でもさまざまな異端派の経済学が生まれている。経済理論および社会思想の歴史的研究も盛んで、西洋経済学の古典のほとんどが翻訳され、しばしば数種の翻訳が並びおこなわれているほどである。

しかし、大学における「経済学史」の講義が西洋の経済学に限られているように、日本の経済学や経済思想についての標準的な認識は確立していない。大学等の機関の回顧的な出版物、あるいは特定個人を顕彰する型の著作は以前から多数存在している。その反面、近代日本の経済学や経済思想の研究が独自の研究分野として確立したのは、そう古いことではない。現在の研究者の手によって、西洋経済学導入の文献学的研究や戦前日本資本主義論争についての研究、さらに最近では数理的な近代経済学への日本人学者の参入についての優れた研究があらわれている。けれども研究者の狭いサークルの範囲を超えて知られているのは、福沢諭吉、柳田国男、福田徳三、河上肇、石橋湛山、高田保馬、柴田敬などのビッグネームでなければ、東大、京大、慶應、早稲田等の主要大学の経済学講座にかかわるエピソードの羅列のような断片的な知識ぐらいであろう。

本書は『埋もれし近代日本の経済学者たち』というやや偏屈なタイトルを冠している。それは、近代日本の経済学の発展の研究において現在必要なのは、現在の視点からする標準的な見解を確立することではなく、明治維新期以来一五〇年の歴史のなかで、日本社会に受け入れられた経済学のありようの多様性について認識することであると考えているからである。

本書は編者二人の研究者仲間を中心に一一人の執筆者を集めて生まれた。昭和堂編集部の鈴木了市氏は本書刊行の意義に賛同されただけでなく、微に入り細にわたる校正作業で本書を整えてくださった。御厚情に深く感謝する。執筆者はそれぞれに、企画のタイトルにふさわしい経済学者やトピックを考えて執筆企画を寄せ、二回の検討会をへて原稿を完成させた。あらかじめ時代を指定していたわけではないが、第一章で瀬戸口龍一がとりあげた田尻稲次郎を除くと、そのほとんどのトピックが大正期および昭和前期から戦時期にいたるいわゆる「戦前」期に集中していた。

スター経済学者でもなく、現在時点からクローズアップされるトピックにも関連しないという「埋もれし経済学者」のイメージに結びつく人物が戦前期に集中したのは何故であろうか。私たちが思いつくことは二点ある。そのことについて簡略に説明したうえで、本書の各章の紹介をおこないたい。

◉複線的な教育制度と帝国の二重構造

その第一は、日本において「経済学」が本格的に普及したのが第一次大戦後にはじまる「戦前期」で、それは複線型の学校制度や日本社会・帝国国制の構造と結びついて、はじめから多様性を蔵していたということである。複線型の学校制度というのは、エリート養成のための旧制中学、高等学校、帝国大学と並んで実務専門家養成のための専門学校、各種高等専門学校が存在するとともに、各種の性格を有した私学が発展したことを指している。この序の冒頭で、現在の日本における経済学（経済知識）の普及の像を描いたが、そのような知識社会化の端緒が既に一九二〇年代一九三〇年代に起きていた。それは、複線型の学校制度と結びついた経済学の普及・制度化とともに起きている。明治期には、経済学はまだ「導入」あるいは「啓蒙」段階にとどまっていて、田口卯吉の『東京経済雑誌』に拠った普及活動も十分には根付かなかった。しかし二〇世紀にはいると、高等教育・商業教育の拡張に経済学が結びつき、新聞・雑誌・放送・出版などの経済ジャーナリズムが繁栄し、経済（学）的知識が広く普及するようになる。とくに、第一次大戦後に通商面でも世界の列強に並ぶようになると、経済への関心が政治や軍事への関心を凌駕するに至った。

僥倖のような戦争景気によって日本経済は量的には拡大したが、その基礎が脆弱なものであることは誰もが知っていた。平和の下で繁栄を維持するために、外に対してはどのような通商政策・金融政策をとるべきか、内においては経営の近代化と産業の効率化をはかるためには何をすべきかが問われた。『東洋経済新報』に拠った石橋湛山は大戦後の公正な通商体制のために論陣を張ったが、後の金解禁論争（一九二九～三〇年）においては日本経済の実勢に応じた「新平価」を主張して、政府及び財界主流の旧平価解禁論に対抗した。明治期に創刊された『東洋経済新報』は大正期に週刊となって部数を拡大し、それを追うようにして『ダイヤモンド』や『週刊エコノミスト』が創刊されている。

経済への関心は社会問題への関心と同時に結びついていた。河上肇が一九一六年に、大阪朝日新聞での『貧乏物語』の連載を当時の世界経済の覇権国の首都ロンドンにおける富と貧困の対比から説き起こしたとき、読者の誰もが著者の念頭にあるのは大戦景気で金満国になった日本であることを察知した。大正デモクラシー運動が普通選挙を実現し、労働運動や農民運動を背景においた無産政党が新興勢力として登場するようになると、デモクラシーの次の課題は「社会問題の解決」であるという考えが有力になった。河上は、個人雑誌『社会問題研究』に拠って「マルクス主義の宣伝」にのりだし、一九二〇～三〇年代に多数輩出するマルクス経済学者の先駆けとなった。河上のように「マルクス主義」に走らない場合でも、「生存権」にもとづいた社会政策を構想した福田徳三のように、ほとんどの経済学者が、それぞれの考える「社会問題の解決」を経済学探求の目標と考えていたのである。

この時期は、日本の高等教育のなかで経済学関連の教育（経済学、経営学、商学など）が大幅に拡充され、現在につながる流れが生まれた時期でもある。日本における経済学の制度的確立の指標として、一九一九年に東京と京都の二帝大で法学部から経済学部が分離したことがしばしば指摘されるが、それはより大きな流れのなかの一コマであった。一九一八年に新しい「大学令」が公布されると、東京、神戸、大阪の三つの高等商業学校が順次大学に昇格したばかりでなく、慶應義塾、早稲田をはじめとした私学が帝大と同格の大学として晴れて公認され、なかには経済・商学系を拡充して量的拡大に乗り出す私学も現れた。経営近代化と結びつけて大卒事務職を求めていた企業がその卒業生を多数採用した。昭和恐慌などで就職難になった年には「大学を出たけれど」という嘆き節を生んだが、この時期に拡充された経済系の大卒者は、昭和前期に形成された都市サラリーマン社会の中核部分に位置している。

第一次大戦が終わると文部省は高等教育を大規模に拡充する「計画」の実施にのりだした。そこには、帝大と高校の増設とともに、高等商業学校を含む各種の高等専門学校の増設が盛り込まれた。明治期に創設された高等商業学校は前記の三高商のほか山口、長崎、小樽の三校であった。さらに、この計画にもとづいて名古屋、福島、大分、彦根、和歌山、横浜、高松、高岡と合わせて八高商が増設された。これらの高商の卒業生は、東京、神戸、大阪の三商大や帝大に進学するものもいたけれども、多くの卒業生はそれぞれの地方の産業・経済を支える人材となった。また、この高商の拡充にならって私立の高商を設置しようとする動きも生まれたものの、私立の学校の多くは中等教育レベルの商業専門学校に留まる場合が多かった。

高等商業学校は、帝国大学への進学を予定するエリート学校である（旧制）高等学校と異なって、一般の中学校や商業学校から入学でき、農林水産や工業、医学などの領域の高等専門学校とともに、戦前の複線型の学校システムの一部であった[(3)]。準エリート学校にとどまるとは言え、地方に数少ない官立学校であったから、教員・学生のプライドと向学心は高かった。本書の第八章では、この時期の高等教育拡充に合わせて「在外研究」に派遣された経済学者とその動向を、ドイツを滞在先に選んだ経済学者を中心に考察している。この分野では、高商系の在外研究員はその数において、帝大所属の在外研究員を圧倒していた。

また、第九章では、外地にあった二つの帝国大学、台北帝大と京城帝大の経済学者について、第一〇章では台湾の産業通商のための人材を育成しようとして生まれた台北高商の経済学者について考察されている。これらの外地の帝国大学や高商の教員・学生のほとんどは日本人であったが、官立学校であっても内地の文部省ではなく台湾および朝鮮総督府の管轄下にあった。そのため、文部省関連の資料でも対象外にされていることが多い。このような帝国教育制度における外地・内地の二重構造も、学校制度における複線型の構造と合わせて、戦前期の学術体制の見晴らしを困難にしている原因の一つであろう。

◉戦前期固有の問題関心

第二に思いつくのは、戦前期に固有の問題や課題にとりくんだ経済学者が、その問題や課題の消失とともに忘れられたのではないかということである。たとえば、過剰人口の問題である。戦前期の日本は人口増加に悩み、過剰人口のはけ口を植民地獲得や海外移民に求める議論が支配的であった。それは欧米列強に圧倒されて西洋の文化・制度を導入したトラウマによってくりかえし現れるウルトラ・ナショナリズムと一緒になって東亜地域の盟主としての日本帝国の拡大への衝動になって現れた。他方で、過剰人口と貧困の結びつきは当時の政治家・行政官だけでなく知識層をも捉えていた。貧困の原因を資本主義に求めるマルクス主義者は、帝国主義的ナショナリズムを警戒しながら、貧困の人口原因説と闘わなければならなかった。いうまでもなく、人口減少に悩む現在の日本におけるナショナリズムの動きは、差別と防衛衝動が入り混じったもので、戦前のそれと同一視することはできない。

農村においては零細農耕のもとで地主・小作関係が拡がり、農業生産の停滞とともに貧困が蔓延し、小作争議が頻発していた。農民運動は労働運動と並んで無産者運動の支えとなっていた。農村を支配しているのは資本主義なのか、あるいは封建地主制なのかと問いかけられたマルクス主義経済学者は、現物納小作料の封建性の有無をめぐる論争に百本を超える論文を捧げた。農政関係者の課題は、帝国として食料の自給体制を構築するとともに、農地制度の改革をはかることであった。農業問題へのこのような関心は、戦後の農地改革と高度成長によって一変した。現在の日本では、縮小した農業を、国際的な農産物市場の圧力に抗しながら、安全で高品質の農産物を供給し地域基盤にもなる産業として維持することが課題である。

一九二〇年代の日本では平和的な国際通商体制への関心が前面に出ていたが、植民地支配をおこなう列強の一員として、その帝国体制はむしろ確立された。外地における学校制度の整備もその一環である。一九三〇年代になるとブロック経済化の動きのなかで、近隣国をも包括した勢力圏を構築しようという志向が出てくる。とくに一九三七年以降の中国大陸での軍事行動に対して経済制裁を覚悟しなければならなくなると、政府と軍部は資源に対する関心を極東地域だけでなく、南洋からインド洋、中東地域まで広げた。大アジア主義者だけでなく、地理学者、民族学者とともに経済学者も、海外事情研究に駆り出された。それは第一一章でとりあげられる井筒俊彦に代表されるような第二次大戦後のアジア研究、民族学研究の隠れた素地であった。

第二次世界大戦における同盟国ドイツとの関連も、時として意図的な忘却にさらされてきた。第七章でとりあげられる荒木光太郎が官界・学界・ジャーナリズムを結び付けた政策研究のネットワークを構築することに貢献しながら、戦後に忘却されたのは、彼がナチス支配下のドイツ学界との連携役を担ったからであろう。しかし、左派の経済学者であっても、全体主義思想の紹介や海外経済事情の調査研究によって糊口をしのいでいた。大東亜共栄圏の思想に結びついた大物学者すら存在する。

戦時期、戦後期における「転向」と「再転向」、あるいは「追放」とその「解除」の過程のなかで、学者たちにも多くの運・不運が生まれた。しかし、旧世代の学者たちが存命であったときには、過去についてあらためて言揚げするのは憚られることであった。触れずにおこうという配慮とともに、付随して多くのことが忘却された。つまり、「埋もれる」あるいは「忘れられる」ということには、現在と過去の認識関心の相違によって自然にそうなる場合だけでなく、意図的にそうされる場合もありうるということである。

◉本書各章の紹介

以上二点を全体的な背景として指摘したうえで、以下各章の紹介に移りたい。

第一章　明治期、私立高等教育機関で経済学教育を担った人びと―田尻稲次郎を中心に　（瀬戸口龍一）

はじめに、幕末から明治期初期にかけて日本に持ち込まれた西欧の近代的な経済学がどこでどのような形で普及していったのかについて、慶應義塾などの東京の私立学校のほか関西の私学を例にあげて概観する。なかでも明治一〇年代以降に次々と設立された私立法律学校においては、学校ごとに違いはあるにせよ、経済学教育が導入されていく。法曹養成とは異なって、官僚養成においては経済学教育が必要とされていた。

次に、田尻稲次郎の教育内容や履歴、教育者としてどのように評価されていたのかを具体例を挙げて紹介する。田尻は単なる学者・教育者というだけなく、日本で初めて「経済科」を設けた高等教育機関である専修学校（現・専修大学）の創立者でもあった。つまり全体のカリキュラム構成を含め、総括的な経済学教育方法を考え、実施できる立場にあった。専修学校の経済学教育では国家の財政問題に直結した科目が配置されていた。

さらに、経済学教育が高等教育機関においてなぜ必要とされていくのかについて、高等文官試験の導入という観点からその意義を提示した。また明治二〇年代に設立された二つの経済学系学会が一学校に止まらない経済学関係者たちの社会的活動の場になっていたこと、そして国家政策に対しても提言を行っていることを指摘し、当該期にはすでにこのような集団が形成され、社会に向けてコミットしようとしていたことを紹介する。

最後に、明治から大正期まで長きにわたり多くの学校で教壇に立ち続けた田尻がどのような後進を育てたのか、また後世の経済学者を含めた経済界にどこまで影響力を与えたのかを考察する。田尻が日本に導入したフランス財政学そのものが受け継がれたわけではないが、田尻の薫陶を受けた人びとが大学・諸官庁・財界など諸方面で活躍したことは間違いなく、その意味では田尻は教育者としても大きな功績を挙げていた。

第二章　武藤長蔵の多識と実学（谷澤毅）

本章では、長崎高等商業学校（のちの長崎大学経済学部）の教授を務めた武藤長蔵を取り上げる。武藤の名は、地元長崎を扱う長崎学との関連で挙がることが多いとはいえ、彼の学問の基礎を形づくったのは商業学をベースとした社会科学である。まずは鉄道の経営や政策など、広い意味での実学の世界が彼の研究の対象となり、やがて研究の幅は人文・社会の諸分野へと拡大していった。

武藤の研究を特徴づけるのは、一つにはこのような研究領域の広さ、研究対象の多様性が挙げられる。文献の博捜にもとづく幅広い知識の開陳により、武藤は博学、多識の人として知られる。もう一つの特徴としては、武藤独特の研究手法が指摘できる。幾多もの文献・資料に基づき瑣末ともいえる事柄に徹底的な考証を施すという学問のスタイルは「ムトウイズム」とも言われ、後世、学者としての武藤を偲ぶ際にこの言葉はよく想起される。

このような特徴を持つ武藤の学問的な業績にあらためて光を当てることを目的として、本章では、まず武藤の履歴をたどるとともに、書籍とのかかわりと幅広い交友関係の面から彼の人物像の一端を明らかにする。次いで研究業績一覧に基づいて武藤の研究の幅、関心領域の広がりについて確認し、さらに、武藤独特の研究手法（ムトウイズム）がどのように応用されているか、いくつかの著作に基づいて検討を加えた。そして、細かい事実の確認のために幾多もの文献・資料を題材としてくどいまでの考証を繰り広げるという彼の学問的手法が、鉄道や商業教育など広い意味での実学の領域にも発揮され、本来重視されるべき役に立つ知識の伝授や学生のスキルの向上などが考慮されていないことを確認する。これだけを見れば、武藤の教育者としての資質が問われることになるが、最後に教育者としての武藤が、学生の心に火をともす存在であったことを指摘し、あわせて考証を重んじる彼の研究手法が実学よりもむしろ博物学や民間学といった帰納法的色彩の強い学問に連なるであろうとの見通しを述べる。

第三章　啓蒙派エコノミスト太田正孝——官界・新聞界・政界を渡り歩いた健筆家（上久保敏）

この章では、啓蒙派エコノミスト・太田正孝を取り上げ、まず各界における太田の活動を辿る。太田は東京帝国大学法科大学経済学科を卒業後、一九一二年に大蔵省に入省し、板橋税務署長、神戸税関総務課長、大蔵省主計局主計官等を歴任した。一九一九年に大蔵省を退職して、報知新聞社・副社長に転じたが、経営方針の違いにより一九二八年に退職する。その後、政界に転じ一九三〇年から衆議院議員となり、大蔵参与官や大蔵政務次官を務めた他、大政翼賛会政務局長にも就いた。戦後は公職追放に遭い、巣鴨刑務所にも収監されたが、やがて政界に復帰し、国務大臣・自治庁長官を務めた。

続いて、官界・新聞界・政界を渡り歩く一方で、講演・執筆でも旺盛な活動を示した太田の経済思想に焦点が当てられる。太田は神戸税関時代に実務的に関わり、関心を持ったことにより内外ともに先行研究の薄い関税行政とりわけ保税制度を研究し、『関税行政之研究』（一九一八年）、『保税制度論』（一九二二年、東京帝大から博士号を取得する学位論文）、『関税行政論』（一九二七年）を刊行した。太田が道徳を強く意識した経済観を持っていたことや社会改良主義の立場を採りながら時局の進展とともに統制経済論や計画経済論を展開していったことを明らかにした上で、エコノミストとしての太田の真骨頂は講演活動に加え『経済読本』（一九二五年）、『人情亡国論』（一九三〇年）などの啓蒙書や経済学の教科書の執筆を通して、経済理論の一般化・民衆化を目指した点にあると見る。

そして太田の思想的背景を解き明かし、東京帝大在学時に学んだ金井延たち日本社会政策学派、イギリスの社会思想家ジョン・ラスキン、『貧乏物語』の著者・河上肇、知識の民衆化に当たった福沢諭吉の影響を指摘する。その上で、太田が日本文化講義などの思想善導に関与することになったことに論及しつつ、太田の啓蒙姿勢と卓越した解説能力は今日でも十分に評価されるべきものであろうと結んでいる。

第四章　カウツキーの人口論の導入者たち（柳田芳伸）

この章では、カウツキーの人口論を近代日本に紹介、導入しようとした六人の学績に焦点をあてている。最初に、カウツキーの人口論は『社会の進歩に対する人口増加の影響』（一八八〇年）、『自然と社会における増殖と発展』（一九一〇年）、および二巻の『唯物史観』（一九二七年）の一部（特に第一巻第二篇）を総合的に理解することで把握できると整理、主張する。

その上で、まずは、いわゆる「大正・昭和初期人口論争」でマルクス陣営からマルサス人口論を論難した向坂逸郎と吉田秀夫の論議を取り上げている。向坂は上記の三作を通読し、社会主義社会下での過剰人口論をカウツキーの生物均衡論から論証しようとし、他方、吉田はカウツキーの所論を「新マルサス主義者の亜流」以外の何ものでもないと論難したと説いている。

ついでは、論点をカウツキーの人口論に関する著作の邦訳者に転じる。『発展』を『マルキシズムの人口論』と題して翻訳・刊行した松下芳男と、『史観』の第一巻を全訳した佐多忠隆に焦点を合わせる。軍人歴をもっていた松下は尾佐竹猛に魅了され、それを機に反戦論を唱えていた水野広徳に邂逅し、第一次大戦期に平和の維持を提唱していたカウツキーらへ共鳴していった。また櫛田民蔵を敬愛してやまなかった佐多は「マルクス主義の書斎派」として、ドイツ社会民主主義に接近していった。

逸早くカウツキーの『発展』の内容を平易に紹介した藤村信雄の『人口論・「マルサス」説の研究』（一九二四年）

にも光があてられる。革新外務官僚の一人であった藤村は若き日にカウツキーの人口論に学びつつ、社会主義社会における過剰人口の解決の糸口を見出そうとしていた。最後に、戦後復興期に厚生省人口問題研究所で活躍した本多龍雄の一連のカウツキーの人口に関する立論にも目を注いでいる。とりわけ、本多はカウツキーの『発展』における資本主義のもとでの社会階級別出生力に注目し、その成果の一部を『日本人口白書』（一九五一年）や『人口白書』（一九五九年）に反映させている。

第五章　郡菊之助――統計学者の軌跡と光芒（藪内武司）

この章では、大正後期から戦前期日本の統計学界で活躍した郡菊之助を取り上げる。郡は、東京商大に学び、藤本幸太郎ゼミの第一期生として、名古屋高商に着任。同高商では、「統計学」・「交通論」関係を担当し、そこでの学者生活は精力的かつ華々しいものであった。著書二六冊、論文、随筆等一二〇余点、さらには講演、ラジオ放送等々と多方面にわたって活躍をした。

加えて、一九三〇年の国際統計協会の報告者として招かれ、翌三一年には日本統計学会創立の発起人の一人として、日本の統計学界の興隆に大きく貢献をした。一九三二年秋から三三年夏にかけて、欧米に留学し見聞を広めた。また同学の士と、今日に伝わるいくつかの有名な論争を行なっている。蜷川虎三との統計本質論をめぐっての論争、猪間驥一との統計グラフおよび物価指数に関する活発な論争などがあげられる。改正暦についても、長年提唱している。趣味も多様で、「鯛歩（ちょうほ）」という俳号を持つ風流人でもあった。

一九四五年八月終戦。敗戦は、郡の人生を大きく変えた。すなわち、戦争直前期に著わした『戦争と人口問題』（一九四一年刊）によって、GHQから積極的な「軍国主義や国家主義」者と見なされたのである。郡は「教職追放」の身となった。五〇歳代前後という働き盛りの年代である。

一九五一年、パージが解除されるが、時すでに遅しで、帰るべき職場（名古屋高商）は廃校となっていた。幸い愛知大学で第二の人生を送るが、空白期の衝撃が大きかったのであろうか、戦前期の華やかさはなかった。郡もまた、時代の波に翻弄された学者であった。

第六章　小農研究の先駆者―東浦庄治　（玉真之介）

この章は、昭和戦前期に帝国農会の代表的理論家として活躍していながら忘れられて久しい経済学者、東浦庄治を小農研究の先駆者として取り上げる。小農研究も同じく忘れられているが、実は大正から昭和にかけては、〝家族農業に基づく小農的農業を日本農業の本質〟と捉えて小農保護を論ずる学者が少なくなかった。こうした学者の多くが十九世紀末に登場したドイツ歴史学派の方法に立脚していた。なぜなら、小農問題を様々な社会問題の一つとして発見したのがドイツ歴史学派であり、その影響を日本の社会科学も強く受けていたからである。ところが、第一次世界大戦とロシア革命の後に、この状況は一変する。わが国では日本資本主義論争が開始され、問題は農業の資本主義化を拒んでいる前近代的な「半隷農主的寄生地主制」とされ、小農問題は学会の議論から消えていったのである。

ここには、小農と経済学との〝不幸な関係〟が示されている。歴史学派の後を襲って登場したマルクス経済学や近代経済学は、小農の消滅を進歩であり不可避的であると信じる点では一致していた。この結果、小農の維持・存続を主張してきた小農経済論は、進歩に背を向けた「反近代」の〝農本主義〟と見なされることになった。これに対して、東浦は、歴史学派の方法も継承しつつ、マルクス経済学による「地主制」研究とはまったく異なる日本農業論を展開していた。土地制度で言えば、農民的小土地所有の下での中小零細な地主への着目であり、小作制度においては人口増加に伴う耕地不足の指摘である。小作争議については一過性のブームであるという指摘であった。

この東浦を今日、再評価する意義は、経済グローバル化の下で地方経済が衰退の一途をたどっている中で、実は資本主義経済もまた小農的農業に依存して存在しているという認識に立脚することで、復権しつつある国民国家による家族農業支援の根拠を明確にするところにある。

第七章　荒木光太郎─ネットワークを通じた経済学の制度化（牧野邦昭）

荒木光太郎は戦前の東京帝国大学農学部・経済学部で教授を務めた経済学者であるが、現在ではその研究や活動について顧みられることはほとんどない。しかし名古屋大学大学院経済学研究科附属国際経済政策研究センター資料室に所蔵されている「荒木光太郎文書」の研究を通じ、荒木の多方面にわたる活動が明らかになってきた。荒木は留学時にミーゼス、ハイエク、シュンペーターなどの海外の著名な経済学者と交流し、その経済学の日本への紹介に大きな役割を果すと共に経済学振興会において戦時下においても海外の理論経済学書の翻訳・リプリントを行った。また貨幣・金融の専門家としての荒木は、金本位制を基本とした古典派経済学の立場を維持しつつもケインズの提唱する管理通貨制度の意義も認めるなど、柔軟な主張を行っていた。さらに荒木はナチス期の日独交流に取り組む一方で石橋湛山らリベラルな知識人とも交流するなどイデオロギーにとらわれない人物でもあった。こうした荒木の思想と温厚かつ真面目な性格から荒木は多くの官庁の委員会や学会の創設・運営に関わっている。これに加え、妻の光子を通じた財界・社交界との関係もあり、荒木は「日本と海外（特にドイツ語圏）の経済学者」、「学界と財界・官界」、「学界における様々なイデオロギー」などの異なる領域を結びつけるネットワークの結節点としての役割を果すことになった。また荒木門下生の大石泰彦や今野源八郎が戦後の東大経済学部の「近代経済学」を担ったり、城島国弘が日本と西ドイツの経済学者の交流に尽力したりするなど、荒木のネットワークは戦後の日本の経済学にも影響を及ぼしている。経済研究における共通基盤としての経済学の普及や研究組織の整備という「経済学の制度化」は戦前から戦後の日本でどのように進められたのかを考える上で、荒木光太郎の存在を無視することはできない。

第八章　両大戦期ドイツでの在外研究—経済学者の共和国体験（八木紀一郎）

第一次大戦後から第二次大戦が勃発するまで、二〇〇人以上の日本人経済学者（商学・経営学・農業経済学を含む）がドイツで在外研究をしている。本章では彼らの経験の意味を知識社会学的に考察する。はじめに、明治期以降の西洋学術の輸入・移植にとっての海外留学、とりわけ文部省による官費留学生の派遣について概説し、それが第一次大戦後には「在外研究員」として行われるようになった経緯を説明する。大戦期に中断されていたドイツ留学が再開されるとドイツは再び留学先の筆頭国になる。慶應・早稲田や大原社研のような私学・民間研究所からの派遣研究者も含めてドイツに滞在した社会科学研究者は、ドイツの学界事情を知るとともに、諸政党・労資が公然と対立しあったワイマール共和国の政情に触れ、それらの知識を日本に持ち帰った。マルクス主義とその批判、実証的な経済史学・統計学、また経営学・会計学、さらに経済哲学・経済思想に至るまで、日本の学界へのドイツの影響は強かった。日本の経済学者が一般均衡理論を受け入れたのも、シュンペーターやカッセルなどのドイツ語著作を介してであった。日本の大学におけるドイツ流儀の影響は第二次大戦後においても残った。経済学の全領域でアメリカ的な標準化への圧力が浸透するまでのあいだ、日本の経済学界・経営学界でマルクス経済学とドイツ経営学が優勢であったのもそのためであろう。

この時期にドイツに滞在した日本人学者たちは、講義室で学ぶ以上に、帝政の重しのなくなった共和国における政治と経済の激動から学んだ。いや、それにふりまわされて、マルクス主義、自由主義、国家主義等の立場に分かれていった。本章は、彼らの経験を前期（共和国創成期）・中期（安定期）・後期（ナチス支配期）にわけて概観するとともに、マルクス主義とナチズムの勃興のなかで様々な両義性が生まれたことを考察する。帰国後の彼らはマルクス主義の興隆と抑圧、国際協調から対立へ、さらに戦時体制への移行や日独の全体主義同盟とめまぐるしく変わる状況下で、その時々における選択をしなければならなかった。最後にこの時期にドイツで「在外研究」した日本の経済学者のリストを付しているが、これについては、戦前期文部省在外研究員の悉皆的なデータベースを作成された辻直人氏の業績に依拠している。

第九章　外地帝国大学における経済学研究者たち　（山﨑好裕）

この章では、京城帝国大学および台北帝国大学という二つの外地帝国大学における経済学研究について学説史的な分析を行っている。著者は二〇〇九年から二〇一〇年にかけて現地で文書調査と資料収集を行った。調査は両帝国大学の経済学研究および教育の体制についての包括的なものであったが、とりわけ現地在住の経済学者たちの業績が文字通り埋もれてしまっているのに心を痛めることが多かった。それらの経済学者は、植民地という政治的・経済的に限定された状況の下で、葛藤を孕んだまま研究活動を続けていた。さらに彼らの理論的研究においてすら、植民地の環境は色濃く影を落としていた。そうした経済学者たちのなかで、とりわけ鈴木武雄と楠井隆三の二人に焦点を当てて詳細な叙述を行っている。朝鮮銀行による満州国や華北等における円通貨圏の構築を背景に、京城帝国大学の鈴木武雄は、貨幣国定説に基づく貨幣理論を展開した。彼は時局に迎合的な表現を用いているが、そこには日本の植民地貨幣政策に対する婉曲的な批判が読み取れる。鈴木とは対照的に、農業中心の比較的平和な植民地経営を背景にして、折衷的な理論経済学認識論の研究を行ったのが台北帝国大学の楠井隆三である。彼の方法論の基盤にはマルクスの資本主義発展論がある。しかし、当時の科学方法論として目新しかった、マッハの感覚要素一元論やフッサールの現象学などの知見も取り入れられている。当然叙述には不整合が残るが、今となっては同時代的息遣いを伝える貴重な業績と言えるだろう。なお、それは、新カント派の立場から経済哲学を創始した左右田喜一郎への初めてのまとまった批判でもあった。また、台湾に生まれ、楠井の下で経済学を学び、初めての本土訪問からの帰途で悲劇の早世を遂げた東嘉生についても紹介を行っている。東は台湾経済史に業績を残したが、その研究過程でマルサス地代論をリカードウ地代論と対置させて積極的に評価するという理論的業績も残している。

第一〇章　台北高等商業学校の経済学者たち　（渡辺邦博）

「埋もれし」近代日本の経済学者たちにおける「埋もれし」の含意は、表面に出るべくあったが、何らかの事情により、水面下に沈んだままとなった経済学者の意味かも知れない。セリグマン『忘れられた経済学者たち』の訳者平瀬巳之吉は、「忘れられる」ためには、一旦「覚えられる」必要があると、述べている。

台北高等商業学校の場合、戦後に活躍された経済学者の名前を挙げると、香坂順一、伊大地良太郎、さらに卒業生の証言に出てくる新里英造などがいる。

ただ、戦後いわゆる内地の第一線で活躍したかというと、少し疑問もある。広東語を武器に中国語学で名を馳せた、一橋大学経済研究所教授、東京外国語大学フランス語教授などの経歴は追跡できるが、「埋もれし」経済学者と言えるかについては、首を傾げるむきもあろう。

台北高商は、敗戦にともない、設置主体が交代し、教授陣から薫陶を受けたはずの生徒・学生も日本に引き揚げた。台湾にとどまって新国家の建設に尽力した若い人たちは、日本を飛び越えてアメリカ合衆国に留学した。したがって例えば医学関係者の様に、何年か徴用されることで学問の伝播に貢献した例の様には行かない。

この章では少し角度を変えて、結果として「埋もれし」となったかも知れないが、台北高商における経済学者たちが演じた役割とは何であったかを、卒業論文を題材として、考えてみる。およそ四半世紀の歴史を持つこの学校は、大正時代の戦前日本の拡張期に設置された台湾総統府立の高等専門学校＝商業学校である。

この時期、内地でも数多くの高等商業学校が設置された。通常言われるように、内地外地を問わず、高等商業学校はその立地を反映して特色を出すのを常としている。この高商の場合、南支南洋の発展に寄与する人材の育成がそれにあたる。

本章では、この学校の存続期間に提出された卒業論文を、担当教員と学生の協働の産物とみなして、卒業論文に取り扱われたテーマの特徴、ないしは変遷を追跡して、専門学校と言う高等教育機関が、どの様な学問的流れを示したかを追っている。

第一一章　井筒俊彦の〈方法としてのイスラーム〉――東亜経済調査局および回教圏研究所での事績をふまえて（吉野浩司）

この章は、戦前から戦後にかけての井筒俊彦のイスラーム研究を、日本における「近代の超克」論の文脈において理解しようとするものである。そうした捉え方は、井筒が所属した二つの研究機関、東亜経済調査局および回教圏研究所での事績を考慮することで可能となるだろう。より詳しく言うと、フエノロサから岡倉天心を経て、大川周明にいたる日本文化史観、ならびにアジア主義者たちの東洋観を考慮することで出てくる視点である。これらの関連付けを問うた研究は、いまのところない。わずかに大川との接点に触れたいくつかの研究があるぐらいである。

この課題を果たすためにこの章では、井筒と同時期に回教圏研究所に所属した竹内好が、戦後になって提唱した「方法としてのアジア」を、導きの糸とする。竹内のアジア論を介することで、井筒とアジア主義ならびに「近代の超克」論との接続が可能となるのではないだろうか。「方法としてのアジア」とは、西洋の価値観を一方的に受け入れるのではなく、かといってアジアの価値観を強弁するのみでもない、いうなれば西洋近代が抱えていた諸問題を乗り越えるような、新しい価値観を生み出そうとする試みであった。ちょうどそれと同じ趣旨の試みを、イスラーム研究において為そうとしたのが、井筒であったというのが本章の主張である。ここではそれを、〈方法としてのイスラーム〉と名付けている。

具体的には、井筒の主著の一つともいうべき『イスラーム思想史』を組上に載せている。この書は三度の書き換えが行われている。その書き換え作業を丹念に読み直してみることによって、徐々に〈方法としてのイスラーム〉が形を成していった様子がうかがい知れることとなるだろう。つまるところ、西洋近代の超克のために井筒が構想したもの、それが〈方法としてのイスラーム〉であった、というのがこの章の主張である。

注

(1) 文部科学省「学校基本調査」平成二八年による。
(2) この発行部数は英国基盤のフィナンシャル・タイムズ紙のそれの約五倍で、日本の倍以上の人口をもつ米国の経済紙ウォールストリート・ジャーナル紙とほぼ同じである。
(3) 戦前期の経済関連分野の教育の構造を見るために、戦前期の学校制度が完成し最大規模になった時点（一九四三年）での文部省学校統計をみてみよう。この年度の法経商学系の学生生徒数総数は九万五五〇六人で、そのうち師範・専門学校の学生生徒数は五万九二七七人で、（旧制）大学の学生数三万六二二九人を六割がた上回っている。なお、この法経商学系の大学学生数はその年の大学学生数七万一七三七人の半数を超えている。これについては三商大に加え、経済・商学系を拡大した私学の貢献が大きい。

埋もれし近代日本の経済学者たち　目次

玉 真之介

第七章　荒木光太郎——ネットワークを通じた経済学の制度化——　182

牧野 邦昭

後編　帝国外辺と経済学者

前編　近代日本の知識社会と経済学者

第一章　明治期、私立高等教育機関で経済学教育を担った人びと
——田尻稲次郎を中心に——

瀬戸口　龍一

はじめに

明治・大正期にかけて活躍した経済学者の一人に、田尻稲次郎という人物がいる。田尻の業績については、これまでも多くの経済学史研究のなかで取り上げられ、なかでも大淵利男氏が「日本のルロア・ボーリュー」[1]と称しているように、田尻はフランス財政学を初めて日本に導入した人物として、一定の評価がなされてきた。大淵氏によると、明治初期、「イギリス流の功利説」「アメリカ流のキリスト教説」「フランス流の民権説」「ドイツ流の国権説」という四つの潮流の財政学が日本に導入されたという。[2]そのうちのフランス流の財政学を日本に持ち込み、広めたのが田尻というわけである。

田尻の略歴[3]を簡単に述べると一八五〇（嘉永三）年六月、薩摩藩士・田尻次兵衛の三男として誕生した。一六歳で薩摩藩開成所の英語科に入学。長崎に留学した後、一八六八年（明治元）年、江戸に出て福沢諭吉が塾長を務めていた慶應義塾に入塾するも、田尻曰く「商人風の塾風」を嫌い、幕府の開成学校に転入、そして海軍兵学寮を経

て、鹿児島藩の推挙により、東京大学の前身でもある大学南校に貢進生として入校した。

この時期、近代化を目指す明治政府は海外留学政策を積極的に推し進めており、田尻も一八七一（明治四）年、選ばれてアメリカに留学。当初は法学を学ぶ予定であったが、他の留学生の多くが法学を専攻していたため、イェール大学在学中に経済学・財政学へと専攻を変更する。これが後の田尻の生涯を決定づけることとなった。

帰国後は福沢の推挙により大蔵省に入省し、官僚の道を歩み始める。大隈重信と松方正義という二人の大蔵大臣に重用され、国債・銀行・主税局長を歴任し、大蔵次官まで登り詰めた。大蔵省を辞した後は会計検査院長に就任。官僚としての功績は、松方財政を補佐し、近代的な財政制度の創設と財務行政を実践したこと、日清戦争の戦時下および戦後の財政処理を行ったこと、後進の大蔵官僚の育成に尽力したことなどが挙げられる。晩年は貴族院議員、東京市長など政治家としても活動した。没年は一九二三（大正一二）年。子爵。まさに明治・大正期にかけて国家の財政制度の確立に一役を担った人物と言えよう。

このように田尻は経済学者・大蔵官僚・政治家とさまざまな顔を持っていたが、本章では、経済学の普及につとめた教育者としての田尻の姿を取り上げ、当該期の高等教育機関における経済学教育の意義を提示したいと考えている。

明治・大正期における田尻をはじめとした経済学者の業績や各学校における経済学教育の概要については、前述の大淵氏や住谷悦治氏(4)などによる多大な研究蓄積があるほか、各大学の百年史などの記念誌(5)などにも詳述されている。そうしたなかで、なぜ田尻を取り上げる必要性があるのか。この時代を代表する経済学者は数多いるが、田尻は明治初期というかなり早い時期に、アメリカにおいて経済学・財政学を学んだ数少ない経済学者の一人であった。そして一八八〇（明治一三）年に日本で初めて経済学を組織的に教授する高等教育機関である専修学校（現・専修大学）を設立しただけでなく、多くの学校に招かれ、経済学や財政学を講義している。さらに田尻は学者でありながら、大蔵官僚としての実務経験も持っていた。この点も他の経済学者と一線を画している。一経済学者が一学校で研究・教育に専従したわけではない。そこに田尻を取り上げる意味がある。

以上のような考えのもとに、本章では、まず明治期の経済学教育の普及状況を概観した後に、田尻稲次郎の高等教育機関における経済学教育を中心としてその意義や役割を考え、最後に田尻経済学の行方について述べていく。

第一節　明治初期の私学における経済学教育の導入

(一)　私立法律学校にみる経済学教育

幕末から明治初期にかけて日本には欧米のさまざまな学問や思想が入り込んできた。そのなかの一つに西欧の経済学もあった。一八六七(慶応三)年、当時、幕府の洋学教育機関・開成所の教授であった神田孝平が、イギリスの経済学者ウィリアム・エリス(William Ellis)の *Outlines of Social Economy* を翻訳・刊行した『経済小学』が、日本で初めて西欧経済学を紹介した書籍とされているが、このように当初、日本に導入された西欧の経済学は翻訳書として普及していった。それゆえ、この時期は「「翻訳経済学」の時代」[6]とも呼ばれている。

ではこのような経済学の翻訳書はどのように活用されていたのだろうか。一八五八(安政五)年に慶應義塾を創設した福沢諭吉には次のようなエピソードが残っている。

> 四月十五日(筆者註、慶応四年)、上野の彰義隊を撃つの日にも、本塾の講堂にては、偶々ウェーランド氏の経済書を輪講するの定日に当り、砲声を聞き、烟焔を見ながら、講席を終りたることあり[7]

このように福沢は早くから翻訳経済書を教材として使用していたことがわかる。その意味では慶應義塾は日本の私立高等教育機関において西欧経済学の教育を最も早くに行っていた学校と言える。
とはいえ、慶應義塾はこの時期は基本的には英学塾であり、福沢もウェーランド（Francis Wayland）の『経済学』（*The Elements of Political Economy*）を本格的な経済学教育のためというより、英語教育のために使用していた。しかし、このように慶應義塾をはじめ、明治期に誕生した今に残る私立大学の源流や、一八七七（明治一〇）年に創設された東京大学などの高等教育機関が、経済学教育の普及に大きな役割を果たしたことは間違いない事実である。なかでも明治一〇年代に陸続と設立され、多くの学生を集めた私立法律学校において経済学教育は花開いていくのである。

この時期、私立法律学校が設立された理由としては国会期成同盟の結成により自由民権運動が高揚していったこと、代言人（現・弁護士）試験制度が設けられたこと、そして刑法・治罪法が公布されたなどが挙げられる。しかしなぜ、法律学校において経済学教育は必要とされたのだろうか。

一八八一（明治一四）年に創立された明治法律学校（現・明治大学）は、「内国及ヒ諸外国ノ法律ヲ研究スヘキ専門学校」[8]として設立されたにもかかわらず、開校当初からカリキュラムのなかに「経済学」を設置していた。担当講師はフランス人で、司法省のお雇い外国人として来日し、司法省法学校では「性法」（自然法）と「経済学」を担当していたアペール（Georges Victor Appert）であった[9]。

アペールの講義録を紐解くと、その冒頭で、法学徒がなぜ経済学を学ぶ必要性があるのかについての話をしている。アペールは言う。裁判官や代言人を目指す者には経済学はそれほど必要ない、しかし法律を編纂する者には経済学は必要であると。

確かにこの時期、日本は憲法をはじめ、多くの法律の編纂に迫られていた。そのなかには商法・会計法など経済知識を要する法律も含まれている。後述するが、明治一〇年代以降、官僚のほとんどは高等教育機関の出身者が占めていく。中級・下級官史の養成機関でもあった私立法律学校の出身者も例外ではない。後に実際に彼らが法の編纂・整備に携わっていくことを鑑みれば、明治期における経済学教育の意義を考える際に、アペールの言葉は大きな意味を持つものと言えよう。

一八八九（明治二二）年に設立された日本法律学校（現・日本大学）も設立目的を「本校ハ日本法律ヲ教授スルヲ以テ目的トス」としながらも、開校当初の学科課程表を見ると、第一年級に「理財学」を、第二年級に「財政学」を配置している。担当教員はともに東京帝国大学で経済学を修め、田尻稲次郎の薫陶も受けた添田寿一、松崎蔵之助であった。(10)やはり経済学教育の必要性を感じてのことであろう。

とはいえ、すべての法律学校が明治法律学校や日本法律学校のような考え方をしていたわけではない。一八八五（明治一八）年に創立された英吉利法律学校（現・中央大学）は、設置目的を「邦語ニテ英吉利法律学ヲ教授シ、其実地応用ヲ習練セシムルニアリトス」と掲げており、開校当初の科目は「法学通論」「契約法」をはじめとした法学系の科目のみで、経済学系の科目はなく、(11)一八八九（明治二二）年、東京法学院と改称した際にも経済学系の科目は設置されなかった。

さらに、一八八〇（明治一三）年に創立した東京法学社（現・法政大学）も、その設立目的に「本校ハ専ラ法律科ヲ教授スルヲ以テ目的ト為ス」とあるように、開校当初の科目は「日本新刑法」をはじめとした法学系の五科目のみで、経済学系の科目はなかった。(12)翌一八八一年に東京法学社の講法局から独立して設立された東京法学校の開業広告にも経済学系の科目は見ることはできない。

一八八二（明治一五）年に東京法学校が東京府知事宛てに提出した「私立法律学校設置願」には経済学系科目の設置が明記され、ようやく一八八四年一一月に開講させている。その際、「経済学」を担当したのが田尻稲次郎であった。(13)そして一八八七年には「財政」「理財」の二科目を設置している。このように徐々に経済学教育を充実させていく学校もあった。

その一方で、明治二〇年代、東京法学校・明治法律学校・英吉利法律学校とともに、「五大法律学校」と称された専修学校（現・専修大学）と東京専門学校（現・早稲田大学）の二校は、先の四校と違い、設立当初から経済学教育を積極的に取り入れている。専修学校については、田尻稲次郎との関係から第二節で詳述するので、一八八三（明治一六）年に設立された東京専門学校について述べる。一八八二（明治一五）年九月に東京府知事宛てに提出した「私塾設置願」の「第一　設置ノ目的」には「本校ハ政治経済学科・法律学科及ビ物理学科ヲ以テ目的ト為シ、傍ラ英語学科ヲ設置ス」とあるように、東京専門学校は当初から法学だけでなく、政治経済学、物理学を教授する学校として設立された。

そのため政治学科には、「経済学」として第一年時に「経済学原論」を、第二学年前期に「経済沿革史」「租税論」を、後期には「貨幣史」「貿易論」を、さらには「日本財政学」として第二年時前期に「現今財政論」を、後期に「旧幕代財政論」を配置している。このように経済学と財政学を分け、組織的に教育している点で、他の私立法律学校とは大きく違っていた。

教員は、欧米において法学・経済学を学んだ小野梓と天野為之の二人であった。なかでも天野は、戦前の経済学をリードした福田徳三をして、「明治前期の三大経済学者」の一人と呼ばしめ、[14] 経済理論の普及に尽力した人物でもある。使用していた教科書も充実しており、ゼヴヲン（William Stanley Jevons）、マクレヲツド（Henry Dunning Macleod）、コスシエン（George Joachim Goschen）、サムネル（William Graham Sumner）、ミル（John Stuart Mill）[15] といった古典派を中心とした経済学者の翻訳本を使用していた。

（二）　関西における経済学教育の動向

以上、ここまで東京の私立学校を見てきたが、明治一〇年代末になると関西にも私立学校が誕生していく。一八八九（明治二二）年には関西法律学校（現・関西大学）が、「博ク内外ノ法律及ビ経済学ヲ講授ス」[16]ことを目的に設立される。開校当初より大阪始審裁判所に勤務していた野村鈔吉を講師として「経済学」を週二回配当。ただし一八九〇年の規則には「本校ハ法律学ヲ専修」とあるように、経済学教育が目的から外されている。

同志社英学校（現・同志社大学）が、一八九一（明治二四）年に設立した同志社政法学校は、目的に「本校ニ政治科・理財科ノ二部ヲ置ク」とあるように当初より理財科（三学期制）を設置。理財科教授（教頭兼）として同校の出身で、ミシガン大学で博士号を取得してきた小野英二郎がいたが、約六年で閉校。卒業生は一九人であった。

最後に一九〇〇（明治三三）年に設立された京都法政学校（現・立命館大学）の源流の一つとも言える一八八九（明治二二）年に設立された京都法学校は「法律学・経済学」を教授する学校であったが、その内容は不明である。

このように関西の私立法律学校は当初より経済学教育を取り入れており、その特徴を挙げると、一八九七（明治三〇）年に設立される京都帝国大学（現・京都大学）において経済学教育に携わった経済学者が教育を担っていたという点であろう。官学・私学問わず、同じ教員が担当するという経済学教育の傾向は明治期では東京においても同様で、このことは、いかに黎明期において経済学者が少なかったかを物語っている。

以上のように、明治期、日本における西欧経済学の教育・発展に最も尽力してきたのが、私立法律学校であった。しかしこの時期、経済学者たちの数は法学者などに比べると数も少なく、東京専門学校と専修学校以外は、組織的に教授されていたとは言い難い状況でもあり、各学校によって経済学教育の実情には違いがあった。

経済学教育が質・量ともに大きな広がりを見せ始めるのは、明治後期、つまり日清・日露戦争以後のことで、特に一九〇三（明治三六）年に公布された専門学校令によって私立学校が大きく姿を変えていってからのことである。

私立法律学校を含め各学校が専門部に経済科・商業科・実業科などを新設、そのほか全国にも商業学校・実業学校が誕生していく。こうして本格的な経済学・商学教育が始まるのである。

第二節　田尻稲次郎の経済学教育

(一)　日本で初めて経済科を設けた専修学校

本節では、明治・大正期においてどのような経済学が教授されていたのか。そして何のために経済学を教授しようとしたのかを、田尻稲次郎を例に挙げて紹介していくとともに、彼が設立した専修学校は経済学教育を通して何をしようとしていたのかを紹介する。

田尻稲次郎という経済学者のこれまでの研究史的な評価を見ていくと、二つの点が挙げられる。一つは冒頭に述べたフランス財政学の導入者という点である。金子勝氏は田尻を「日本の最初の財政学者[17]」と、小峰保栄氏も「日本最初の財政学者[18]」と称している。もう一つは、上久保敏氏が言う「元祖官庁エコノミスト[19]」という評価である。ここでいう官庁エコノミストとは、大蔵官僚でありながら経済学者でもあったという意味であろうが、まさに田尻経済学の特徴である「理論と実践」を体現した言葉と言える。というのも田尻はその生涯を通して、大蔵官僚や会計検査院長といった実際に国家財政を企画・立案・実施する立場に身を置く一方、経済学者としても講演・執筆活動を続けた。そして高等教育機関の教員として教育活動に従事し続けたからである。

田尻の経済教育歴は、アメリカから帰国した一八七九(明治一二)年、留学時代に知り合った相馬永胤、目賀田種太郎、駒井重格らとともに、当時、福沢諭吉の慶應義塾と並んで隆盛を誇った箕作秋坪の英学塾・三汊塾内に法律経済科を設けて行った講義に始まる。しかし残念ながらその科目名も内容も伝わっていない。

教育内容がはっきりとわかるようになるのは、一八八〇（明治一三）年に前述した相馬・目賀田・駒井とともに専修学校（現・専修大学）を創立し、そこで教壇に立つようになってからである。専修学校は日本で初めて日本語で法学と経済学の両方を専門的かつ組織的に学べる学校として誕生した。前述した東京専門学校設立の二年前のことであり、経済科を設置した日本で初めての高等教育機関であった。それを可能にしたのは、創立者に当時数少ない経済学者であった田尻稲次郎と駒井重格という二人を擁していたからである。田尻がアメリカのイェール大学において経済学を学んだことは先に述べたとおりであるが、駒井もアメリカのラトガース大学において経済学を学び、田尻と同様、帰国後は大蔵官僚として活躍、晩年は高等商業学校（現・一橋大学）の校長も務めた。

専修学校発足時、経済科の講師は三人いた。田尻稲次郎と、創立の翌年、岡山県師範学校（現・岡山大学）の校長に赴任した駒井に代わって就任した木場貞長。木場は東京大学卒業後、ドイツに留学、帰国後は文部官僚となって教育制度の確立に尽力した人物である。そしてもう一人は木場と同じ東京大学を卒業後、大蔵官僚となっていた中隈敬蔵であった。

その後も経済科では、河上謹一、荻原朝之助、和田垣謙三、阪谷芳郎、土子金四郎、堀内正善、長崎剛十郎、加藤彰廉、久米金弥、辰巳小次郎、添田寿一など、帝国大学の法科および文科大学の卒業生を講師として採用している。これはひとえに田尻が一八八一（明治一四）年以降、東京大学で経済学や財政学を教えていた関係からで、後述するが、田尻は優秀な学生を卒業後、大蔵省に入省させ、さらに専修学校の経済科の講師として迎え入れていたのである。明治期に経済学者を一〇人以上も擁していた私立学校は専修学校のみであった。いかに経済学教育に力を入れていたかがわかるだろう。

では、どのような経済学教育を行っていたのか。専修学校発足時の経済科カリキュラムおよび担当講師は次のとおりである。

第一学年前期
歴史（田尻）　貨幣論（田尻）　経済原論（中隈）　経済考徴（駒井）　経済要論（駒井）
第一学年後期
大英商業史　貨幣原論（田尻）　銀行誌（田尻）　外国為換（駒井）　経済原論（中隈）　租税論（田尻）　経済考徴（駒井）　経済要論（駒井）　銀行史（田尻）
第二学年前期
英国商業史　銀行誌（田尻）　国債論（田尻）　予算論（駒井）　経済考徴（駒井）
第二年後期
大英商業史　国債論（田尻）　応用経済（中隈）　租税論（田尻）　経済考徴（駒井）　銀行史（田尻）

このカリキュラムを見てみると、この時期、日本が抱えていた、また後に問題となる貨幣の統一（貨幣論）や中央銀行の設立（銀行誌）、税制の確立（予算論・国債論）などといった財政課題に直結する科目が配置されていたことがわかる。このカリキュラム構成を考えたのは学校創立者であり、経済科を主導した田尻であったと考えてよいだろう。

発足当時から田尻を中心とした専修学校経済科の講師陣たちは、実践的な経済・財政学を生徒たちに教え、その知識を持った人々を増やすことで、日本の経済・財政問題を解決しようとしていた意図をこのカリキュラムからも読み取ることができる。さらに言えば、先のアペールの指摘にも繋がるが、経済・財政学教育を通して官僚の養成を行っていたとも言えよう。

専修学校経済科の授業において、田尻たちは、東京専門学校と同様、一八世紀末から一九世紀初頭にイギリスで隆盛した古典派経済学者たちの著作の翻訳本を教科書として使用しているが、それだけでない。専修学校創立と時を同じくして刊行した自身初めての著作『ボリュー氏財政論』も教科書として使用している。この本こそ、日本に初めてフランスの財政家・ボリュー（Paul Leroy Beaulieu）を紹介した書物で、だからこそ田尻は「日本のルロア・ボーリュー」と呼ばれたのである。

田尻がボリューの著作である「財政学概論」（Traité de la science des finances）と出会ったのはイェール大学に留学していた時で、同大学で経済学も教えていた恩師サムナー（William Graham Sumner）より経済学を学ぶ者への必読の書として薦められたのがそのきっかけであった。田尻が足かけ八年にも及ぶアメリカ留学生活を終え、帰国に際して持ち帰ったのもこの書である。

サムナーは、一八七二（明治五）年にイェール大学に新設された政治学・社会学講座の教授として招聘された社会学者で、同校では、政治学や経済学の講義も担当していた。彼は自由主義を擁護する古典的自由主義者であり、金本位制を支持していた。つまりボリューと同様の主張をしていたのである。だからこそサムナーは田尻にボリューの著作を読むように薦めたのであろう。

ボリューが提唱した財政学とは一言で言えば、自由主義論ということになる。国家による必要以上の干渉的な政策には反対し、市場における自由競争を支持する経済理論であった。またフランス財政学の特徴は、租税や公債の経済的分析や財政の歴史的叙述に重きを置いたイギリスやアメリカ財政学と違い、財政を国家の問題として捉える実用性にあったという。大蔵官僚として国家財政を主導していく立場にあった田尻にとって、まさに実践を重んじたフランス財政学は最適の学問であったのだ。

（二）　田尻稲次郎の教員としての評価と履歴

田尻にとって、経済学・財政学は机上の学問ではなく、大蔵官僚として国家を運営していくうえで必要不可欠な学問であった。この点が経済理論などの普及に尽力した天野為之との違いであり、後年、経済学者として高い評価がなされなかった理由であろう。

しかし田尻の講義は学生からの評価は高く、専修学校の生徒が学生時代の思い出を語る際、必ずと言ってよいほど出てくるのが、田尻稲次郎の名講義の話である。大正・昭和期を代表する著名な経済学者である大内兵衛も、東京帝国大学時代に学んだ教官たちのなかで印象に残る面白い講義をした教官の名前を三人挙げているが、そのうちの一人が田尻稲次郎であった。[20]これほどまでに学生たちを引きつけた田尻の講義とは一体どのようなものだったのだろうか。

田尻は数多くの講義録・著作・講演録を残しているが、学生たちに最も印象を残した教科書が『財政と金融』であった。この本は、専修大学創立者の一人・駒井重格が高等商業学校長時代に、田尻に依頼した講義をベースにして書かれた著作である。一九〇一（明治三四）年に刊行されて以来、一九一八（大正七）年までに三〇版を重ね、頁数も当初は四〇〇頁ほどであったが、三〇版では乾坤あわせて一七四六頁にまで加筆された膨大な著書であった。

晩年の田尻は、この『財政と金融』を一年間で講義するスタイルを取っていた。大蔵官僚として国家財政のさまざまな施策のなかで重要な役割を果たしていた田尻は、講義にも最新の情報を取り入れて話をした。その結果が、『財政と金融』の毎年の増補・改訂となったのである。つまり毎年変わる統計データなどを取り入れ、それを分析する。そのため頁数が増えていく。学生たちは、日本経済だけでなく世界経済の諸問題を、具体的な事例を通して論じる田尻の話を聞きもらすまいと夢中でノートを取ったと述懐している。[21]

財政学者として単に机上の空論を述べるのではなく、大蔵官僚としての実務をベースにした最新の時事問題や情報を取り入れた講義、これが大勢の学生を魅了する田尻の講義の特徴だったのである。

田尻財政学はこのように高等教育機関で学ぶ学生たちに受け継がれていった。しかし明治期、特に中期以降、現在の東京大学や京都大学をはじめ、多くの高等教育機関で経済学部が創立されるようになると、経済学や財政学を専門とする学者たちが次々と誕生する。そして経済学・財政学の潮流は、田尻が導入したフランス財政学ではなく、ドイツ財政学へと移っていく。そしてその流れは戦前まで続く。そのため田尻の存在自体も忘れられていく。現在、田尻の名前を知るものが少ないのはそうした理由もある。

最後に田尻の教員歴を挙げて置く。

専修学校（現・専修大学）　↓　一八八〇（明治一三）年〜一九二三（大正一二）年
東京大学（現・東京大学）　↓　一八八一年〜一九一八年
東京法学校（現・法政大学）　↓　一八八四年〜一八八六年カ
高等商業学校（現・一橋大学）　↓　一八九八年〜一九一八年
学習院（現・学習院大学）　↓　一八九八年
台湾協会学校（現・拓殖大学）　↓　一九〇一年〜一九一八年
東京専門学校（現・早稲田大学）　↓　一九〇二年〜一九一八年

官立・私立を問わず、田尻がいかに多くの学校で長年、経済学・財政学を教えていたかがわかる。なかでも東京大学や高等商業学校講師時代の教え子たちのなかには、後に経済学者や大蔵官僚として活躍する人物も多く、田尻の経済学・財政学は、明治・大正、そして昭和期の学界や大蔵省内に脈々と受け継がれていくのである。

第三節　近代国家形成期における経済学教育の意義

（一）　文官任用試験の開始と田尻稲次郎

明治期における経済学教育に大きな転機をもたらしたものの一つに一八八七（明治二〇）年に公布された「文官試験試補及見習規則」に基づく文官任用試験制度の成立がある。これにより日本の官僚採用制度は大きく変わることとなった。

明治初期の官僚の多くは「藩閥官僚」と呼ばれるほど、戊辰戦争において中心的な役割を果たした藩の出身者によって占められていた。その後、明治一〇年代になると、政府による海外留学奨励政策によって欧米に留学した人々が帰国し、各省庁へ入省するようになる。そして明治二〇年代になると、東京帝国大学出身者が入省し始め、これ以降、官僚の多くは大学出身者となっていく。一八八〇（明治一三）年に入省した田尻は言うまでもなく留学組に属する大蔵官僚であった。

なぜ明治二〇年代になると、東京帝国大学出身者が官僚社会を席巻していくのか。それは先に挙げた採用試験と大きな関係がある。「文官試験試補及見習規則」の第三条に「法学博士・文学博士ノ学位ヲ受ケタル者、又ハ法科大学・文科大学及旧東京大学法学部・文学部ノ卒業生ハ高等試験ヲ要セス、試補ニ任スルコトヲ得」とあるように、東京帝国大学卒業者を無試験で試補として採用し、高等官待遇の見習期間を経て官員に正式任用する旨が明記されているからである。

もちろん、東京帝国大学出身者ほどの特権はないにしても、それ以外の学校の出身者にも条件付きではあるが門戸は開かれていた。受験資格は二〇歳以上の男子であること、そして旧司法省法学校および官立府県立中学校やこれらの学校と同等なる官立府県立学校、または「文部大臣ノ認可ヲ経タル学則ニ依リ、法律学・政治学又ハ理財学ヲ教授スル私立学校」を卒業していることがその条件である。私立学校の在学生に限って言えば、法律学・政治学もしくは理財学を教授する学校で学んでいなければ受験すらできない制度でもあった。

具体的に校名を挙げると、東京帝国大学の監督下にあった私立法律学校、つまり前述した東京法学校・専修学校・明治法律学校・東京専門学校・英吉利法律学校のほか、独逸学協会学校（現・獨協大学）と東京仏学校（後に東京法学校と統合し、和仏法律学校となる）の七校を卒業した者だけが受験資格を持っていたのである。

この文官任用試験は、試補に任用されるための高等試験と、判任官見習に任用される普通試験があり、さらに行政科・外交科・司法科に分かれていた。試験科目は次のとおり。

行政科の必須科目 ↓

憲法・行政法・民法・経済学

行政科の選択科目 ↓

哲学概論・倫理学・論理学・心理学・社会学・政治学・国史・政治史・経済史・国文および漢文・商法・刑法・国際公法・民事訴訟法・刑事訴訟法・財政学・農業政策・商業政策・工業政策・社会政策から三科目

そのほか外交科の必須科目に経済学が、選択科目に経済史・財政学が、司法科の選択科目には経済学があった。つまり、文官を目指す者にとって経済学は必ず学ばなければならない科目の一つとなったのである。このことは国家運営に携わる者にとって経済学は必要だという認識が形成されたことを意味する。

そしてこの試験制度に田尻稲次郎は深く関わっていた。一八八七（明治二〇）年に田尻は「文官試験委員」を拝命。この時の委員は八名、経済系の学者としては田尻一人が入っているだけで、残り七名はすべて法学系の学者たちであった。一八九〇（明治二三）年には「文官高等試験委員」に、翌一八九一年には「文官普通試験委員長」にも任命されている。

田尻が官公私立問わずに多くの学校から招聘された理由もここにあったとも考えられる。なぜなら田尻は採用試験の問題作成・採点・口述試験の面接までを担当しており、まさに田尻が気に入った人間を自身の裁量で採用できる立場にあったわけである。各私立学校が受験対策のために経済学の科目を配置せざるを得なくなった際に、大蔵官僚の一人であり、かつ任用試験に熟知している田尻を呼ぼうと考えてもなんら不思議ではない。

田尻は大蔵官僚として経験上、国家運営における経済学・財政学の必要性を最も感じていた人物の一人であった。文官試験における経済学の必修化は田尻自身の切望とも言えるだろう。

（二）　経済系学会の誕生

専修学校の創立者たちは、経済学や法学の普及のためには、学校をつくるだけでなく、雑誌や書籍の刊行、学会活動などの社会的活動が必要であると考えていた。そのため一八八一（明治一四）年には日本で初めて法律学に関する本格的な研究雑誌『明法志林』を刊行。さらには専修学校で講義した法学や経済学の内容を書籍にして、学内だけでなく学外の人びとにも知ってもらおうと次々と出版していった。

そうした専修学校の経済学普及活動の一つに「理財学会」の設立がある。一八九〇（明治二三）年一二月二三日の東京日日新聞には次のような記事が掲載されている。

◎専修学校理財学会　特別認可専修学校に於ては、今度同校生徒島田左内、溝口雄吾、行弘寛の三氏が発起にて、理財学会なるものを創立し、会員にハ校友及生徒を以てし、田尻稲次郎氏を会長に推選し、其他同校講師、及朝野の有識者を聘して、賛成員となし、毎月一回、演説及討論をなし、以て益々理財学の蘊奥を究むる目的にして、已に第一回は、去る廿日午後六時より、同校講堂に於てこれを開き、来会者数百名なりしといふ

この記事によると、専修学校理財会は、田尻稲次郎を会長に据え専修学校の卒業生や在校生を中心とした学会で、「学理と実際と如何に調和して居るかと云ふことを研究するの目的[22]」に設立された。ここにも「理論と実践」という田尻の理念が引き継がれていることがわかる。東京大学の法科大学を卒業後、大蔵官僚として活躍した森賢吾は「理財学会といふものは専修学校の一部分であり、専修学校といふものは田尻先生・松崎博士が殊に尽力して居らるゝ所の学校」と述べ、だからこそ自分のような帝国大学出身者にとっても「縁故のないものではない[23]」と述べているように、東京帝国大学の経済学関係者も深く関与していた学会であった。

設立時、田尻は東京帝国大学の講師であり、松崎は同校の大学院で学びながら専修学校の講師を務めていた。経済学という学問を媒介にして二つの学校が深く繋がっていたことは、講師陣の名前を見るとよくわかる。

理財学会は専修学校の講師だけでなく、東京帝国大学や高等商業学校、東京専門学校の講師も講演者として招くなど、経済学関係者たちに広く門戸を開いていた。その意味で理財学会が経済学教育および普及に果たした役割は大きいといってよい。

経済学の普及を目的とした学会活動については、専修学校理財学会に先立ち設立されたもう一つの学会を挙げる必要があるだろう。明治期において経済学の教育・普及の大役を担ったのは、これまで述べたとおり、高等教育機関であり、そこで実際に教育を行っていた経済学者たちであるが、もちろん在野にも経済学の啓蒙に尽力した人びとがいる。その一人が田口卯吉である。

一八七九（明治一二）年、大蔵省を辞して日本で最初の経済専門雑誌となる『東京経済雑誌』を刊行した田口は、生涯、自由主義的経済を支持する立場から政府の経済政策に対して発言し続けた人物であった。

その田口の功績として『東京経済雑誌』の刊行と並んでよく挙げられるのが、「日本で最初の経済学研究集団」として評価されている(24)「経済学協会」の設立である。経済学協会の前身・経済談会（一八八〇年設立）の設立を報じた『東京経済雑誌』の記事に「近頃我邦演説の会討論の社日に盛なりと雖も未た経済専門の討論会の設あることを聞かす」と自身が述べているように、この時期、盛んに行われていた法律討論会が念頭にあった。

憲法制定、国会開催に向けて、私立法律学校関係者たちによって企画・立案された法律討論会は、日に日に盛んになり、多くの聴衆を集めていく。そして民法典論争のように国家政策にまで影響を与えていった。当然、こうした動きを田口も意識していたことは間違いなく、法学だけでなく、経済学の研究や普及も近代国家の形成に大きな役割を果たすと考えての会の設立であったと言えよう。

では、このような田口の刊行・主催していた『東京経済雑誌』や「経済学協会」に学校関係者は関わりを持っていたのだろうか。経済談会からいくつかの変遷を経て一八八七（明治二〇）年に設立された経済学協会の会員から、討論会の開催だけでなく、その時々に生ずる経済学上の問題を調査し、その解決策を社会に向けて提言する活動を始めようという声が挙がった。この調査・提言を進言したのが田尻稲次郎であったが、この考えにすぐさま賛同した田口は、自身のほか田尻、和田垣謙三、天野為之、三木実の五名を委員として、この活動を推進していくことを決定する。

このように経済学協会の活動には田口だけではなく、専修学校の教員である田尻、東京帝国大学の教員である和田垣、そして東京専門学校の教員である天野も当初から深く関わっていたことがわかる。そしてその関係は、以後も続いていく。明治・大正期を通して、経済学協会および『東京経済雑誌』は、官立・私立といった学校の枠を超えた多くの経済学者、渋沢栄一や森村市左衛門のような実業家、阪谷芳郎や若槻礼次郎などの大蔵官僚という、経済学に理論的もしくは実践的に関わる人びとを繋ぐ場として存在していくのである。

(三) 学会活動の社会的意義

この経済学協会と私立学校が手を結び、国家政策に対して意見を表明している事例がある。一八九二(明治二五)年一二月二六日の読売新聞に「二学校一協会の連合運動」と題された記事がそれで、内容は次のとおりである。

早稲田専門学校・神田専修学校・日本経済学協会の二学校一協会ハ、輸出税全廃に大賛成を表するを以て、同全廃案の議事に上る日ハ多分明年一月中なるべけれバ、該案議事に上ると同時に貴衆両院議員に向て大に運動を試み、是非共該案を通過せしめんとの計画にて、此程来斡旋する者あり、弥よ其談も熟したるよしにて右連合軍ハ該案登議の日を屈指し居る由(25)

蚕糸業界から生糸に係る輸出税廃止の声が挙がったのが、一八八八(明治二一)年一月のことであった。これ以降、この問題は廃止や免除を求める実業界と政界のなかに議論を巻き起こした。この議論は言うまでもなく国家の通商・貿易政策に関わる問題であり、自由主義政策を採るか、保護主義政策を採るかという非常に大きな問題であった。

この記事に先立つ一八九一(明治二四)年四月二七日の読売新聞に掲載された「輸出税に関する大蔵省官吏の意見」と題した記事に「大蔵省中の有力家田尻・坂谷の諸氏を始め、凡て同省の議論家ハ皆全廃論に賛成なりと云ふ」とあるように、田尻や阪谷は賛成とあるが、この問題に対して大蔵省内の意見は統一されていたわけでない。同紙には当時の大蔵次官である渡辺国武は反対、大蔵大臣である松方正義は賛成とある。そのほか反対の立場に立っていたのは貿易協会、農民協会、保護主義的経済論的な立場に立っていた『東海経済新報』などで、全廃ではなく一部廃止論もあるなど、さまざまな立場からの意見が挙がっていた。

この問題に関して当然ながら経済学に関わる人びとの関心は非常に高く、一八九二（明治二五）年一月二四日の専修学校理財学会の第八回例会では、「輸出税全廃案」をテーマに、添田寿一を議長とした理財学会擬国会を開催しているほどである。

経済学協会を主催する田口卯吉、東京専門学校の経済学教育を主導する天野為之、そして専修学校の創立者である田尻稲次郎の三人は自由主義経済の主張者であることから、上記の「二学校一協会の連合運動」が輸出税の全廃という意見で統一されることは当然のことである。しかし、ここで重要なのは全廃や継続といった主張内容ではなく、こうした国家政策をめぐる問題に対して、意見を述べることができるほどの経済学関係者の集団が明治二〇年代にすでに作り上げられていること、そして私立の高等教育機関における経済学教育を主導していたのが、専修学校と東京専門学校であったことである。

経済学が社会に普及・浸透していくために何をしていくべきか。または経済学が社会に果たす役割は何か。その方法はもちろんさまざまであるが、このような社会問題に積極的に関わっていくこともその方法の一つと言えるだろう。

ちなみに、こうした経済学協会や専修学校・東京専門学校の関係者たちの活動が実を結び、輸出税が全廃となったのは一八九九（明治三二）年のことであった。

第四節　経済学教育の発展と田尻稲次郎の後進たち

一九〇三（明治三六）年、専門学校令の公布以降、多くの私立学校が大学部だけでなく、とくに専門部に経済学・

商学系の学部・学科を設置していく。また官立学校においても京都帝国大学が一八九七（明治三〇）年に創設され、東京帝国大学も一九〇八（明治四一）年に経済学科を新設する。そして高等商業学校（現・一橋大学）も明治三〇年代には大きな学内改革を行い、大学組織へと変貌する。このことは経済学教育の広まり、そして経済学者の活躍の場が増えたことを意味する。

ではこうした場所で教育に携わっていた経済学者と、田尻稲次郎はどのような関係があったのか、また彼らにとって田尻稲次郎とはどのような存在だったのだろうか。

田尻が明治から大正期にかけて多くの学校で教壇に立っていたことはすでに述べたとおりである。東京帝国大学法科大学教授で、一九一九（大正八）年に同校が経済学部を新設した際に初代学部長に就任した金井延も田尻の薫陶を受けた一人であるが、彼は「苟くも経済財政に関する官庁、或は民間の銀行、会社等に於いて、随分多数の人が先生の薫陶に依りて、それぐ〳〵職務を尽され、而も立派に尽されて居る[26]」と、田尻が経済学教育において果たした意義を高く評価している。

左に出身別に田尻の教育を受け、明治・大正期にかけて、経済学者、経済界、官庁で活躍した人物の名を何名か挙げる。（　）内の校名は現行名とした。

・東京大学出身者
阪谷芳郎（大蔵大臣）／添田寿一（大蔵次官・日本大学創立者）／井上辰九郎（早稲田大学教授・日本鉱業銀行理事）／金井延（東京大学教授）／小林丑三郎（明治大学教授）／水町袈裟六（大蔵次官・法政大学長）など
・一橋大学出身者
上田貞次郎（一橋大学教授）／左右田喜一郎（左右田銀行頭取・京都大学講師）など

・専修大学出身者
村上祐（専修大学・法政大学講師）／有森新吉（日本大学幹事）／高雄馬一郎（大蔵省）／兪承兼（高麗大学教授）など
・田尻塾出身者
松崎蔵之助（一橋大学教授）／三浦弥五郎（統監府）／川上直之助（日本勧業銀行）／松方幸次郎／川名兼四郎（東京大学教授）／市来乙彦（大蔵大臣・日銀総裁）など

著名な経済学者や財界人たちが数多くいることがわかるだろう。田尻の影響力がいかに大きかったかを物語っている。

特に専修大学からは、地方や海外で経済学・商学の普及につとめた人物も輩出している。有森は一八九三（明治二六）年に函館商業学校の校長に就任し、北海道における商業教育の基礎を築いた人物で、兪承兼は明治三〇年代に朝鮮から専修大学に来た留学生で、帰国後は普生専門学校（現・高麗大学）で経済学を教えるかたわら、朝鮮の大蔵省にあたる度支部に出仕し、官僚としても活躍している。

田尻は官立と私立の両方で教えていたことによって、結果的には官立学校出身者を官庁や官立学校の教員に、私立は地方の教員や経済界などに送り込んでいたことになる。田尻経済学の系譜は、金井が言うように各方面に渡っていた。だからこそ金井はその点について、「其の現れて居る結果（筆者註、田尻の教育の成果という意味）は独り今日に止まるのでなくして、先生の弟子から孫弟子が出来、孫弟子から曾孫弟子といふやうに、段々出て来るのであるし、此等に依て更に先生の精神を子々孫々に伝ふることになる」と述べているのである。

もう一つ、ほとんど知られていない田尻塾について触れておく。学生が他家の家に寄宿して雑務を行い、夜間は学校に通うという、いわゆる書生制度とも呼ばれる制度が明治期になって誕生する。田尻塾もその一つと言ってよい。

一八八〇（明治一三）年、田尻が東京の小石川に居を構えた際に、邸内につくった家塾が田尻塾である。一九一七（大正六）年まで続いたこの塾には計五〇余人ほどが入塾しており、同じ邸内に暮らしていた専修大学創立者の一人で田尻の盟友でもあった経済学者・駒井重格も塾生を教えたという。

といっても田尻塾は塾生からお金を取って、カリキュラムを作成して講義を行うというような塾ではなかった。基本的には費用は無料、それどころか時には田尻が塾生に学資を提供している。その様子は一八九七（明治三〇）年から一九一〇年まで塾生であった八代準によると「塾には常に書生の五六人が御厄介になつて」いたが、田尻自身が「塾の見廻りに来られた事等は一度もなく、塾には塾頭の様な人も居らず塾則の様なものもなく、全く放任」状態であったという[28]。

ただし、田尻は食事だけは塾生とともにし、その際にさまざまな話を彼らに聞かせた。その内容は財政学や仕事の話、または人生訓のような話であった。田尻塾は塾生にとっては田尻を家父とした家族のようなものであった。塾生には松方正義の三男で後に実業家・政治家として活躍する幸次郎や、後に東京大学や一橋大学で教授を務めた経済学者・松崎蔵之助などがおり、田尻はこの塾においても多くの後進を育てたのである。

最後に、田尻の後継者としてよくその名が挙げられるのが東京帝国大学時代の教え子の一人・阪谷芳郎である。田尻は阪谷を大学卒業後、大蔵省に入省させ、当時に専修学校の講師としても採用した。田尻と同様に大蔵次官にも登り詰め、その後、大蔵大臣や東京市長も務めた人物でもある。そして田尻を含めた創立者亡き後の専修大学を支え、学長・総長となったのも阪谷であった。田尻経済学の特徴である「エコノミスト」という側面を色濃く受け継いだのも彼と言えるだろう。

おわりに

明治期、とくに中期までは経済学教育を行うことのできる学者の数は少なく、東京にあった私立学校における経済学教育は、田尻のようにいくつかの学校を兼任している学者によって行われていた。

「はじめに」において、田尻を取り上げた理由として、複数の学校で経済学教育を行っていたことを挙げたが、当該期の経済学教育はその学校が独自に持っていた特色というよりも、それを担当した教員の特色が色濃く出ていたと考えられる。東京大学と専修学校における経済学教育は、官学と私学という大きな違いがあったにも関わらず、田尻稲次郎という教員が二つの学校の経済学教育を担っていたため、少なくとも財政学という科目においては、どちらもフランス財政学が講義されていた。

これは何も田尻に限った話ではない。たとえば、当時、学習院の教授を務めていた嵯峨根不二郎が一八九一（明治二四）年に刊行した『財政学』（上中下巻）の広告を見ると、「和仏法律学校　専修学校　学習院　専門学校　商業学校其他諸学校採用書」と書かれている。つまり嵯峨根の本を少なくとも五校以上の学校が採用していたのである。

こうした状況が変化するのは、明治初期に海外や東京帝国大学で経済学を学んだ田尻のような黎明期の経済学者から学んだ人びとが活躍する、まさに経済学教育が質・量ともに向上していった明治中期以降のことであった。

田尻は日本における経済学教育の黎明期から経済学や、商業・実業教育が盛んになる大正期まで、複数の学校で教壇に立ち続けた。だからこそ、田尻経済学は大蔵省関係者を含め、多くの人々に受け継がれていったのである。専修大学の経済学部は今なお、その特色として「理論と実践」を謳っている。田尻経済学の系譜を受け継いでいるという表明と言えるだろう。

田尻は教育者として高等教育機関で経済学を講義し、経済知識を身につけた学生を多く育成した。さらには学会を組織し、社会活動も実践した。そのうえで経済学を修得した人びとを大蔵省や専修学校に採用するなど、その後の対応も忘れていない。習得した経済知識を発揮できる場所を提供しているのである。これも経済学の普及活動の一つと言ってよい。それを可能にしたのは経済学者という顔だけでなく、学校創立者・官僚という顔も持っていたからである。

経済学者にとって経済理論の構築・発展は重要な業績であることは間違いない。その意味で田尻が日本に持ち込んだフランス財政学はその後の経済学研究に受け継がれることはなかった。しかし田尻を評価する際に、明治・大正期において経済学普及・浸透に果たした役割を忘れてはならないであろう。

注

(1) 大淵利男『明治期西欧財政学摂取史』、八千代出版、一九八一年、三九三頁。
(2) 大淵、前掲書。
(3) 田尻の履歴については、多くは『北雷田尻先生伝』(上下)、田尻先生伝記及遺稿編纂会、一九三三年に拠った。
(4) 住谷悦治『日本経済学史　増訂版』、ミネルヴァ書房、一九六七年。
(5) 代表的なものとして、『慶應義塾百年史』(全六冊)、一九五八～一九六九年。『早稲田大学百年史』(全八冊)、一九七八～一九九七年などがある。
(6) 住谷悦治『日本経済学史　増訂版』、四頁。
(7) 「明治十二年一月廿五日慶應義塾新年発会之記」(『慶應義塾五十年史』私立慶應義塾、一九〇七年)、一五〇頁。
(8) 『明治大学百年史』(第三巻　通史編Ⅰ)、学校法人明治大学、一九九二年、一四二頁。
(9) 秋谷紀男「明治期から大正期に至る明治大学の経済学・財政学の系譜」(『大学史紀要』第八巻、学校法人明治大学、二〇〇三年)、一一二頁。
(10)『日本大学百年史』（第一巻）学校法人日本大学、一九九七年、二一二頁。
(11)『中央大学百年史』（通史編　上巻）学校法人中央大学、二〇〇一年、一〇九頁。
(12)朝野新聞　一八八〇（明治一三）年九月二日。
(13)『法政大学百年史』法政大学、一九八〇年、五八頁。
(14)福田徳三「田口全集の刊行に際して――福沢・田口・天野と明治の経済論――」『我等』第九巻第九号、我等社、一九二七年、二八～三二頁。
(15)『早稲田大学百年史』（第一巻）、四三八頁。
(16)杉原四郎『西欧経済学と近代日本』未来社、一九七二年、五八頁。
(17)佐藤進編『日本の財政学――その先駆者の群像――』ぎょうせい、一九八六年。
(18)小峰保栄「日本最初の財政学者　田尻博士」『専修商学論集』第二一号、専修大学会、一九七六年。
(19)上久保敏『日本の経済学を築いた五十人――ノン・マルクス経済学者の足跡』日本評論社、二〇〇三年。
(20)大内兵衛『経済学五十年』（上巻）東京大学出版会、一九五九年。
(21)藤田俊一「〝きたなり先生〟の名講義」（『大学シリーズ　専修大学』毎日新聞社　一九七二年）。
(22)鈴木純一郎「開会の辞」（『専修学校理財学会経済論叢』第四輯）。
(23)森賢吾「英国地方財政に就て」（『専修学校理財学会経済論叢』第三輯）。
(24)松野尾裕『田口卯吉と経済学協会――啓蒙時代の経済学』日本経済評論社、一九九六年。
(25)読売新聞、一八九二年一二月二六日。
(26)『北雷田尻先生伝』（上巻）、田尻先生伝記及遺稿編纂会、一九三三年、一七五頁。
(27)『北雷田尻先生伝』（上巻）、田尻先生伝記及遺稿編纂会、一九三三年、一七六頁。
(28)『北雷田尻先生伝』（上巻）、田尻先生伝記及遺稿編纂会、一九三三年、三三一頁。

第二章　武藤長蔵の多識と実学
——実学教育機関における文献学的・歴史学的研究——

谷澤　毅

はじめに

本章で取り上げる武藤長蔵は、長崎を題材とするいわゆる「長崎学」の大家の一人として知られる。長崎高等商業学校（のちの長崎大学経済学部）の教授を務めた武藤は、地元長崎では古賀十二郎、永山時英とともに「長崎学の三羽烏」の一人として取り上げられることもある。この三人のなかでは、小説（なかにし礼『長崎ぶらぶら節』）にも取り上げられた古賀十二郎が最も有名であろう。

南蛮学や蘭学などとつながり、幅広い知識が要求される長崎学との関連で武藤の名が挙がることが多いとはいえ、彼の学問の基礎を形づくったのは商業学をベースとした社会科学である。まずは鉄道の経営や政策など、実社会とのかかわりが強い社会の役に立つ領域、広い意味での実学界が、武藤の研究の対象となった。やがて研究の幅は人文・社会の諸分野へと広がりを見せ、一部自然科学に関連する領域にも及んでいくとはいえ、鉄道のみならず電気や簿記、さらには商業教育など、実社会と関係する広い意味での実学領域を扱った研究は、その後も続けられていく。

武藤の研究を特徴づけるのは、一つにはこのような研究領域の広さ、研究対象の多様性が挙げられるだろう。文献の博捜にもとづく幅広い知識の開陳により、武藤は博学、多識の人として知られる。その学識ゆえに、「シーボルト的、ゲーテ的、万有科学者的存在」と謳われたこともある。さらにもう一つ、武藤は独特ともいえる研究手法の持ち主でもあった。幾多もの文献・資料に基づき一つの事柄につき徹底的な考証を施すというその学問のスタイルは「ムトウイズム」とも言われ、後世、学者としての武藤を偲ぶ際にこの言葉はよく想起される。

とはいえ、こんにち学者としての武藤および彼の研究成果に光が当てられることはほとんどない。武藤のことが話題になるとしても、それは浮世離れした学者として周囲の人々に与えた強烈な印象、世間の常識とかけ離れた「奇人」としてのエピソードであることがほとんどである。

筆者はかつて武藤の博識に注目し、雑駁とはいえ彼を博学者の系譜に位置づけ、その学問的な特徴を博物学と民間学に関連づけて論じたことがある。(1) その際に、武藤の履歴や人となりについてもいくつかのエピソードを交えて紹介したが、本章ではそれとの重複を厭わずにあらためて武藤の人物像に触れ、彼の研究の内容と手法の特徴に注目してみることにしたい。あわせて、実学とのかかわりの面から彼の研究に光を当ててみる。旧制の高等商業学校という実学教育機関において、武藤は文献学的な研究手法を武器としてどのように実学的な学問領域とかかわっていったのか、この点も含めて検討してみたい。

第一節　履歴と人物像

武藤長蔵は、明治一四（一八八一）年六月九日に愛知県海東郡津島町（現津島市）で武藤長八の次男として誕生した。ちなみに長男は、長蔵と同じくのちに歴史学者として名をなす武藤長平である。明治二六（一八九三）年に高

図2-1　武藤長蔵

等小学校を経て名古屋商業学校の予科に入学し、翌二七年に予科を卒業、三〇年に同校本科を卒業した。翌三一（一八九八）年七月に東京高等商業学校（のちの一橋大学）に入学ののち三六（一九〇三）年七月に本科を卒業、卒業論文のテーマは「日本工業政策」であった。さらに同校の専攻部に進学し、専攻部では関一の指導を受けた。関は、のちに大阪市長として御堂筋の拡幅など大阪の近代的な街づくりに大きな貢献をなすが、当時は東京高商でおもに社会政策や都市計画に関する研究を進めていた。歴史とのかかわりでは、武藤は東京高商で福田徳三や横井時冬の薫陶を受けている。関一の指導のもとで、武藤は「日本糖業政策」のテーマで卒業論文をまとめ、明治三八（一九〇五）年七月に専攻部の貿易科を卒業した。[2]

その後すぐ、武藤は上海にあったビジネスエリート養成のための高等教育機関である東亜同文書院に採用され、[3]経済原論や経済政策、商業通論、貨幣論などの授業を担当したという。しかし、そこでの在職期間は明治三八（一九〇五）年九月から翌年一二月までのわずか一五か月にとどまり、明治四〇（一九〇七）年一月に二五歳で長崎高等商業学校に教授として着任、その後およそ三六年間を武藤は長崎高商での教育と研究に費やした。後年、武藤が担当したおもな科目は「経済史及び経済学史」であったが、[4]その頃の武藤の研究の中心は鉄道にあり、著作目録に目を通してみると南満州鉄道をはじめ電気鉄道、市街鉄道などを題材とする論考が次々に生み出されていたことがわかる。都市計画や鉄道論に造詣の深い関一の影響が武藤の研究に及んでいたであろうことが、ここからはうかがえる。

さて、昭和一一（一九三六）年に五五歳で定年退官するまでの武藤の足跡については、おそらく彼自身の手でまとめたと思われる年譜から確認することができる。[5] とはいえ、その記載内容は出張や身分にまつわる記録が多く、特異な経験など今日の目から見て興味深いと思われる記述はあまり見当たらない。それだけ武藤は学者として平穏で幸福な生涯を送ったということなのであろう。むしろ彼の日々の研究から蓄積されていった学問や日常の生活、交友関係などから武藤ならではの興味深い学風や人間性が見えてくるのではないかと思う。とはいえ、まずは年譜で彼の生涯の節目となるような出来事を幾つか確認しておこう。

明治四〇(一九〇七)年一月一〇日、長崎高商教授に任じられるとともに「高等官七等に叙せられ、十級俸を下賜さる」と記され、その直後の二〇日には、「従七位に叙せらる」とある(以下、引用は旧漢字を新漢字に、カタカナはひらがなに改めている)。おそらく、武藤は自らの栄達に強い関心を抱いていたのではなかったか。年譜では叙勲や官位、俸給に関する記録が目立つのである。在職期間中には、オランダ(大正一三年)、スウェーデン(大正一五年)から、退職後にはドイツ(昭和一二年)からも勲章を授与されている。いずれも、これらの国々と日本との交流に関する研究が評価されたことによる叙勲である。

明治四〇(一九〇七)年と四一年には二年続けて清・韓両国への出張を経験し、大正一一(一九二二)年にはシナ香港マニラ方面へ、昭和二(一九二七)年には「北京へ出張を命ぜら」れている。年譜には、学問上の発見についてもいくつか記されているが、その一つに大正一一年の出張に際しての出来事がある。この出張に関して、武藤は広東にて康熙五三年に鋳造された釣鐘の銘に銀行会館なる名辞を発見したと記している。何気ない一つの発見に関する記録であるが、じつは、当時武藤は銀行という言葉の語源を考証した大規模な論文の連載を終えた後であり、この発見は武藤からすれば、銀行という言葉に関するまさに大発見に相当したのである。[6]

とはいえ、武藤にとっての最大の海外経験となるのは三年半にわたる欧米への留学であろう。明治四四(一九一一)年九月から大正四(一九一五)年一一月まで、武藤は四年をかけて(当初は三年の予定)ドイツ、イギリス、アメリカに留学した。留学中に武藤が指導を受け、また講義を聞くなどして接した研究者の中には、たとえばドイツではA・ヴァグナーやG・シュモラー、W・ゾンバルト、G・v・ベロウなど歴史学派の経済学者、歴史学者が多く含まれる。こうした研究者の武藤に対する影響はかなり強かったのではないかと推測される。なぜなら、帰国後の武藤は研究の幅を歴史的な領域に大きく広げ、研究の手法も、彼独特の書籍を重視する文献考証学的な学風を色濃くさせていくからである。また、イギリスではセツルメント運動など社会政策の分野で大きな業績を残したアーノルド・トインビーに関心を抱き、帰国後にトインビーに関する幾多もの論考を発表することになる。小泉信三や英文学者の市河三喜との交友関係も、留学の産物である。後年、武藤は兄長平を通じて知り合うようになった考古学者浜田耕作と市河と三人でしばしば大英博物館で落ち合って、館内の喫茶店で午餐をともにしたことを浜田に対する追悼文で回想している(7)。

帰国後の研究の広がりについては、また後述するとして、もう少し年譜に沿って武藤の足跡を追っておこう。

大正一三（一九二四）年、「シーボルト先生渡来百年記念式」が挙行され、武藤はその発起者に名を連ねた。同年刊行された『シーボルト先生渡来百年記念論文集』に、武藤は「シーボルト先生略年譜」ほかを掲載し、以後シーボルトに関する研究成果を次々に生み出していく。翌一四（一九二五）年には「ツウンベルク（トゥーンベリ）先生渡来百五十年記念会」にて記念公演を実施し、同年刊行された『渡来百五十周年記念論文集』に「ツウンベルグ先生略年譜」を掲載している。これを契機として、やはりその後トゥーンベリに関する研究が比較的短い期間でまとめて刊行されるようになる。

昭和に移ろう。同四（一九二九）年五月には、九州帝国大学で開催の史学会大会で「日英交通史上の九州」という題目で講演した。この頃、武藤は勤務校の紀要『商業と経済』に後年大著としてまとめられる「日英交通史料」を長期にわたり掲載中であった。また、翌昭和五年には日本経営学会編『経営学論集　官営及び公営事業』に「鉄道の国民経済上の特質を論じ、鉄道の経営主義及鉄道制度に及ぶ」が掲載されている。研究の中心が歴史にシフトしたのちも、武藤は鉄道に関する経済・経営面からの研究を続けたのである。

昭和七（一九三二）年には、社会経済史学会の理事に選出され（八月）、一〇月の同学会大会（京都市）で研究報告を実施している。年譜にはないが、その前年に刊行された『社会経済史学』の創刊号には、武藤の「牛津大学教授候補としての W. J. Ashley」が掲載されており、さらにその前年の昭和五（一九三〇）年一二月には、社会経済史学会の設立総会が開かれ、武藤は同学会の創設に賛同した発起人五〇人のなかに名を連ねていた(8)。

昭和九（一九三四）年一〇月、武藤は実業教育五十周年記念会より「表彰状及表彰記念品を授けら」れた。翌年一〇月には、勤務先である長崎高等商業学校からも創立三〇周年記念式にて「学校長より表彰状を、同窓会長より感謝状並に記念品を」授けられている。

さて、昭和一一（一九三六）年一〇月に武藤は定年退官を迎えたものの、退職の翌日（一〇月二〇日）から嘱託の講師として教育活動を継続する。一一月には名誉教授の称号が授与されている。研究成果も相変わらず次々に生み出され、長年刊行を続けてきた「日英交通史料」は大著へとまとめられつつあった。

その武藤にとっての畢生の大作『日英交通史之研究』が刊行されたのは、翌昭和一二年四月である（初版、内外出版印刷）。年譜には同年五月までの出来事が記載されているが、同書刊行に関する記述はここにはない。やがてこの大著は学位請求論文として慶應義塾大学に提出され、昭和一四（一九三九）年一月に武藤に経済学博士の学位が授与されることになった。審査を担当したのは、同大学経済学部の高橋誠一郎（経済学史）と野村兼太郎（経済史）であった。

その後、昭和一六（一九四一）年一月に『日英交通史之研究』の第二版が刊行され、翌一七年六月二六日に武藤は六一歳で永眠している。同年八月の『日英交通史之研究』第三版の刊行には間に合わなかった。亡くなる直前まで原稿を口授して、執筆への意欲を見せていたという[9]。

以上武藤長蔵の生涯を年譜に沿って追ってきたが、ここで彼の人物像について、書籍とのかかわりと交友関係の二つの面から述べておきたい。

書籍・資料の収集家として武藤は有名であった。没後に残されたコレクションは、雑誌、小冊子を含めて和洋図書が約一万冊、書画や陶磁器などの各種資料が約二〇〇点に達していた。貴重書も多く、たとえば経済学の分野では、スミス『国富論』(一七七六年)、マルサス『地代論』(一八一五年)、リカード『経済学および課税の原理』(一八一七年)のそれぞれ初版などが含まれる。武藤の蔵書は現在、長崎大学経済学部の図書館で「武藤文庫」として保存されている。武藤文庫に関しては目録が刊行されているほか、インターネットを通じてもその内容を知ることができる[10]。

武藤の博識がこれら蔵書に基づくものであったことは、容易に推測できる。かつて武藤文庫の蔵書の整理を担当した宮崎震作は、文庫について以下のように回想する(新仮名遣いに改めている)。「わたしは最初、武藤先生の蔵書ならどうせ経済か商学か、それに精々歴史の本の加わるくらいだろうとたかをくくっていた。ところが実際に当って見て驚いた。何でもある。実に何でもある。0からはじまって9に終る分類表の、そのどの部門にもそれぞれ該当する本がちゃんとある。わたしはこれが一個人の蔵書であろうかと怪しみ、そして呆れた。本好きの金持ちの隠居道楽ではあるまいのに、こう云う本の蒐め方があるものだろうかと疑った[11]」。武藤の蔵書の百科全書的多様性に触れた時の最初の驚きが、このように表現されているのである。なお、刊行されている『武藤文庫目録』で採用されている0から9までの分類(長崎大学付属図書館経済学部分館旧図書分類表による)は以下のとおりである。0:総記、1:商業・交通業・工業・農業、2:経済・財政・植民・社会・労働、3:統計、4:政治・法律、5:地理・歴史、6:数学・理学・医学、7:語学・文学、8:芸術、9:宗教・哲学・教育[12]。武藤文庫以外にも、長崎大学経済学部図書館には、武藤が発注した貴重書が数多く含まれているものと考えられる。

後述するように、煩雑と思われるくらいに幾多もの文献に依拠する考証学的な手法を重んじたからであろう、武藤は学者の業績を評価するに際して次のように述べていたと姫野順一は伝えている。すなわち、「人もしある学者の業績を評せんとするときは、その人の著作・論文等によることももちろんであるが、その人が収集した文書・資料によって、彼が利用しまた利用せんとしたことを、あわせて考慮すべきである」と。(13)

さて、武藤は書籍の収集家として書籍のみを相手として時間を過ごしていたのではない。じつは、武藤は大変な社交家でもあった。高等商業学校の教授としてアカデミズムの世界の経済学者や経済史学者、歴史学者と交流があったのはもちろん、武藤の交友関係は在野の学者、民間学者にも広く及んでいた。在野の学者の中からそのおもな名前を挙げれば、武藤とともに「長崎学の三羽烏」をなした古賀十二郎と永山時英、それに美術コレクターで地元長崎に関する著作も残した永見徳太郎、博識で知られた大槻如電、『明治事物起源』で知られる石井研堂、ほかにも柳田國男、徳富蘇峰などとの関係があった。また、経済学・商学、歴史学以外の大学関係者では、武藤と南蛮趣味を共有していた新村出、英文学者の市河三喜、考古学者の浜田耕作との交流も知られる。(14)

齋藤茂吉、芥川龍之介、森鷗外、広田弘毅といった、やや畑違いの著名人との関係もあった。齋藤茂吉は、大正六年からの三年半を長崎医学専門学校の精神病科教授として過ごした。お互い本好きだったこともあり、両者の交流は武藤が亡くなる昭和一七年まで続いた。茂吉が武藤のことを想って詠った作品は幾つか知られ

図2-2　左から菊池寛、芥川龍之介、武藤長蔵、永見徳太郎

ているが、武藤が還暦を迎えた折には、「君の「学」めでつつ遠きおもひでよ　今日ありのままの君ぞ尊き」という歌を捧げている。

芥川龍之介は大正八年五月に菊池寛とともに長崎を訪問した。その際、この二人と武藤、それに永見徳太郎の四人が永見邸で記念撮影を行っている。長崎を発ったのちの芥川の日記に、やがて武藤が登場する（大正八（一九一九）年六月三日）。「長崎の武藤長蔵、盛んに本を送って人を悩ます」と書かれているのである。森鴎外との関係では、武藤は鴎外との対談記事を残しているという。また、広田弘毅は首相となる前、外交官としてオランダに赴任する際に武藤の研究室を訪問し、オランダに関する知識を仕入れた[15]。オランダ事情に通じた学者として、武藤は信頼されたのである。

第二節　研究の幅──多識といわれる所以──

武藤長蔵の学問の特徴・性格を検討するに当たり、まずは彼の研究領域の広がりについて確認しておきたい。武藤の在職三〇周年を記念する論文集には、おそらく彼自身が作成したと思われる一六の分類項目からなる著作目録が掲載されている。ここで用いられている研究区分に従って、まずは武藤の研究がどのような領域に及んでいたか見ておくことにしよう[16]。

①　鉄道交通の経済的、法律的および歴史的研究

鉄道論は武藤の学問の土台をなした領域であり、四二本という多くの論考がここに含まれる。ただし、明治四三（一九一〇）年頃『日本経済雑誌』に一四回にわたり連載された「電気鉄道論」は一本ずつ計一四本としてカウント

している。また、ここには鉄道の営業運転開始以前に長崎に鉄道が敷設されていたことを実証した論考「鉄道に関する知識の我国に伝はりし門戸としての長崎」(『商業と経済』一九二三年)が含まれる。これは、交通経済学者として武藤が「最も自慢し、自信を持って誇った論文である」という。[17] 鉄道について、武藤は経済・経営のみならず法律面からも論じることができた。

② 経済史、経済学史およびその他の学術上の研究

経済史とあるが、ここには経済学者ごとに細目が設けられており、人物、著作などに関する論考計三五本が九つの細目に分類されている。最多は一四本のアーノルド・トインビーに関するもので、そのほかジョサイア・チャイルド(四:以下括弧内は論考の数)、アダム・スミス(六)、ジョン・スチュアート・ミル(二)、マルサス(二)などとなる。哲学者カントに関する小項目もあり、論考四本がここに含まれている。

③ 語源および訳語の研究

以上と比べれば数はそれほど多くない(二四)とはいえ、徹底した詮索・考証癖の持ち主である武藤の学問的な特徴がとくによく表れていたのは、言葉の由来に関する研究だと思われる。二四本のうち一五本は、『国民経済雑誌』を舞台に大正七(一九一八)年から九年にかけて続いた有名な一連の銀行の語源に関する長大な考証である(「銀行なる名辞の由来に就いて」(一～一〇)、「再び銀行なる名辞の由来に就いて」(一～五))。あまりにも長大であったために『国民経済雑誌』から途中打ち切りを要請されたというこの研究は、[18] さらに「銀行会館なる名辞が約二百年前支那に存せし事実の発見」(『商業と経済』一九二二年)へと発展していったのである(注(6)参照)。

④ 日蘭交通史および蘭書、蘭学の研究

この領域で中心に位置するのは、シーボルトとツウンベルグ(トゥーンベリ)の研究であり、三一本の論考のうち一二本がシーボルト、一〇本がツウンベルグに関する論考となる。ほかにも、ここには電気に関する論考(「電

気に関する知識の我国に伝はりし門戸としての長崎」『電気評論』（おそらく一九二五年頃）など」が三本含まれるほか、簿記書、法律書、自然科学に関する窮理書を扱った研究（「ムッセンブロック著窮理書」『週刊朝日』一九二七年）が含まれており、武藤の関心の広さ、多識がうかがえる領域である。

⑤　日葡交通史の研究（キリシタン史および日西交通史を含む）

「慶長十四年長崎に渡来せる葡萄牙船とその大砲」（『史学雑誌』一九二八年）をはじめとする八本の論考が含まれる。

⑥　日露交通史

「ゴンチャロフ著「フレガットパルラダ」中の一節」（『商業と経済』一九二五年）の一本のみが含まれる。なお、フレガットパルラダとは、プチャーチンの随員となった作家ゴンチャロフが乗船したフリゲート艦パルラダ号のこと。

⑦　日支交通史および支那通商史の研究

七本の論考が含まれるが、日中関係以外でも中国について扱った研究には、③の銀行の語源に関する研究や、①に含まれている南満州鉄道に関する一連の研究〔「南満州鉄道之研究」（『長崎高商学友会雑誌』一九〇九年）など〕がある。

⑧　日英交通史

ある意味、日英交通史の領域は武藤にとって最も重要な研究分野であったと言える。なぜなら、後年武藤はこの分野に関する研究、論考をまとめて代表作『日英通交史之研究』を刊行し、これが経済学博士の学位授与の対象となったからである。日英通交史についての論考は二六本が挙げられており、そのうち一六本は昭和三（一九二八）年から一一年にかけて『商業と経済』に連載された「日英交通史料」（一〜一六）からなる。なお、複数の国名が含まれる「日葡、日西、日蘭及日英交通史の若干問題」（中村進午博士追悼記念、一九四〇年）は、ここに分類されている。

⑨　都市研究

「都市研究参考資料（一）都市の歴史」（『商業と経済』大正一五年）など、都市に関する文献解題を中心とした論考三本が含まれる。

⑩　教育特に商業教育

高等商業学校で商業教育に従事する教員として、武藤は商業教育も研究の対象とした。四本がここに分類されているが、そのうちの一つは、菅沼貞風『大日本商業史』復刊（一九四〇年）に際して寄せた跋文であり、これも商業教育に関する記述を含む。これら四本以外にも、商業教育についてはたとえば「我国商業教育とシーボルト」（『国民経済雑誌』一九二四年）があり、これは上記④の項目に分類されている。

⑪　工業政策および社会政策上の研究

四本の論考が含まれるが、その一つに「演劇場改良私見（特にドイツ公立劇場より学ぶ点に就いて）」（『長崎新聞』一九二八年）がある。ゲーテ、シラーを好む武藤は、やはり演劇にも関心を持っていたようである。

⑫　長崎および長崎県、郷土の研究

長崎に関するさまざまな論考一四本がここに分類されている。西洋音楽に関する一文もあり（「西洋音楽と長崎」（上・下）『長崎新聞』一九二三年）、武藤の芸術面への関心が見て取れる。『長崎ぶらぶら節』で有名になった丸山芸者愛八を偲ぶ座談会には、武藤も出席していたようである（『長崎新聞』一九三五年）。

⑬　旅行記

六本の旅行報告が含まれる。そのうち四本は、明治四四（一九一一）年から大正四（一九一五）年にかけてのドイツ・ヨーロッパ留学に際しての報告である。

⑭　ゲーテおよびシルレル考

一〇本の論考がここに分類されている。武藤はドイツ文学を好んだが、とりわけ愛好したのはシラーであったという。[19]「クリスマス及クリスマス樹の由来」（『長崎高商学友会雑誌』一九三二年）という西洋文化に関する広い見識をうかがわせる一文もここに含まれる。

⑮　雑

雑考一二本が含まれているが、『長崎新聞』に四回にわたって連載された「お蝶夫人と長崎（一～四）」（一九二二年）は、⑫の長崎に関する研究ではなく、ここに分類されている。なお、松永安左エ門に関する一文（「松永さんの歴史趣味」『松永安左エ門氏還暦記念文集』一九三六年）がここに含まれる。電気に対する関心が、「電力の鬼」とたたえられ、茶人としても名高い財界人との関係を生み出したのである。

⑯　史学講演

六回の研究報告が挙げられているが、いずれも「史学会」で実施され、『史学雑誌』に記録された研究報告である。

こうした研究をもとに、武藤の生前に日英交通史に関する著作が三冊、没後におもな論文を掲載した論文集が二冊刊行されている。

さて、武藤の研究業績を俯瞰して見て取れるこのような広がりを持つ研究内容は、通時的に見れば、どのような展開を経て獲得されていったのであろうか。山田憲太郎によれば、時系列的に見ると武藤の研究は以下の三期に分けて考えてみることができるという。

第一期：明治四〇（一九〇七）年から、大正四（一九一五）年に海外留学からから帰朝するまでの、鉄道交通の経済的、法律的研究に専念した時期。

第二期：大正五年から昭和の初めまで、研究分野を拡大し、書誌学的研究を中心とする武藤独自の史学（ムトウイズム）が建設された時期。

第三期：昭和の初めから昭和一七（一九四二）年（没年）までの、ムトウイズムが最高潮に達し、その本領を十二分に発揮した時期[20]。

武藤の各論考を時系列的に確認してみると、確かに山田憲太郎が指摘するように、留学以前は鉄道を中心に研究が進められ、帰国後にアーノルド・トインビーをはじめとする経済学者や語源などに関する研究、長崎を舞台とする学術、知識の伝播にまつわる研究などへと広がりを見せた。さらに昭和三（一九二八）年からは、後年学位論文へと結実する一連の日英交通史料に関する考証が開始されている。

注目したいのは、第二期になって書誌学的研究を中心とする武藤独自の史学（ムトウイズム）が建設されたと指摘されている点である。多識に由来する研究領域の幅とともに、もう一つ武藤の学問の特徴を挙げるとすれば、やはりこの「ムトウイズム」といわれる書誌学的研究を中心とする武藤ならではの学風であろう。これまでも武藤の学問的な手法について触れる機会があったが、以下では、ムトウイズムとはどのような特徴を持つ歴史学であり、第二期以降の武藤の学問研究はどのような学風を帯びるに至ったのか、もう少し立ち入って考察してみることにしよう。

第三節　学風——文献学的・歴史学的研究の展開——

（一）　ムトウイズムとはなにか

ムトウイズムという言葉を最初に用いたのは、おそらく小泉信三ではないかと思われる。小泉は武藤への追悼文でその学風を語るに当たり、「私はひそかに戯れにムトウイズムという術語を考えてみた」と述べ、その特徴として、誠実無比なる篤学、詮索癖、好事癖、そして道草癖などを挙げる[21]。

武藤の研究は学問的に誠実であろうとするので説明が煩瑣である。普通の研究者が省略するような些細な事柄でも、それが武藤の好奇心のアンテナに引っかかれば、委細漏らさずくどいほどの考証が続く。しかも、資料に忠実であろうとするので長文の資料をそのまま、外国語であっても原文のまま転載することが多い。それゆえ、何頁にもわたって欧文や漢文が続くことがある。詮索、好事癖が高じれば、可能な限り文献・資料が列挙され、利用される。正確であることを旨とするので、繰り返しをいとわず略すことをしない。しかも道草が多い。本論からはずれてわき道に入り込んでしまい、話の繋がりが読み手に見えなくなってしまうことが多々ある。要するに、学問的に誠実であろうとするあまり武藤の論文は、読み手からすればかなり読みにくいのである。

このムトウイズムは、普段の会話でも発揮されたらしい。この点については小泉自身に語らせてみよう。

武藤君の話題と話し振りは、友人の誰でもが承知しているように、武藤一流のものであった。話題は常に本のことである。「君、面白いじゃないか」というのは、本の表題、刊行年月、出版の場所、様様の版本、それ等における表題の相違、内容文言における出入、学者がそれに気附いている事実の有無に関することで、話はそれからそれへと続いてつきない。更に武藤君の話は事実から憶測の境へも進む。何某が某所にいた時、某書はすでに出版せられていたから、何某が云云の説をなした時、彼は恐らくこの書を読んでいたものと想像される。そうして彼の見た本は、あるいはこの本（エキセムプラアル）ではなかったろうか。「君はどう思う」などという。「ところがここに面白いことはね」と更に続き、話題は枝から枝へと岐れて行くこともある。聴いていて少しそれたな、と思っても私にはとめることができない。(22)

このムトウイズムが、彼の代表作である『日英交通史研究』でも如何なく発揮されているのはいうまでもない。本書は、改訂増補第二版で約八五〇頁に及ぶ大著であり、おおよその内容を確認すると、第一編「日英交通史概観」に一～一〇九頁が、第二編「日英交通史料」に一一一～五八一頁が、第三編「初期日英交通史の重要文献」に五八四～六五九頁がそれぞれ費やされている。つまり、全体の八五〇頁うちの約五五〇頁が史料や文献の解題、紹介に当てられているのである。しかも、時代の大枠に関する解説や分析視角のような、この種の研究書であれば備えているはずの導入部分を本書は欠いている。第一章のわずか二頁にも満たない紙幅の中で日英交通の特徴が示された後に、さっそく日英交通の起源に関する考証が開始されるのである。第一編は「概観」として、本研究のいわば骨格の部分を形づくるとはいえ、そのほとんどは、書誌学的な考証に基づく細かい事実の確認からなる。これに四五〇頁以上に渡る第二編の文献解題、史料紹介が続く。さらに本書は、全体的な結論を欠いている。本書の改訂版は、経済史の専門誌である『社会経済史学』の書評で取り上げられ、史料編纂などに関してかなり好意的な評価が下されている。しかし、当然であろうが、全体としての秩序と体系とを欠いているとの欠点も指摘されている。(23)

武藤の蔵書を整理した宮崎震作は、本書を読んだ際の印象を次のように語る。

私は見込み違いをしていた。それは交通史の研究と云うよりも、寧ろ交渉史料の研究と称されるべきものであった。この約八百頁に及ぶ厖大な大冊は最初からひどく私を苦しめ、それを読み通すには可なりの努力と忍耐とを必要とした。それは何も矢鱈にむつかしい横文字や漢文が飛び出して来るからばかりではなく、武藤さんの書き方が必要以上に冗どすぎるのであった。（中略）和文と欧文と漢文とがほぼ同じくらいの割合を以てかわるがわる、殆んど応接にいとまのないほど頻繁に現われて来て、そのたび毎に本を横にしたり縦にしたりせねばならぬ煩らわしさは、到底わたしには堪えられなかった。（中略）けれども、煩らわしさはそれのみに止まらなかった。たった今ある本の著者名から書名、副題、版次、発行地、発行所、発行年……と順々に長々と二三行にも亘って読んだばかりなのに、半頁も先に進むとまたまたわたしは其の同じ本の著者名、署名、副題、版次……と長々と二三行に亘って読まされる始末であった。そして、そう云うことが一頁の中に再三繰り返されていた。(24)

ともあれ、この破格の研究書が学位論文として認められ、武藤は経済学博士となったのである。

ムトウイズムは、ある知識や書籍の伝来など、どちらかといえば理論や歴史の大局とはひとまず関係しない、瑣末な事柄に対して注ぎ込まれるのが一般的である。ささやかな――むしろ、些細なというべきか――疑問の解明のために、武藤は可能な限りの文献・資料を題材としてくどいまでの考証を繰り広げる。一例を挙げれば、大正一三（一九二四）年にアダム・スミス誕生（一七二三年）二〇〇年を記念して刊行された『経済論叢』（京都帝国大学）に武藤の一文も掲載された。目次を見ると、冒頭の「スミスの生涯」（本庄栄治郎）と題する論考を除けば、いずれもスミスの理論や思想を扱った論考が並んでいるのがわかる。たとえば、「道徳的価値判断に関するスミスの思想」（恒藤恭）、「富国論の研究方法に就《ママ》いて」（財部静治）、「スミスとコンヂアックとの価値論」（田島錦治）、「スミスの所謂「真実の価格」について」（河上肇）などである。これに対し、一連の論考（一四本）の最後に掲載されている武藤の論考のタイトルは、「スミスの名其生涯及其学説等を早く我国に伝えたる蘭文経済書」である。ここではアダム・スミスの理論・思想が特段議論されているのではない。武藤が関心を抱いているのは、あくまでも「スミスの学説を一番早く我が国に伝えたのはどの本か」という事実にほかならない。その事実を明らかにするために、彼は蘭書を中心に利用し得る限りの文献を武器にして、知り得る限りの情報を傾注して考証を展開するのである。

このようなムトウイズムが発揮されたのは、経済学や歴史学、蘭学といったある意味純粋な学問的な領域だけではない。広い意味での実学の領域でも、武藤独特の徹底した文献学的な考証学的手法は遺憾なく発揮されたのである。

（二）　ムトウイズムと実学

武藤が定年退職後も含めて三〇年以上にわたり奉職したのは、長崎高等商業学校、すなわちビジネスマンを養成するための実務・実学の教育を重視する高等教育機関である。あらためて履歴を確認すれば、武藤は旧制の名古屋商業学校を経て東京高等商業学校で学んでいる。経済界で活躍する人材を養成する高商の出身者として、武藤は実務的な教科――たとえば、商業、運輸、保険、商品学、会社法といった明治時代の商業教育での重要科目[25]――を一とおり学んだことであろう。専攻部において武藤を指導したのが社会政策や都市計画を専門とし、のちに実務の世界（大阪市）で活躍する関一であることはすでに述べた。長崎高商に赴任する前、短期間ではあるが、これも実務家養成校である東亜同文書院で教鞭を執っている。このように、生涯を通じて実学が重視される高等商業学校を活動の場としてきたからであろう、学者・教員としてのスタート時点のみならずその後も鉄道や電気、簿記書、商業教育など、実務の世界や社会とかかわりの深い「役に立つ」と考えられる題材を含めて研究を続けたのである。武藤は経済学史や経済史、蘭学に関する研究成果を量産したとはいえ、鉄道論を出発点とする研究業績の広がりを見る限り、武藤の研究のベースにあったのは、姫野順一も指摘するように、経済学というよりもより実学的な色彩の強い商業学であったと言えそうである[26]。

しかし一方で、何を題材として研究をするにせよ、武藤は歴史に対する興味を遺憾なく発揮している。晩年にしたためた浜田耕作に対する追想文で、武藤は自分の歴史に対する興味を呼び起こした一人として浜田を挙げ、その浜田とは兄の長平を通じて親しくなったことを回想している。生来の歴史好きということもあったであろうが、兄の長平が武藤の歴史趣味に影響を与えたことは確かであろう[27]。とりわけ、言葉の来歴、語源に関して武藤は特別な関心を抱いていたらしい。「されど余は生来語源に興味を感ずる病癖あり、自ら警戒しつつあれども胸中湧き来る疑問を幾分なりとも解決せんとする欲望にかられ、知らず識らず深入する事あり」と述べ、語源への関心を「病癖」と表現するのである[28]。

さらに浜田に対する追想文で、武藤は学生時代を回想して次のように語っている。

歴史に対する私の興味は、本来の性質の外に横井〔時冬〕、福田〔徳三〕先生の感化、当時勃興しつつあった経済史研究の機運、内田〔銀蔵〕博士の講義筆記、濵田〔耕作〕氏の影響があった事を今この追悼録を草するに当って深く感ずるものである(29)（〔〕内は筆者による）。

ことに、福田徳三は経済学万般にわたり業績があることで知られるが、その学風の一部に、語源への関心、幾多もの文献に依拠した考証、資料原文、原語の頻繁な引用などといったムトウイズムとの共通性もあり――武藤ほどはなはだしくはないが――、福田から武藤への学問的な影響の大きさを推測させる(30)。加えて、留学先のドイツをはじめとする欧米諸国で直に接した歴史学派経済学の影響もあったに違いない。具体的な影響については今後の検討課題となるが、留学後の学風の変化からその影響の大きさは見てとれる。先にも指摘したように、帰国後武藤は、研究領域を拡大するとともに、幾多もの書籍を題材とした瑣末ともいえる徹底した事実の考証を次々に展開していく。生来の好み、性癖を生かしてムトウイズムという独特の学風が構築され遺憾なく発揮されていくのである。そしてその影響は、彼の研究の出発点となった鉄道など、広い意味での実学の領域、本来であれば「役に立つ」という側面から取り上げることが多い領域にも、例外なく及ぶことになった。

例を挙げよう。武藤のよく知られた論文の一つに「鉄道に関する知識の我国に伝はりし門戸としての長崎」という論文がある(31)。一般に、鉄道史に関する論文であれば、ある事柄を実証していくうえで問題の所在を広い文脈の中に位置づけながら事実の解明を進めていくのがおおよその手法であろう。たとえば、ある事実が鉄道発展の歴史にどうかかわったか、経済の発展、人々の生活や利便性の向上、あるいは技術の向上にどう影響したか、などの問題意識とともに考察が進められることであろう。しかし、これらの点に武藤は頓着しない。この論文で明らかにされるのは、明治五（一八七二）年に新橋・横浜間で日本最初の鉄道が開通する以前に長崎で汽車が走っていたことをはじめとする個別的な事実である。すなわち、それ以前の慶應元年頃、長崎でデモンストレーションのために線路が敷かれ、汽車が走ったことが実証されていく。あわせて武藤の好奇心は、鉄道に関する知識はいつ日本に伝わったか、機関車の模型を日本人が最初に見た場所はどこか、鉄道に関する知識がいつ中国に伝わったか、などの問題の考証に及んでいる。そして、これらの考証の結果から、長崎が「鉄道に関する知識の我国に伝はりし門戸」であることを導き出しているのである。

電気という実用性の高い物理現象、それに関する知識についても、武藤は実学的な観点を抜きにしてムトウイズムを発揮させた。「電気に関する知識の我国に伝はりし門戸としての長崎」という論考の冒頭で[32]、武藤はいかなる年代に、いずれの外国より、日本のいずこに、当時の日本人のうち何人などに最も早く電気に関する科学的知識が伝わったか、という疑問を提示している。こののち、これらの問題に対して数々の文献に依拠しながらの通説の検討、考証が続くのであるが、注目したいのは、平賀源内への言及と自然科学（博物学）に関する武藤の見識である。平賀源内の足跡とともに蘭学における電気の扱いを述べるに際して、武藤は博物学・自然科学の展開をもきちんと視野に収めながら電気に関する考証を繰り広げているのである。とはいえ、電気の普及や利便性の向上などといった実用性といった面からの電気に関する考察を欠いているのは言うまでもない。

銀行という実業界の組織を扱うにしても、武藤の関心が集中するのはあくまでも銀行という言葉（名辞）であり、その語源を明らかにするためにあれだけ長大かつ精緻な考証を必要とした。簿記や法律といった実学知も扱ったことがあるとはいえ、中心にあったのはやはり書籍に対する興味だったようである[33]。

では、高等商業学校の教師として武藤も携わっていた商業教育については、どのような考察を施していたであろうか。経済界で活躍する人材の育成を旨とする商業教育を研究の俎上に載せるのであれば、やはり実社会で役立つ知識やスキルをいかに学生に伝授教育するかという面から教育の歴史が明らかにされるのが普通であろう。しかし、結論から言えば、武藤はやはりこの点に関しては無頓着である。商業教育に関する研究においてもムトウイズムを貫くのである。

少し具体的に、「商業教育および商業学科の史的回顧と長崎」という講演に基づいた論考を取り上げてみよう。(34)前置きののち、第一に取り上げられるのは商人になろうとする者の教養であり、商業教育の必要性である。武藤は、「商人は経済的使命のほかに文化的使命を帯ぶものであります」と述べ、自説をまずはシルレル（シラー）やゲーテに依拠しながら展開する。ゲーテの『ウイルヘルム・マイステル修業時代』は、「商業および経済の学にこころざす者の必読の書である」とされる。第二では、商業教育と商業学科の初期の発展が語られる。第一に参考とすべき良書としてゾンバルトの『ブルジョア』が挙げられたのち、武藤が説くのは、わが国の算盤《ソロバン》の歴史を扱った文献についてであり、簿記書の輸入についてである。次いで、商品学および商業地理についてベックマンの商品学書など各種文献が紹介される。商品学との関連から物産学、博物学、本草学、医学にも言及しており、関連する分野がきちんとフォローされている。とはいえ、話題の中心にあるのはやはりものごとの伝来の歴史とそれを記述した書籍であり、肝心な教育内容、教育の歴史については言及がない。

第三に取り上げられているのは商業学校の起源であり、ヨーロッパの主要な貿易都市、たとえば、ヴェネツィアやライプツィヒ、ハンブルクなど外国貿易が盛んな都市にいつごろ商業学校が設けられたかが紹介される。武藤によれば、わが国で最初に商業学校の設立が計画された地は長崎であり、その計画者はシーボルトであったとのことである。この計画は実現しなかったとはいえ、武藤は幾度か別稿でこの計画について論じており、(35)武藤のシーボルトに対する深い思い入れをうかがうことができる。最後に第四として、我が国の商業教育が回顧され、明治七年に大蔵省銀行課内で銀行事務の講習が始まったこと、東京に商法講習所、神戸、大阪に商業講習所が設置されたこと、さらに長崎などの主要都市に商業学校が設立されていったことなど、おおよその経過をスケッチしている。

終わりに、武藤は「私は商業教育と外国貿易、商業学校所在地としての貿易港について歴史的に密接の関係あることを感じます」と感想を述べ、さらに「商業教育の必要は、外国貿易に従事するものに特に多きことを信じます」との信念を表明する。そして、商業教育の歴史と教育史、商業史、商人史、実業史、学術史、経済学史の研究、商業科学発達史との関係について論及する考えであったが、「最早時間がありませんから省略します」との断りを述べて最後のあいさつに移り、講演を結んでいる。

このように、幅広い内容を誇るこの講演からも武藤の学識の豊かさは十分うかがえることであろう。しかし、教育内容、とりわけ実学教育機関であれば重視されるはずの実社会で役立つスキルがどのように伝授されてきたかなど、一般の実学教育関係者が最も関心を持つはずの内容には全く触れることなくこの講演は終了した。大方の内容は、いつ、どこで、何が始まったかなどの瑣末な知識とそれを裏づける情報、すなわち、それが記載された幾多もの文献とその著者の紹介から成り立っていた。ムトウイズムが貫かれていたのである。

むすび――実学教育機関における文献学的・歴史学的研究

昭和九(一九三四)年、武藤は実業教育五十周年記念会より表彰され記念品を授けられた[36]。長年の武藤の教育研究が、実業教育という観点から認められ顕彰されたのである。とはいえ、武藤の研究が特異な文献考証学的な特徴を持ち、普通実学で要請される役に立つ知識の伝授や学生のスキルの向上に直接つながるものでなかったことは、上で述べたとおりである。

では、教育の面ではどうであっただろうか。ここでもう一度、武藤文庫の整理を手掛けた宮崎震作に登場を願おう。あるとき、宮崎は長崎高商出身の義兄に「武藤さんてどんな人ですか」と聞いたらしい。すると、その義兄に当る人物は、「何とか云う本にはこう書いてある、何とか云う本にはああ書いてあると本の話ばかりしている変り者だ」と笑って答えたというのである。[37] 武藤の教え子の寺崎勇夫はこう回想する。

先生の「脱線講義」は学内でも有名なものであった。「交通政策」のノートは一学期の半ばを過ぎても一頁にも充たない有様である。先生の話はすべて本の話であった。

これが事実であれば、実学教育機関における教師であったとはいえ、いわゆる実践的な教育は行われておらず、学校側や社会、学生が抱いていたであろう期待には応えていなかったということになる。

しかし、寺崎はこう回想を続ける。

先生の脱線講義は突如として人生論から、ダンテ、シルレル、ゲーテ論から転じて、カント、マルクス、マルサス、トインビーと延び、出島の話から、シーボルトのおたきさんの〝あじさいの花〟談義にまで飛ぶ。出島の蘭館医であったケンペル、ツンベルグ、シーボルトなど日本の開国文化の功労者の考証などは真に敬服すべきものがあった。学生はこの脱線講義において世界を知り、文学、芸術から人生を知り、足許の長崎のことを知った。[38]

教え子たちは卒業後も武藤を慕った。長崎高商の同窓会（瓊林会）誌に、武藤は会員の回想の対象として頻繁に登場するのである。[39]

東京高商をはじめとする高等商業学校は、近代日本の経済発展を支える有用な企業人を育成する教育機関として、経済界からの要請を受けて設立されていった。それゆえ、高等商業学校とは実践的な教育が施される、まさに実学に重きを置いたビジネス教育のための高等教育機関として位置づけることができる。とはいえ、高商のカリキュラムは実践的な科目だけから成り立っていたわけではない。武藤が長崎高商に着任（一九〇七年）する前後の時期の主要な高商のカリキュラムを見ると、たとえば、神戸高商（一九〇三、〇四年）では「商業史」、東京高商（一九〇六年）では「商業歴史」、山口高商（一九〇八年）では「商業地理及歴史」といった科目が設けられていた。歴史系の科目も含まれていたのである。[40]

武藤が卒業した東京高商では、その前身の商法講習所時代、英語や簿記などの実務系科目を重視する「前垂派」と高度な学問の習得を重視する「書生派」との間で対立があったという。実学教育の現場では、早い段階から実学についてのとらえ方の違いが存在したのである。その後、東京高商は、狭い意味での実学だけでなく哲学や歴史学など商学周辺のいわゆるグルントリッヒ（基本的）な科目をも重視していくことになり、東京商大昇格後には大正デモクラシーの中心に位置する人物を生み出してく。[41] 一橋大学となってからも、ここは上原専禄や増田四郎を経て阿部謹也などへと連なる社会経済系歴史学の重要な教育研究拠点となるのである。

何ごとにおいても即戦力が求められる現在、われわれは功利主義的な観点から、「実学」に過度に「役に立つこと」を求めすぎているのかもしれない。実学とはなにか。杉本勲によれば、実学とは「実用の学」、すなわち「手っとりばやく実際に役立つという点で、功利主義的な意味もふくまれており、社会的には経世済民的な学でもある」。しかし、「それはまた経験にたよる度合いも強いから、実証的実験的な学問にも通じてくる」のであると杉本は続ける。[42] であるとすれば、個別的な実証を重んじる武藤の文献学的研究も、決して実学とは無縁でないということになりそうである。

とはいえ、武藤の本来の学問的な関心、手法を考慮すれば、武藤と実学とのつながりを過度に強調することには、やはり無理があると言わざるを得ない。文献学的、考証学的な手法を貫いた武藤の研究スタイルに照らし合わせてより親和性が強いのは、やはり似たような学問的特徴を持つ博物学や民間学といった一昔前の学問であると言えるのではないか。博物学は、記載・記述の学という性格上大小さまざまな事実の積み重ねが求められる学問であり、民間学は、概してアカデミズムの世界ではおろそかにされてきた領域を扱う。語源や事物起源に注目する武藤の研究課題と書誌学的な考証風の学問は、いわゆる富国強兵とは無縁であり、アカデミズムの学問のなかではやはり傍流でしかない。博物学、民間学ともに帰納法的な性格が強く、それは個別的な事実の積み重ねを重んじるという武藤の学問的手法とも通底する。このような手法を武器として武藤は研究を続け、実学と向き合ったのである。[43]

一見すると実学教育からは遊離した存在に見えるとはいえ、武藤長蔵は長崎高商というビジネスマン養成のための実学教育機関において――彼独特の手法ではあれ――広い意味での実学をも視野に入れつつ揺るぎない研究成果を生み出していった。教育者としても武藤は学生の心に、いわば火をともす存在であった。やはり、武藤も長崎高商にとって欠くことのできない構成員（教員）だったのである。定年に至るまで、全力で教育研究に邁進することができたのは当然であったといえるのかもしれない。

注

（1）谷澤毅「シーボルト的、ゲーテ的、万有科学者的存在――長崎高商教授武藤長蔵の百学連環」、『長崎県立大学論集』四二巻四号、二〇〇九年。

（2）姫野順一「武藤長蔵の人と学説」、『研究叢書』五「年史編纂の現状と展望」、二〇〇四年、二一頁。

（3）東亜同文書院については、たとえば、藤田佳久『日中に懸ける――東亜同文書院の群像』中日新聞社、二〇一二年を参照。

（4）記録によると長崎高商でこれら歴史系の授業が開講されるのは大正一一（一九二二）年以降のことであるという。長崎高等商業学校編『長崎高等商業学校三十年史』長崎高等商業学校、一九三五年、九二～九五頁。松本睦樹・大石恵「旧制長崎高等商業学校における教育と成果――明治・大正期を中心として」、『経営と経済』八五巻三・四号、二〇〇六年、二四八頁。詳細は不明だが、おそらくそれまでは、鉄道論や交通論、銀行論など武藤の本来の専門を生かした科目を担当したと思われる。

（5）『武藤教授在職三〇年記念論文集』（『商業と経済』一八巻一号、特輯）、一九三七年所収。

（6）この成果は以下の論文にまとめられた。「銀行会館なる名辞が約二百年前支那に存せし事実の発見」、『商業と経済』一巻二号、一九二一年。

（7）武藤長蔵「浜田耕作博士の追憶」、『浜田先生追悼録』一九三九年、三三四～三四三頁。なお、以下の文献において、武藤が一九一二年から一三年の冬学期にベルリン大学の国民経済学専攻生として、また一九一三年の夏学期にフライブルク大学の経済学専攻生として実際に学籍を登録していたことが確認されている。Rudolf Hartmann, *Japanische Studenten an deutschen Universitäten und Hochschulen 1868-1914*, Berlin,2005, S.121-122. 教示いただいた八木紀一郎先生（摂南大学）に感謝申し上げたい。

（8）社会経済史学会編『社会経済史学会五十年の歩み』有斐閣、一九八四年、四頁。

（9）馬場誠「武藤先生を憶ふ」、『社会経済史学』一二巻五号、一九四二年、八八頁。

（10）柴多一雄「学内探訪　武藤文庫」、『長崎大学広報 CHOHO』Vol.3、二〇〇三年。武藤文庫のアドレスを以下に示す。http://www.lb.nagasaki-u.ac.jp/siryo-search/ecolle/muto/index.html

（11）宮崎震作「武藤長蔵教授を想う」、『経営と経済』三三巻一号、一九五三年、一三六頁。これらの蔵書はあまり家計のことを顧みずに集められたらしい。それゆえ、武藤は家族から「経済学者の経済知らず」とこぼされたという。寺崎勇夫「跋　武藤長蔵先生のこと」、武藤長蔵（山田憲太郎編）『海外文化と長崎』千倉書房、一九七七年、一四～一五頁。

（12）『長崎大学経済学部所蔵　武藤文庫目録』長崎大学付属図書館経済学部分館、一九七二年。

（13）姫野順一「武藤長蔵の人と学説」、二七頁。

（14）武藤の交友関係については、寺崎勇夫「跋　武藤長蔵先生のこと」、一～二三頁を参照。

（15）寺崎勇夫「跋　武藤長蔵先生のこと」、一七～二三頁。

（16）ここで依拠した目録は、長崎大学付属図書館の長崎学デジタルアーカイブズに含まれるウェブ上の武藤文庫の著作目録である。（http://www.lb.nagasaki-u.ac.jp/siryo-search/ecolle/muto/hakushi/paperlist.html）以下では、研究領域の広がりとともに論考の数（本数）に注目するが、論文だけでなく新聞記事や巻頭言、短評も一本と見なしているので厳密な分析ではない。

（17）山田憲太郎「序」、『海外文化と長崎』、四頁。

（18）立脇和夫「武藤長蔵先生の学問への情熱」、『瓊林』六七号、一九八五年、一六頁。なお、武藤の銀行の語源に関する研究は、武藤とも交流のあった新村出が言語学者として注目しているほか、石井研堂も『明治事物起源』第一〇編「金融商業部」の「銀行の名」の項目で筆頭に武藤の名を置いている。新村出『南蛮更紗』平凡社東洋文庫、一九九五年、三六五頁。石井研堂『明治事物起源5』ちくま学芸文庫、三六一頁。

(19) 武藤とシラーの関係については以下の成果がある。上村直己「武藤長蔵とシラー」、『九州の日独文化交流人物誌』熊本大学、二〇〇五年、一二八～一三一頁。

(20) 山田憲太郎「白百合の花」、『海外文化と長崎』、一～三頁。

(21) 小泉信三「篤学者耽学者武藤長蔵博士」、武藤長蔵『対外交通史論』東洋経済新報社、一九四三年、一～八頁。なお、以下のムトウイズムに関する特徴は、前掲の拙稿「シーボルト的、ゲーテ的、万有科学者的存在」、一〇三～一〇四頁からの引用を含む。

(22) 「篤学者耽学者武藤長蔵博士」、三頁。『海外文化と長崎』「序」、一頁にも引用されている。

(23) 洞富雄「書評　武藤長蔵『日英交通史之研究』」、『社会経済史学』一二巻五号、九五～九八頁。

(24) 宮崎震作「武藤長蔵教授を想う」、一三七頁。

(25) 橘木俊詔『三商大　東京・大阪・神戸――日本のビジネス教育の源流』岩波書店、二〇一二年、三八頁。

(26) 姫野順一「武藤長蔵の人と学説」、二〇頁。

(27) 兄長平の著作としては『西南文運史論』岡書店、一九二六年が知られる。興味深いのは、この本に関して書評で誤植が多いと指摘されていることである（宮島貞亮による書評、『史学』五巻四号、一九二六年、一六九頁）。長蔵の著作でも、実は誤字脱字、欧文のスペルミスが随所で目に付く。武藤兄弟は、二人そろってそそっかしいところがあったのかもしれない。

(28) 「銀行なる名辞の由来に就いて」（二）、『国民経済雑誌』二四巻一号、一九一八年。宮崎震作「武藤長蔵教授を想う」、一四〇頁。

(29) 武藤長蔵「浜田耕作博士の追憶」、一九三九年、三三四～三三六頁。

(30) たとえば、福田の「物価名義雑考」は、物価という語がこれまでどのように用いられてきたかを調べるために幾多もの文献に依拠した考証から成り立つ。『三田学会雑誌』三巻五号、一九〇九年。なお、かつて武藤はジョサイア・チャイルドを題材として「ジョサイア・チャイルド著新貿易論」（『国民経済雑誌』二二巻二号、一九一七六年）などを舞台として、福田徳三に論争を挑んだことがあった。論争の対象とされたのは、チャイルドの理論や思想などではなく、彼の『貿易論』、『新貿易論』の版の変遷、同定についてである。武藤は旧師福田の考証が不完全であると批判したのである。あくまでも書誌学的な事実の確認にまつわる論争であった点は武藤らしい。この論争については、以下を参照。杉山忠平「福田徳三と武藤長蔵――チャイルドをめぐって」、『一橋大学社会科学古典資料センター年報』三号、一九八三年。杉山忠平「福田徳三と武藤長蔵・補遺」、『一橋大学社会科学古典資料センター年報』四号、一九八四年。また、宮崎震作「武藤長蔵教授を想う」、一四三～一四七頁も参照。
(31)『商業と経済』一巻二号、一九二二年、『海外文化と長崎』、二九～六〇頁所収。
(32)『電気評論』一〇周年記念号、刊行年は不明だがおそらく一九二五年頃。『海外文化と長崎』、六一～七七頁所収。
(33)「明治以前我国に伝はりし蘭文法律書」、『法律春秋』三巻二号、一九二八年など。
(34)長崎高商創立二〇周年を記念して実施された講演である。『海外文化と長崎』所収。なお、近年の高等商業教育の歴史に関する成果として、さしあたり橘木俊詔の前掲書『三商大　東京・大阪・神戸――日本のビジネス教育の源流』を、また旧制長崎高商の教育に関する研究成果として、松本睦樹・大石恵の前掲論文「旧制長崎高等商業学校における教育と成果――明治・大正期を中心として」を挙げておく。
(35)たとえば、「我国最初の商業学校創立計画者としてのシーボルト先生」(『シーボルト先生渡来百年記念論文集』シーボルト先生渡来百年記念会、一九二四年)がある。後年、武藤は同じテーマをドイツ語でも論じている(Jubiläumsband, Teil 2, 1933.)。「武藤長蔵教授　著作目録」、『海外文化と長崎』所収、六頁。
(36)この記念会からは、以下の記念誌が刊行されている。文部省実業学務局編纂『実業教育五十年史』実業教育五十周年記念会、一九三四年。
(37)宮崎震作「武藤長蔵教授を想う」、一三五頁。
(38)寺崎勇夫「跋　武藤長蔵先生のこと」、一～二頁。
(39)教育者としての武藤については前掲拙稿、一二九～一三二頁も参照。
(40)橘木俊詔、前掲書、一一五頁、松本睦樹・大石恵、前掲論文、二四四～二四九頁。ただし、長崎高商で「経済史」や「経済学史」、「世界近世史」といった歴史系科目が登場するのは、注(4)でも指摘したように、大正一二(一九二三)年以降のことである。
(41)橘木俊詔、前掲書、一三～一五、四四～五〇頁。
(42)杉本勲『近世実学史の研究――江戸時代中期における科学・技術の生成』吉川弘文館、一九六二年、九頁。同書では、本草学・博物学を含めた江戸時代の幅広い学問分野が扱われており、本来の実学が持つ奥行きの深さ、広さがうかがえる。

（43）博物学、民間学の学問的な性格に関しては、さしあたり前掲拙稿、一一八〜一二九頁を参照。

第三章　啓蒙派エコノミスト太田正孝
——官界・新聞界・政界を渡り歩いた健筆家——

上久保　敏

第一節　はじめに——太田正孝の人物紹介——

太田正孝は朝日新聞の下村海南（下村宏）、東京市長の永田秀次郎と並び日本の三羽烏[1]と評されるほど弁舌に優れ、多くの講演を行ったエコノミストである。太田は文才にも恵まれ、専門書から時論、随想、啓蒙書まで幅広く執筆する健筆家でもあった。[2]象牙の塔にこもらない、戦前の日本を代表するエコノミストの一人であったが、その旺盛な啓蒙精神と高い解説能力ゆえに思想善導にも関与することになった。官界・新聞界・政界を渡り歩いた太田に関する先行研究は少なく、管見の限りでは矢野信幸による研究が唯一のものである。[3]本章では各界における太田の活動を辿りながらその経済思想を解き明かしていきたい。

まず、簡単に太田の経歴を見ておこう。太田は一八八六（明治一九）年一一月一三日、静岡県磐田郡二俣町鹿島（現・浜松市天竜区）で生まれた。旧名は「庄吉」であったが、後に「正孝」と改名した。一九一六（大正五）年一月頃のことと見られる。[4]改名の理由は不明である。太田は一九〇四（明治三七）年三月に静岡商業学校を卒業した。翌年

図3-1　太田正孝

に専門学校入学者検定試験に合格し、第七高等学校造士館に進学した。一九〇八（明治四一）年七月に同校を卒業した後、一九一二（明治四五）年七月に東京帝国大学法科大学経済学科を卒業した。経済学を専攻した理由は静岡商業学校時代に教え込まれた下地があったためである。東京帝大時代の同期には津島寿一、金森徳次郎、芦田均、末弘厳太郎らがいた。

東京帝大卒業後は大蔵省に入省し、文官高等試験にも合格した。板橋税務署長、神戸税関総務課長、大蔵省主計局主計官などを歴任したが、一九一九（大正八）年一一月に大蔵省を退職し、報知新聞社に入社して同社の副社長に就いた。太田は添田寿一の尽力により一九二〇（大正九）年の法学博士会で学位授与の候補者に推されたが、選に漏れた。後になって太田は、博士論文を東京帝大に提出して一九二四（大正一三）年二月一三日に経済学博士号の学位を授与されたが、それには添田の労に報いたいという気持ちもあったとのことである。一九二八（昭和三）年五月に報知新聞社を退社し、一九二九（昭和四）年には中央大学教授に就任する。その後、政界に転身し、一九三〇（昭和五）年二月に立憲政友会から立候補して衆議院議員総選挙に当選した。終戦までに大蔵参与官、大蔵政務次官を歴任した他、大政翼賛会政策局長も務めた。終戦後は一九四五（昭和二〇）年一〇月に公職追放に遭い、同年一二月から一九四七（昭和二二）年一一月まで戦犯容疑にて巣鴨刑務所で過ごした。一九五一（昭和二六）年八月に公職追放解除となった太田は一九五二（昭和二八）年一〇月に自由党から立候補して衆議院議員総選挙に当選する。一九五五（昭和三〇）年一一月には国務大臣・自治庁長官に就いた。そして一九五九（昭和三四）年六月から一九六五（昭和四〇）年六月まで参議院議員を一期務めた後、政界を引退した。一九八二（昭和五七）年七月一〇日、老衰により九五年と七か月余りに及ぶ生涯を閉じた。

第二節　各界での活動と執筆・講演活動

（一）官界での活動――大蔵官僚として

太田が東京帝大を卒業する際に、進路として選んだのは大蔵省（現・財務省）であった。東京帝大教授の金井延・松岡均平からは大学に残るよう勧められたが、財政学ではなく保険学（粟津清亮講師の後任）であったから辞退したという。また、同郷の東京帝大教授・山崎覚次郎からは財界行きを勧められたが、大学時代の保証人・床次《とこなみ》竹二郎とも相談し、大蔵省に入省した。在学時に田尻稲次郎（会計検査院院長）の講義を受けたことで太田は財政に強い関心を持っていた。あいにく西園寺公望内閣の行財政改革のため採用人数は少なく、下級官僚である判任官として役人生活を開始した。津島寿一、金森徳次郎が同期入省者で、太田は主税局で勤務した。この時に太田が行った仕事として確認できるものにハンガリーの財政改革に関する論文の翻訳がある。[5]すなわち太田は*Finanz-Archiv*第一巻に掲載されたブダペスト大学教授フリードリッヒ・フェルナー（Friedrich Fellner）の所論の概略を紹介した。

太田は一九一四（大正三）年四月から翌年三月まで自費で洋行した。ウィーンで財政学を学び学者になるという狙いもあったようだが、最初ドイツ語を学ぶためにベルリンに赴いたところ第一次世界大戦が始まり、イギリスに逃れることになった。太田の『湖畔の落人』（一九一六年）はこの時の体験を小説風に綴った随想から成っている。この外遊時に太田は添田寿一の紹介により経済学者のF・Y・エッジワースに会うが、同じく添田の紹介でJ・M・ケインズとの面会も希望したものの、これは叶わなかった。また、ベルリンの日本人クラブでは小樽高等商業学校から留学していた大西猪之介との出会いがあった。この縁で大西の夭逝後に刊行された『大西猪之介経済学全集』（一九二七・二八年）の内容見本に太田は「全人格的の生命の燃焼」なる一文を寄せ、「大西君の学説は、また一つの芸術ではあるまいか」と記して大西全集を推奨した。帰国後は東京税務監督局と主税局で勤務することとなり、一九一五（大正四）年七月に板橋税務署長に就任し、税務の実際を習得することとなった。一九一六（大正五）年五月に総務課長として神戸税関に赴任し、関税制度の勉強に励み、関税行政の研究にも興味を持つ。それは『関税行政之研究』（一九一八年）に結実し、さらに保税倉庫や保税工場制度など彼の後の博士論文となる保税制度の研究にもつながることになった。一九一八（大正七）年六月に大蔵省主計局主計官に就いた太田は農商務省、逓信省、朝鮮総督府の予算を担当した。自費洋行時にドイツで科学技術の重要性を目の当たりにしたこともあり、太田は科学技術を重視し、工業試験所移転や窒素研究所創設を認める査定を行った。

（二）新聞界での活動――報知新聞社副社長として

太田は一九一九（大正八）年一一月二一日付けをもって大蔵省を辞職した。大蔵省に不満があったためではなく、岳父・三木善八社主を通じ、町田忠治社長の要請を容れて報知新聞社に記者ではなく副社長として入社することになったためである。この転身には、子どもの頃から文筆に親しみ、新聞事業にも深い興味を持っていた上に、自費洋行中に朝日新聞の杉村楚人冠（廣太郎）と親しくなったという事情も影響したようである。

社長の町田が政治に時間を取られていたこともあり、副社長の太田は実質的に社長としての業務を代行した。社員の給与を徐々に上げ、総務、編集、営業、工務の四局制にする機構改革を行い、今日の新聞社における社内機構の原形とも言うべきものを作り上げた。また、一九二四（大正一三）年八月にはそれまで匿名組合[6]であった報知新聞社を株式会社組織に変革し、全社員に無償で株を保有させた。当時の王子製紙や富士製紙が大阪の毎日新聞や朝日新聞にのみ安価な用紙を大量供給する中にあって、太田は用紙輸入による新聞用紙の確保・費用削減などを実施するなど、経営者としての才覚を十分に持ち合わせていたと見られる。一般人に読まれる新聞記事を目指して、漢字制限の実行や文章体を口語体に変えるなど高田知一郎編集局長が中心的に行った紙面改革を後押しした。当時の報知新聞は憲政会系であったが、新聞人としての太田は政党色を出さず、不偏不党を目指した。太田が社説を執筆したのは一度切りだが、それは憲政会の政敵である政友会の原敬首相の死を悼む社説であり、不偏不党の精神を太田自らが示したのである。探検隊のR・アムンゼンの招聘や歌舞伎役者の尾上菊五郎による慰問公演、大学箱根駅伝など文化事業にも熱心に取り組んだ。

弱冠三三歳で副社長となり、派手な事業活動や豪遊をする太田に対して社内には反発もあったようである。新聞は積極性がないと成り立たないと考え、さまざまな事業を企画し、大阪系の朝日・毎日に対峙する東京代表の新聞として報知新聞を育てたが、太田は消極派の町田社長と対立することになった。一九二七（昭和二）年の秋には町田が若槻礼次郎内閣の農林大臣に就任し、後任社長問題が起きた。実質的な社長業務を務めていた太田は次期社長と目されていたが、同年一二月に報知新聞社の社長に就いたのは侯爵の大隈信幸（大隈重信の養子）であった。数か月後に大隈社長との編集方針の違いから高田編集局長や箕浦多一営業局長が社を去り、副社長の太田も一九二八（昭和三）年五月に同社を退職することとなった。(7) 積極主義と消極主義という路線対立に加え、新聞は政党色を出してはならず不偏不党、中立的であるべきだと考える太田には憲政会の機関紙とまで言われるほど憲政会寄りになっていた報知新聞を去るしか道はなかった。太田無き報知新聞社は発行部数を減らして凋落の道を辿り、一九四二（昭和一七）年に読売新聞社に吸収されることになる。

(三)　政界での活動——国会議員として

報知新聞社を退職する頃、太田は二度目の洋行に出て、アメリカ、イギリス、フランス、ドイツを旅行した。この時の見聞は『資本主義の修正』（一九三〇年）などの著作に活かされることになる。『経済読本』（一九二五年）などの印税収入で生計を立てていた太田は床次竹二郎に勧められて政界入りすることになった。一九二八（昭和三）年八月に政治経済研究会を主宰してその会長となり、機関誌『政治と経済』を刊行したのも恐らくは政界入りの準備という側面があったものと思われる。(8)

太田は立憲政友会の公認を受け出身地の静岡県第三区で立候補して一九三〇（昭和五）年二月二〇日の衆議院議員総選挙でトップ当選し、一九三一（昭和六）年三月に犬養毅内閣で一年生議員では異例の大蔵参与官に就任した。政治家としての太田は中島知久平《ちくへい》に接近し、国政研究会の姉妹機関・国家経済研究所や国政一新会のメンバーとして活動を行った。一九三六（昭和一一）年二月二〇日の総選挙では政見綱領として「産業・国防両全主義、積極的経済外交、市町村財政救済と商工中央金庫の設置、農山漁村及び中小商工業者の救済、新産業の助成と肥料増産計画」を挙げていた。(9) その後太田は一九三七（昭和一二）年六月発足の第一次近衛文麿内閣で大蔵政務次官に就いた。一九三九（昭和一四）年の政友会分裂で中島派から離れ、中立派になる。一九四〇（昭和一五）年一〇月には大政翼賛会政策局長として近衛新体制運動に関わり、戦費調達の財源とインフレ対策のための公債処理について研究を行った。一九四四（昭和一九）年に衆議院予算委員長に就任し、終戦前の最後の国家予算にかかわることになった。

終戦後、一九四五（昭和二〇）年一〇月に太田は公職追放に遭う。さらに太田は戦争犯罪の容疑者として第一次指名の五六人の中に入り、同年一二月から一九四七（昭和二二）年一一月まで巣鴨刑務所に収監された。太田の公職追放や戦争犯罪容疑は大政翼賛会政策局長に就いたことと戦時中のラジオ講演が理由になっているようである。一九五一（昭和二六）年八月に公職追放解除となり、一九五二（昭和二七）年一〇月一日の衆議院議員総選挙で自由党から立候補して当選し、政界に復帰した。一九五三（昭和二八）年三月の「バカヤロー解散」で知られる吉田茂首相による「バカヤロー」発言が出た折、衆議院予算委員会で委員長を務めていたのが太田であり、終戦前に続き予算委員長を二度務めた。

一九五五（昭和三〇）年一一月に第三次鳩山一郎内閣で太田は国務大臣・自治庁長官に就任した。地方交付税交付金の引き上げを行った他、当時の衆議院議員総選挙における中選挙区制に代えて小選挙区制を導入する選挙制度改革に取り組んだが、議員の陳情等を受け不自然な選挙区割りとなり、衆議院では強行採決を行って改正案が通過したものの参議院では審議未了で廃案となった。太田は一九五八（昭和三三）年五月の衆議院議員総選挙で一九五三（昭和二八）年四月に続く二度目の落選を経験するが、一九五九（昭和三四）年六月の参議院議員選挙に立候補して当選した。参議院では一九六三（昭和三八）～一九六四（昭和三九）年に予算委員長を務め、一九六五（昭和四〇）年六月に政界を引退した。

（四）執筆・講演活動

太田は官界、新聞界、政界を渡り歩きながら執筆や講演活動に励んだ。豊かな文才を活かして新聞・雑誌等で健筆振りを披露し、約四〇冊の著書を刊行した。専門書から教科書や啓蒙書、辞典、時論、随想まで執筆の範囲は広い。最初の著書は一九一六（大正五）年に刊行した『湖畔の落人』[10]である。これは自費洋行で訪れたドイツやイギリスでの見聞に基づく随想だが、当時のドイツの帝国主義に対する批判の書でもあった。

前述のとおり神戸税関時代に関税行政に興味を持ち、研究を始めた太田は大蔵省在職中に『関税行政之研究』（一九一八年）を刊行したが、彼の執筆活動が本格化するのは新聞界に入ってからである。博士論文となる『保税制度論』（一九二二年）に加え、『国民予算論』（一九二三年）、『経済読本』（一九二五年）、『もう一つの鏡』（一九二六年）など経済や財政に関する啓蒙書も盛んに刊行した。それは政界に転じてからも続き、啓蒙書のみならず『太田経済学教科書』（一九二九年）、『太田公民教科書』（一九三〇年）などの教科書や『新経済辞典』（一九四二年）といった経済辞典も上梓した。また、新聞・雑誌等に執筆した時論等を『経済そのをりをり』（一九二六年）、『資本主義の修正』（一九三〇年）、『新聞ざんげ』（一九三〇年）、『経済の変革』（一九三三年）、『富士に還る』（一九三九年）、『経済決戦記』（一九四三年）など単行本にまとめ、刊行を重ねていった。

執筆活動と並び太田が積極的に取り組んだのが講演活動である。『政治と経済』第四号（一九二八年一一月）及び第五号（同年一二月）の消息欄には太田の講演日程が示されているが、たとえば一九二八（昭和三）年一〇月は一八回、一一月は一二回の予定が組まれていた。これは年間一八〇回のペースである。一九二五（大正一四）年の三月二二日に東京・芝浦の仮放送所でラジオ放送が始まったが、太田も初めのころに「生活と税」という演題でラジオ講演を行った。[11]巣鴨刑務所内で米軍関係者から放送に関する訊問を受けて講演回数を聞かれた時に「大まかに千回ぐらいと答えると、相手は眼をみはったのである」[12]と太田は回想している。一九四一（昭和一六）年一二月八日の太平洋戦争の開戦当日も天皇の詔勅や東条英機首相の国民への警告を太田はラジオで一般国民にわかりやすく解説した。

（五）大学教員として——中央大学や早稲田大学で教鞭

太田は一九二九（昭和四）年に中央大学教授に就任した。中央大学では一九四〇（昭和一五）年度まで経済学部・商学部で「経済財政時事研究」など経済・財政の時事問題に関する一科目だけを担当したが、一九三〇（昭和五）年に衆議院議員になったこともあり、数年足らずで実質的には非常勤講師となった可能性が高いようである。[13]

太田は大隈重信と学長・塩沢昌貞の言葉添えで早稲田大学でも教鞭を執ることになり、一九二〇（大正九）年から財政とりわけ持論の国民予算論について講義を行った。この国民予算論の講義は海軍大学校でも担当し、当時同校の教官でもあった山本五十六も太田の講義を熱心に聞いたとのことである。太田の『国民予算論』（一九二三年）は一九二三（大正一二）年に海軍大学校で行った講義案を綴ったものである。太田はこの他に東京家政学院や二松学舎専門学校[14]でも教鞭を執った。

第三節　太田正孝の経済思想

（一）専門的研究――関税行政の研究

太田正孝は大学で講義も行ったが、象牙の塔にこもって思索を深める理論派の経済学者というよりも現実の経済問題に関心を持つ実践派のエコノミストであった。太田の専門的研究は実務に基づき、財政学の範疇に入る関税行政や保税理論に限定されていた。

大蔵省在職中に執筆した『関税行政之研究』（一九一八年）の自序によると、関税行政や関税史が重要なものであるにもかかわらず、これを学理的・系統的に論究したものが日本にも西洋にもなく、実際面においても官吏や税関貨物取扱人、船舶業者、倉庫業者、貿易商との間で散漫に知られているだけであるという事情を踏まえて、太田はこの研究に取り組んだ。『関税行政之研究』は未定稿であったが、太田は研究を深め、確定稿として一九二七（昭和二）年に『関税行政論』を出した。これらの著書で太田は関税の意味、関税政策や関税の沿革について詳述した上で、輸入行政、輸出行政、戻税行政、保税地域行政、運送行政、船舶及び開港に関する行政、検疫及び港務行政、噸税行政、関税行政と関税に関する諸般の行政について多面的に論究した。関税行政を理論的に論じた文献は当時少なく、『関税行政之研究』の参考書欄で各国関税法規及条約や美濃部達吉の論文などとともに太田が挙げた文献のうち専門書は武田英一『関税行政綱要』（一九一二年）、小林行昌『倉庫及税関』（一九一三年）の二冊のみであった。内外に良師とすべき参考書がないにもかかわらず、独想の系統を立て一応の解釈を下したと『関税行政論』の自序で太田は語っているが、そこにこそ太田の研究の独創性があった。

太田の博士論文『保税制度論』（一九二二年）は全三九〇頁であり、浩瀚な著書とは言えないが、従来の学者が明確にしてこなかった保税の観念や範囲や態様について論究するという問題意識に立って行われた研究であり、関税行政にも関係する保税制度に焦点を当てている。保税とは関税の徴収を一時的に留保することを意味し、制度的には保税工場や保税倉庫などの保税地域と保税運送に分類される。同書は「第一章　総論」「第二章　狭義ノ保税制度」「第三章　広義ノ保税制度」の三章から構成されており、第二章では保税地域（税関構内や保税倉庫など）について詳論し、第三章では仮輸入制度や保税運送制度について考察している。海外事例や海外文献に依拠した説明もあるが、国内事例を頻繁に挙げた説明が展開されており、註が全部で五七八にも及んでいるのが一つの特徴である。

（二）経済理論の一般化・民衆化

一九二三（大正一二）年に刊行した『国民予算論』で予算は国民的なものでなくてはならないという「予算の民衆化」の必要性を太田は説いた。同書の「序」では、予算は国民の納得したものでなければならないこと、国民の予算は「財政通」があずかり知っているだけでよいものではないこと、大蔵省主計局の役人だけに任せておけるものでは断じてないことなどが説かれている。太田によれば予算が後年度にどのような影響を及ぼすのかを考え、将来の予想をうまく見積もって作成した予算が最も良い予算である。太田は歳入・歳出の将来見込みを踏まえた財政計画の重要性を説き、国民の立場に立った良き予算として財政計画論を展開した。

大蔵省主計局で働いた時の経験に基づき「予算の民衆化」という信念を得た太田は新聞界と政界を渡り歩く中で、

「経済理論の一般化・民衆化」を目指していく。すなわち太田が行った旺盛な執筆活動や講演活動は経済問題を中心とする時事的な問題を国民にわかりやすく解説し、国民の経済に関する知識を深めていきたいという啓蒙精神が伴っていた。このことを後年太田は「経済理論の一般化であり民衆化[15]」と呼んでいる。その嚆矢となったのが日本評論社の社長・鈴木利貞の企画に応じて執筆した『経済読本』（一九二五年）であった。同書の序に相当する部分には次のように書かれている。

桃太郎は、桃から生まれた。彼に親はない。――人は、独立心をもたねばならない。
彼は鬼を征伐に行った。鬼とは、人でなしである。これを征伐するのは、世の正義をしらせるためである。まことに貴い仕事である。
気がやさしくて、力のある彼は、すでに働く力をもっている。栄養分の多いキビダンゴは、さらに力づける。しかも、彼はただの男でない。雉の智と、犬の才と、猿の能とをよく利用しうる男である。分業の利を知り、犬と猿とを争わせない、円満な指揮者である。
そして彼は、目的通り鬼を征伐した。宝を獲た。しかし、ただ、みずからの物とはしない。これをよく分けた。我利我欲ではない。分配の道を忘れない。

太田は誰もが知っている桃太郎の話を持ってくることで分業や分配などの経済概念を平易に示した。同書の翌年に刊行された『経済そのをりをり』（一九二六年）には『経済読本』について「常識の経典！　学問民衆化の急先鋒!!」という言葉に続け、巻頭の桃太郎の話を引き、次のような広告文を掲げている。

こんな砕けた調子で書いた経済学の読本は、日本は愚か本場のイギリスにも、ドイツにもアメリカにもない。

経済学者たる著者は、記者としても一家の風をなす文章を書く。この意味において、本書は、おとぎばなしの如くやさしいが、バイブルの様に意味が深い。しかも本書には、脚注（六ポイント新活字使用）として、諸学者の説をはじめ、参考資料をもれなく掲げてある。本書を再読三読する事によって、我々の必要とする経済学の常識は充分に穫られるのである。

確かに『経済読本』は注で豊富な学説紹介を行っており、入門書・自習書としては最適であった。同書は尾崎行雄の『政治読本』（一九二五年）、下村海南の『財政読本』（一九二六年）、武藤山治の『実業読本』（一九二六年）とともに読本シリーズとして好評を博し、円本時代の走りとなる一冊となった。

太田は正しい知識を得ることが難しい政治や経済についてその正しい知識を国民に吹き込み、批判する力を与えることで、国を万邦に輝かせ、民を永久に栄えさせるという目的を持って一九二八（昭和三）年に雑誌『政治と経済』を発行した[16]。執筆・編集に長い時間をかけ一九四二（昭和一七）年には『新経済辞典』を出した。経済の全部門にわたる理論的及び実際的項目はもちろんのこと、経済に関連することになる政治・法律・社会問題・地理・国際問題等にわたる項目を可能な限り載録した辞典である。また太田は実業学校向けに公民や経済学の教科書も執筆した。いずれも経済理論の一般化・民衆化の一環であった。

経済理論の一般化・民衆化に当たって太田が特に意識したのは女性である。たとえば『婦人と経済』（一九二七年）で太田は女性も経済上男性と同じ立場に置かれており、経済上の知識においても男性の知るべきことと違うべきものではないことを述べた上で、女性の今までの経済知識を改め拡げるべく、女性の身につけるべき経済知識を解説した。太田は経済知識を欠く女性が多いことを憂慮して、同書以外にも『もう一つの鏡』（一九二六年）、『人情亡国論』（一九三〇年）など女性向けの啓蒙書の執筆にも注力したのである。

（三）　太田の経済観――道徳を強く意識

太田は道徳を強く意識した経済観を持ち、『経済読本』では次のように述べている。

国民経済は、国民が一団となって立てているものである。指揮するものは家の経済であり、支えているものは国もしくは地方の経済である。しかし、お互いは、ひとりだけ栄えればよいのではない。この意味において、国民の経済は、国民の最高の道徳でなければならない。この道徳なくしては、国は本当に富まず、民は本当に栄えない。経済問題・財政問題の中心は、ここにある。生産に偽りあるなかれ。商業・貿易が真面目であれ。分配に我利をつつしめ。消費に奢侈の罪なるを知れ。租税は公正を保て。公債は子孫の負担を慮れ。国の事業にいやしくも私利あるな。こうして民と国との経済上の名誉は、不断にこの道徳にかかっていると信じる。さらにきりつめていえば、お互いに少くとも生活の最低限を与えて、人間らしい生活をさせ、進んでは、心ゆくばかり物欲を満たすようにさせよ。それが、とりもなおさず、経済の眼目であらねばならない。[17]

『経済読本』の翌年に刊行した『経済そのをりをり』（一九二六年）でも太田はこれと同様の主張を繰り返しているが、道徳という大きい立場からすれば経済はその一部に過ぎず、この道徳がなければ国は本当に富まず、国民が栄えることもないと考えていた。

このように道徳を強く意識した経済観を持つ太田が重視したのは「経済人」である。ただし、通常用いられる経済人すなわち *homo economicus*《ホモ エコノミクス》とは意味が異なる。

私は、やがて、国をあげて「経済人」となる日を待ちたい。「経済人」――それは日と夜とをソロバンにのみ頭をつきこんで、我利のみをはかる人ということではない。お互いの国民経済上における立場を知り、私の主張する道徳観に足場を置い

た人という意味である。(18)

もちろん衣食は足りていなければならないが、太田の理想とする「経済人」は利己心に基づき金儲けに励む人間ではない。共存共栄ということを念頭に置きながら国民の利益を増すことも意識し、道徳に合った経済生活を営みつつ生活の安定・向上を図ることの大切さを太田は『町人諭吉』（一九二七年）や『太田公民教科書』（一九三〇年）の中で説いており、彼のいう「経済人」とはこうした道徳観を持つ人間を指していた。

(四) 太田の経済学的立場――社会改良主義から統制経済・計画経済論へ

それでは太田はどのような経済学的立場を採ったのであろうか。『経済読本』で太田は大経営による生産費の削減や品質の向上などの長所を認めつつも、トラストの組織、独立の小経営者や労働者に対する圧迫、物質主義の隆盛などの弊害を指摘する。一方で、社会主義についてもかつてロシアで見たように生産が減退し、飢餓や貧困を招く結果を来すことになるという観点からこれを斥ける。結局、太田は資本主義の弊害と横暴とについては、国民経済上の道徳観に基づき社会連帯の考えから、労働者を保護するなどの手段により社会の改善をしていくしかないと述べている。社会主義を拒絶しながらも資本主義がもたらすさまざまな弊害を太田は認め、社会政策によって資本主義社会の改善を図っていく社会改良主義の立場を採ったのである。

この社会改良主義の立場に立っていた太田は時局の進展とともに次第に資本主義の修正論や統制経済論を展開することになった。すなわち『経済の変革』（一九三三年）では「事情の進展如何によっては権力作用による純然たる統制経済を行い国家総動員におよぶことも考えねばならぬ(19)」と説き、『物の経済』（一九三七年）でも「資本主義経済に、いろいろな是正すべき点があり、ある国家的の目的を達成するためには、暫く自由主義を留保して、――好むと好まざるとにかかわらず、統制主義によらねばならないものがあることを認めるのである[20]」と述べる。太田は更に『富士に還る』（一九三九年）で「支那事変の目的を達成するために、経済上の自由を制限し、積極的に政府の命令に従わせてゆくことにある。いわゆる統制経済である。あるいは、一歩進んで、一定の計画のもとに、経済を順応させてゆく計画経済である[21]」と計画経済の必要性にも言及した。太平洋戦争の開戦後も太田は『経済決戦記』（一九四三年）の中で戦局打開のための戦力増強策について統制を通じた計画経済の達成で図る旨を説くなど、時局が厳しさを増していく中、政策論として計画経済論を支持する立場を鮮明にした。

第四節　太田の思想的背景――日本社会政策学派・ラスキン・河上肇・福沢諭吉

本節では太田の思想的背景を明らかにしていきたい。まず、東京帝大在学時に太田が教わった金井延と山崎覚次郎は日本社会政策学会に属する経済学者（いわゆる「社会政策学派」）であり、社会改良主義の立場を採っていた。太田が『経済読本』で示した社会政策による資本主義社会の改善は日本社会政策学派の主張を踏襲したものであり、社会改良主義の考え方を金井たちの授業を通して自然と体得することになったものと見られる。[22]

経済と道徳の関係についてはイギリスの美術評論家・社会思想家であるジョン・ラスキンの影響があろう。『すがも』（一九四九年）の中で太田は「彼の経済と道徳との交渉についての論旨を興味深く感じていた[23]」と述べ、「ラスキンの経済書に親しんだ。私は、彼がイギリス産業革命に対する批判のするどいことを知ったときからの病みつきだ。彼の経済と人生との交渉は、物と心との結びつけとして、心的要素に重きを置く点が、物的要素に重きを置くマルクスよりも、私をよけいにひきつけてくれる[24]」とラスキンへの傾斜を語っている。ただし、先に引用した『経済読本』で経済と道徳の関係について述べている箇所ではラスキンへの言及はない。むしろ、ソクラテスやアリストテレスの説は孔子や孟子の説と符節を合していて、経済を道徳の一部としているという田島錦治（京都帝大教授）の説を注で紹介した上で、これについて「味わうべき説」と評価している。経済と道徳の関係について当時盛んに論じていた田島からも一定の影響を受けた可能性がある。

また、太田は消費上の奢侈について戒めたが、そこには彼が貪るように読んだ河上肇の『貧乏物語』（一九一七年）の影響が認められる。たとえば太田は『経済読本』で「消費に奢侈の罪なるを知れ」と述べ、消費と奢侈の関係について同書の「第六、いかに消費せられるか」で貧乏を退治する一つの有力な方法として、所得の多い者が金があるのにまかせて消費するのではなく、贅沢をやめれば生活必需品の生産が多くなり、貧乏な人たちが欲する物を安く得ることができるという河上が『貧乏物語』で展開した論理を紹介している。これは『人情亡国論』（一九三〇年）でも同じであり、太田が奢侈を戒める理由として用いたのは紛れもなく河上が『貧乏物語』で用いた論理そのものであった。

このように太田は金井延やラスキン、河上肇などさまざまな人物から思想的な影響を受けていたが、経済理論の一般化・民衆化を目指す啓蒙派エコノミストとも言うべき太田の生き様に最も影響を与えたのは福沢諭吉であったと思われる。太田は一九二六（大正一五）年九月二一日から一九二七（昭和二）年三月一〇日まで報知新聞に「町人諭吉」を連載した。福沢を明治・大正・昭和を通じての第一人者とまで評価し、戦時中の歌日記にも「正しきは千万人も当るなり、福沢諭吉正し、われ曲ぐべしや」と読む[25]くらい太田は福沢を信奉していた。福沢の友人愛や弟子愛、教育観、女性観などについて豊富な挿話を織り込みながら語り、一般国民の分別すなわち常識のレベルを高めることから始めなければならないという福沢の経世観を書いてこの連載は締めくくられていた。太田は「町人諭吉」で経済人としてのあるべき姿について福沢をとらえて説いたのである。

太田が盛んに行ったラジオ講演についても『すがも』の中に「知識の民衆化ぐらい貴い仕事はないではないか。

わかりやすく説くために、漢語を用いないようにするために、口から耳にはっきり伝えるために、私はどれだけ苦心したことか。この点でも、「学問のすすめ」を書いて平易に知識の民衆化につとめた先人福沢諭吉翁についてゆきたいと念じたからである」[26]（傍点は原文）とある。太田は偉大なる先人・福沢の姿勢に経済理論の一般化・民衆化を目指す自らの姿勢を重ね合わせていた。太田が女性の間で経済的知識を普及させようと努めたのも福沢の女子教育観を受けてのことである。女性向けの啓蒙書『も一つの鏡』（一九二六年）の扉裏側の頁に福沢の次の言葉を記したのはその象徴であった。

私が日本女子に限って是非ともその知識を開発したいと思うことは社会上の経済思想と法律思想の、この二つである。女子に経済法律とは甚だ異なるようであるけれども、その思想が皆無であることこそ女子社会が無力である最も大きな原因である。だから何はさておき普通の学識を得ていくに当たっては同時に経済法律の大意を知らせることが最も必要なのである。これは文明女子の懐剣と形容することもできよう。

第五節　思想善導への関与——特別講義・日本文化講義の担当——

これまで見たとおり経済理論の一般化・民衆化を目指した太田は啓蒙書・教科書の執筆や講演活動を通してわかりやすく経済を解説した。そこに啓蒙派エコノミストとしての太田の真骨頂がある。太田の『町人諭吉』は旧制中学や商業学校の国語の文部省（現・文部科学省）検定済みの教科書・読本にしばしば掲載され、『経済読本』の扉にはやがて「文部省認定」という文字が印字されるようになる。[27]同書の昭和八年二一版は文部省編『読書指導図書目録』（一九三三年）に掲載されており、そこには「著者は婦人の経済知識にも特に意を注ぎ、昨年『人情亡国論』を著した。これは文部省の推薦になっている」とも書かれていた。[28]この『人情亡国論』は教学局『文部省推薦並教学局選奨図書思想関係発禁図書一覧』（一九四二年二月）に文部省推薦図書として記されている。

このようにその啓蒙書が文部省のお墨付きを得ていた太田が思想善導の講師として動員されることになったのは自然な流れであった。文部省・教学局が学生・生徒を対象として導入した思想善導策としては「特別講義」と「日本文化講義」がある。[29]特別講義は一九三〇（昭和五）年度に官立高等学校を対象に始まり、翌一九三一（昭和六）年度からは官立専門・実業専門学校・高等師範学校・大学予科にも対象が拡大された思想善導の講義である。生徒に広く一般思想問題や社会問題等に関して中正穏健なる識見と批判力を養わせ、誤って外来思想に傾注することを避け、よく日本精神の本義に目覚めさせることがこの特別講義の目的であった。日本文化講義は特別講義の後身とも呼ぶべきものであり、一九三六（昭和一一）年度に始まった。この日本文化講義は帝国大学や官立の大学、高等学校、専門学校、実業専門学校等の文部省直轄諸学校に加え、私立の大学・専門学校にも実施要請がなされており、学生・生徒に対して国民的性格の涵養や日本精神の発揚に資するとともに日本独自の学問、文化に対する十分な理解体認を得させることを目的としていた。

太田は特別講義の講師を五回、帝国大学や官立大学などの文部省直轄諸学校での日本文化講義の講師を一九四一（昭和一六）年度までに一一回務めた他、早稲田大学でも一九三八（昭和一三）年一〇月に日本文化講義を担当した。経済学者やエコノミスト・官僚が行った経済系の特別講義の担当回数では高田保馬が二三回と突出して多く、太田の五回は作田荘一（一一回）、土方成美（一〇回）に次いで四位である。また、経済学者やエコノミスト・官僚が一九三六～一九四一年度に文部省直轄諸学校で担当した日本文化講義の回数はやはり高田が三〇回と最も多く、作田（二六回）、木村増太郎（二四回）、松井春生（一七回）、山本勝市（一六回）、橋本伝左衛門（一五回）に続いて太田は七位となる。特別講義と日本文化講義を合わせた担当回数では高田（五三回）、作田（三九回）、木村（二五回）、松井（一七回）に続き太田（一六回）は五位である。つまり、戦前に文部省直轄諸学校で実施された思想善導目的の経済系講義への動員回数では太田は五指に入るとも言える存在であった。

太田の思想善導の講義内容を知るために、ここでは一九三八（昭和一三）年九月八日に名古屋高等商業学校において「事変ト経済」という題目で行った日本文化講義の概要を取り上げよう。[30] 太田は日支事変（日中戦争）の目的として大陸政策の遂行と共産主義の排撃の二点を挙げ、これらの目的は日本のみの繁栄を図ろうとするものではなく、日本と中国が連携して東洋の永遠の平和を求めるためのものだとする。その上でこの目的貫徹のために莫大な戦費が必要であり、その捻出のために国民に一時的な不便、苦痛が出るが十分自粛自戒して聖戦の目的貫徹に邁進すべきだと述べ、この事変下における学生としては諸事情を十分に認識すると同時に将来の我が国を担うべき責任者となる地位に鑑み、学窓にあっては勉学に精励すべきであると話を結んだ。当局からすれば申し分のない内容であろう。

文部省・教学局は各校の日本文化講義の講師選定に資するよう、講師一覧を作成して配布したが、太田は文部省思想局作成と見られる「日本文化講義講師表」（一九三六年）に経済専門の講師一一人の中の一人として掲載されている。また教学局作成の「日本文化講義諸講習会講師一覧」（一九四二年）にも経済関係の講師五八人の中の一人として掲載されている。思想善導に関して太田はいわば「文部省・教学局御用達」の講師であった。

第六節　太田正孝の今日的意義――結びにかえて――

太田正孝をどう評価すべきか、その今日的意義に言及して本章の結びにかえたい。太田は時局の進展とともに統制経済や計画経済を提唱し、政治家としては翼賛運動に加わり、思想善導にも関与するところとなった。『太田経

済学教科書　修正版』（一九四〇年）では「統制経済の中軸となるものが、国家総動員法である」と述べ、国家総動員の実施は忠君愛国の精神に基づく国民各自の自発的協力を基とすべきであるとした上で、「八紘一宇の皇国精神による東亜共栄圏の確立に精進しなければならぬ」と説く。[31]政見でも「国体の本義に徹し、大東亜戦争をやりとげ、大東亜共栄圏をつくりあげ、ひたすら皇運を扶翼し奉るべき議会としなければならぬと信じます。それが翼賛議会です」[32]と述べている。このように国家総動員体制や聖戦、大東亜共栄圏の確立を太田は明確に支持していた。

太田が時局に迎合した言説をとったことは確かであるが、この点をもって太田に対し一方的に負の評価を与えることはできない。当時の著作物を見ても偏狭な民族主義や神がかり的な日本主義・日本精神を説くといった側面はなく、現実を直視する姿勢と祖国を思う気持ちからの時局迎合と考えられる。時局の進展とともに日本の経済や社会が複雑化していく中で、難解な経済問題や社会問題を民衆にわかりやすく話す役割が求められたのはやむを得ないことである。啓蒙精神に溢れ高い解説能力を持つがゆえにラジオ講演や思想善導に登用されることになったのは太田にとってある種の悲劇であったとも言えよう。

日本経済が高度成長を達成し、また経済学についても戦前より著しく進歩したことを踏まえると戦後を戦前と同レベルで語ることはできない。しかし、経済・社会問題に関するわかりやすい解説は時代を超えて常に求められる。その意味で、民衆への視線を一貫して保ちながら啓蒙に当たり、経済理論の民衆化・一般化を図ろうとした太田のエコノミストとしての姿勢とその卓越した解説能力は今日でも十分に評価されるべきものであろう。

太田正孝主要著作一覧――

『匈牙利ニ於ケル税制改革』東京税務監督局編『内國税彙纂』第六七号、東京税務監督局、一九一四年

『湖畔の落人』啓成社、一九一六年
『関税行政之研究』巖松堂、一九一八年
『保税制度論』報知社出版部、一九二二年
『社会と新聞』報知文化叢書、報知新聞社出版部、一九二二年
『羅馬風呂』報知新聞社出版部、一九二三年
『国民予算論』報知文化叢書、報知新聞社出版部、一九二三年
『経済読本』日本評論社、一九二五年
『新聞そのをりをり』日本評論社、一九二六年
『経済そのをりをり』日本評論社、一九二六年
『も一つの鏡』日本評論社、一九二六年
「日本関税発達史論」社会経済体系第三編『財政・経済問題 上巻』日本評論社、一九二七年
『婦人と経済』家庭科學大系（五）、文化生活研究会、一九二七年
『町人諭吉』宝文館、一九二七年
『関税行政論』巖松堂書店、一九二七年
『太田経済学教科書』原論篇・各論篇、冨山房、一九二九年
『関税と貿易』時事問題講座 四、日本評論社、一九二九年
三潴信三・太田正孝・下村宏『法政経済の話』日本児童文庫六六、アルス、一九二九年
『太田公民教科書』上巻・下巻、冨山房、一九三〇年
『人情亡国論』万里閣書房、一九三〇年
『資本主義の修正――アメリカの繁栄とドイツの復興』先進社、一九三〇年
『新聞ざんげ』先進社、一九三〇年
『日本財政論』現代公民講座、雄風館書房、一九三一年
『経済の変革』太陽社、一九三三年

『経済戦の構へ』東海出版社、一九三五年
『太田女子公民教科書』上巻・下巻、冨山房、一九三五年
『太田実業公民教科書』冨山房、一九三五年
『増税問題』時事問題叢書 一、日本評論社、一九三七年
『物の経済』中央公論社、一九三七年
『非常時の足どり』東海出版社、一九三八年
『国の宝――資源と産業』新日本少年少女文庫 五、新潮社、一九三九年
『富士に還る』冨山房、一九三九年
「現下の国際情勢と我国経済の動向」東京商工會議所編『臨戦体制下の商業者問題』大日本出版、一九四一年
「インフレーション対策とその問題点」国策研究会編『臨戦体制論』新経済社、一九四一年
太田正孝編『新経済辞典』冨山房、一九四二年
『経済決戦期』秀文閣書房、一九四三年
『水を治むるもの――明善と神樹』板垣書店、一九四八年
『すがも』時代社、一九四九年
『銭 ぜに』ダイヤモンド社、一九六五年
『いちじく』政経社、一九七四年

注

(1)「聴きとりでつづる新聞史 務台光雄――読売興隆の裏面史をきく」『別冊新聞研究』第一三号、一九八一年、三〇頁。
(2) 阿部真之助は太田の『物の経済』(一九三七年)について次のように述べている。「小型で、安価で、明快で、実際的の、彼を特色づけるあらゆる要素が、彼の書物の中に現れている」(阿部『人間と社会』三省堂、一九四〇年、一二四頁)。太田の著書の持つ特長を適切に評した言葉である。

（3）矢野信幸は太田正孝の人物史料情報を執筆している（伊藤隆・季武嘉也編『近現代日本人物史料情報辞典二』吉川弘文館、二〇〇五年、四六頁）他、次のとおり太田に焦点を当てた論文三点を発表している。「新体制論者としての太田正孝」『日本歴史』第五〇二号、一九九〇年、六二〜七八頁。「戦前既成政党政治家「革新」化の軌跡――大政翼賛会成立以前の太田正孝を事例として――」『中央史学』第二三号、二〇〇〇年、一四〇〜一七〇頁。「戦後政界への復帰――翼賛政治家太田正孝の場合――」鳥海靖・三谷博・西川誠・矢野信幸編著『日本立憲政治の形成と変質』吉川弘文館、二〇〇五年、三六一〜三八八頁。矢野の研究は太田の経済思想や経済政策論への言及もあるものの重点は政治家としての太田の活動に置かれている。

（4）一九一五（大正四）年一二月一〇日発行の『社会及国家に関する一匡社の主張及研究』第五巻第六号に太田は「太田庄吉」名で寄稿しているが、一九一六（大正五）年一月一八日発行の同誌第六巻第一号には「太田正孝」名で寄稿している。なお、一九一六年五月二二日付け『官報』には「任税関副事務官　叙高等官七等　太田正孝」の辞令が記載されている。また、「自伝の変形とするつもりは毛頭ない」と断りつつも銭の話から経済一般に及びながら自らの体験を自伝的にも綴っている『銭ぜに』では主人公として「正吉（しょうきち）」なる人物が設定されている。これは言うまでもなく旧名の「庄吉」と「正孝」を足して二で割り、「庄吉」と同音にした名前である。本章執筆に当たり太田の経歴や活動については①『銭ぜに』ダイヤモンド社、一九六五年、②『いちじく』政経社、一九七四年、③「聴きとりでつづる新聞史　太田正孝――「報知」に理想を求めて」『別冊新聞研究』第四号、一九七七年、七五〜九四頁、④太田正孝「見果てぬ夢か」『五十人の新聞人』電通、一九五五年、一九一〜一九八頁を主として参照した。

（5）太田正孝『匈牙利ニ於ケル税制改革』東京税務監督局編『内國税彙纂』第六七号、東京税務監督局、一九一四年。

（6）匿名組合とは当事者の一方（匿名組合員）が相手方（営業者）のために出資をし、相手方がその営業から生じる利益を分配することを約する契約で運営されている組合である。

（7）太田の報知新聞社退職は自伝『いちじく』の太田正孝主要年譜では一九二九（昭和四）年五月に、また「聴きとりでつづる新聞史　太田正孝――「報知」に理想を求めて」では同年六月となっている。太田の二度目の洋行も『いちじく』では一九二九年五月となっているが、いずれも太田の記憶違いと見られる。政治経済研究会の機関誌『政治と経済』創刊号（一九二八年八月）の消息欄に太田博士の洋行について五月二五日午後三時サイベリア丸で洋行に出たと書かれていることから、退職後の洋行が一九二八（昭和三）年五月であったことは間違いなく、太田の報知新聞社退職は一九二八年五月であったと断定できる。

(8)『政治と経済』第三号(一九二八年一〇月)では静岡県浜松市に政治経済研究会の支局開設が伝えられ(五七頁)、第四号(同年一一月)では静岡県内で笠井町、二俣町、浜松市、木賀町での支部会発会式の模様を伝えている(六四~六五頁)。いずれの支部会も後に太田が衆議院議員総選挙に立候補する静岡県第三区内にあることから、太田の後援会組織にしていく目算があったのではないかと見られ、政治経済研究会及び『政治と経済』誌そのものが政界進出を意図して創設されたものと推量される。

(9)松本通蔵編『粛正選挙代議士名鑑』選挙粛正中央会編纂部、一九三六年、一一〇頁。

(10)「湖畔の落人」とは第一次世界大戦の勃発によりベルリンからイギリスに逃れ、北イングランドの湖畔地方のウィンダミアで過ごした太田自身のことを指している。同書で、太田は自らを「かれ」として扱い、その行動や心中を小説風に描写した。

(11)東京放送局編『ラヂオ講演集 第一輯』博文館、一九二五年、四一~四六頁に収録されている。

(12)前掲太田『いちじく』二六〇頁。

(13)『中央大学史紀要』第七号(一九九六年)所収の沖田哲雄による資料「昭和戦前期の教員と担当科目」によれば太田の中央大学での担当科目は次のとおりである。経済学部・商学部の「経済財政時事研究」(一九二九、一九三三~一九三八年度)。経済学部・商学部の「時事研究」(一九三一~一九三二年度)。経済学部・商学部の「経済時事問題研究」(一九三九~一九四〇年度)。また、『中央大学百年史』所収の年表に基づく『中央大学年表』では太田の肩書きが一九三三年一〇月二六日の政治学会の研究講座では教授となっているが、一九三五(昭和一〇)年六月二七日の商学会主催講演会では経済学博士、一九三九(昭和一四)年二月一〇日の中央大学時局研究会第三〇回例会では前大蔵省政務次官・衆議院議員となっている他、一九四〇(昭和一五)年の『中央大学学員名簿』では講師という肩書きになっている。

(14)筆者が所蔵する『経済読本』(日本評論社、一九三〇年五月二一日発行の再改訂十版)には扉裏側の頁に「太田正孝先生講義/二松学舎専門学校/第二学年 ○○○○〔氏名〕」と墨書きされていた。太田は二松学舎専門学校で『経済読本』を用いて講義したと見られる。

(15)前掲太田『いちじく』一三六頁。

(16)『政治と経済』では創刊号から第四号まで「時の問題」という欄を設け、義務教育国庫負担や差等税率実施、経済審議会など時事的な項目についてわかりやすい解説がなされている。なお、同誌の第五号(一九二八年一二月発行)の「編輯卓上」欄には次号となる第六号に当たる新年号の準備を着々と進めている旨が書かれているが、現時点では第六号以降の同誌の存在を確認できていない。筆者がたまたま京都の古書店より入手した同誌第一号～第五号の製本版では裏表紙内側に「完」と押印されていることから、同誌は第五号で完結した可能性も考えられる。

(17) 太田正孝『経済読本』日本評論社、一九二五年、二七頁。

(18) 前掲太田『経済読本』一六三～一六四頁。

(19) 太田正孝『経済の変革』太陽社、一九三三年、一四二頁。

(20) 太田正孝『物の経済』中央公論社、一九三七年、九頁。

(21) 太田正孝『富士に還る』冨山房、一九三九年、二〇六～二〇七頁。

(22) 太田は「総じて講義に興味をもっていた」と学生時代を回顧しており、一年次の成績は首席・上野道輔に三分劣るだけ（前掲太田『いちじく』六四～六六頁）ということから勤勉であったと見られる。

(23) 太田正孝『すがも』時代社、一九四九年、四四頁。

(24) 前掲太田『すがも』一八七～一八八頁。

(25) 太田正孝『町人諭吉』新世界文化社、一九四八年、八頁。

(26) 前掲太田『すがも』一七九頁。

(27) 初版（一九二五年九月発行）から訂正四版（一九二六年一月発行）までの扉には「文部省認定」という印字はなかったが、一九二六（大正一五）年三月発行の訂正五版から扉にこの印字を確認することができる。

(28) 文部省編『読書指導図書目録』文部省社会教育局、一九三三年、三四～三五頁。同書で経済分野の読書指導図書として他に挙げられているのは、岡野文之助『財政講話』（南郊社、一九三三年）、上田貞次郎『産業革命史』（改造社、一九三〇年）、本庄栄治郎『日本経済史概説』（刀江書院、一九三一年）、滝本誠一『日本経済思想史』（日本評論社、一九二九年）、渡辺銕蔵『経済政策要論』（清水書店、一九二五年改訂版）、河田嗣郎『農村問題と対策』（改造社、一九三一年二〇版）、松平友子『家事経済読本』（文書堂、一九三一年）である。

(29) 特別講義・日本文化講義の管轄は文部省であったが、一九三七（昭和一二）年七月に中央官庁に準ずる外局として教学局が設置され、日本文化講義は教学局の所管となった。しかし、一九四二（昭和一七）年一一月に行政簡素化のため、教学局は文部省の内局に改編された。なお、特別講義・日本文化講義について詳しくは次の拙稿を参照されたい。「戦時期の「日本文化講

義」と経済学者」『大阪工業大学紀要』第五八巻第二号、人文篇、二〇一四年二月、一～三六頁。「講師一覧からみた戦時期の「日本文化講義」の諸相」『大阪工業大学紀要』第六〇巻第一号、二〇一五年九月、一～三二頁。

(30) この時の講演要旨については名古屋大学大学文書資料室が所蔵する名古屋高等商業学校の簿冊「自昭和十一年度至昭和十三年度　日本文化講義ニ関スル書類　教務課」に綴じられている文書を参照した。

(31) 太田正孝『太田経済学教科書　修正版』冨山房、一九四〇年、一一三～一二一頁。

(32) 工藤三郎編『翼賛議員銘鑑』議会新聞社、一九四三年、九〇頁。

第四章　カウツキーの人口論の導入者たち

柳田　芳伸

第一節　本章の課題

若きカウツキー（Kautsky, Karl Johann, 1854-1938）は一八八〇年に至り、「七八年の春には既に」[1]仕上がっていた『社会の進歩に対する人口増加の影響』（以下、『影響』と略記）を倫理的社会主義者のランゲ（Lange,Friedrich Albert, 1828-75）の弟子で、ウィーンの出版業者であるヘーヒベルグ（Höchberg, Karl, 1853-85）の支援によって刊行することができた。[2]『影響』はカウツキーがエンゲルス（Engerls, Friedrich, 1820-95）の『反デューリング論』（一八七八年）を本格的に研究し、「初めて唯物史観への道を完全に拓」[3]れる以前の処女作であった。この当時熱烈なダーウィン主義者であったカウツキーは[4]『影響』において、ランゲの『J・St・ミルの社会問題観とケアリのいわゆる社会科学の革命』（一八六六年）に共鳴し、[5]「将来の社会主義社会は過剰人口によって脅かされ、急速な人口増加を抑制する手段として、避妊的性交による産児制限を」必要としていると論じた。[6]

こうした見解は、たとえばベーベル（Bebel, Ferdinand August, 1840-1913）が『女性と社会主義』（一八七九年）の中で、「人類は社会主義になって初めて真に自由になり、自然の基礎の上に立つこととなり、その中で意識的に自ら発展の蛇をとるようになるであろう。（中略）人類は自身の発達の法則を知って、意識的、計画的に行動するであろう」と主張し、「社会主義的新マルサス主義者はもういなくなった」と言い放っているのと真っ向から対立した。[7]八四年頃からカウツキーと親交を重ね、最後には『私の生涯から』の第三部（一九一四年）の発行をも彼に委ねたベーベルは、公然と『影響』を論駁することこそなかったけれども、[8]ベーベルの親友のリープクネヒト（Liebknecht, Wilhelm, 1826-1900）からは手厳しい非難を浴びた。またカウツキーは、ベーベルと七九年に知り合ったベルンシュタイン（Bernstein, Eduard, 1850-1932）とが八〇年一二月にロンドンにいるマルクス（Marx, Karl, 1818-83）とエンゲルスを訪ねていく際に『影響』を託し、二人からの反応を待った。[9]

エンゲルスは翌年の二月一日付でカウツキーに宛てて、「人間の数がその増加に制限を設けねばならないほど大きくなるという抽象的な可能性は、確かにあります。しかし一度共産主義の社会が、それが既に物の生産を規制したと同様に人の生産をも規制する必要に迫られるとすれば、まさにこの社会こそは、そしてただこの社会のみが、それを困難なく遂行する社会であるでしょう[10]」と書き送った。それを受け、カウツキーは同年三月下旬にロンドンにエンゲルスを訪ね、六月末まで滞在し、知遇を受けた。[11]

カウツキーはそれから翌年の冬にかけて博士論文として「結婚および家族の発生」に関する論考を書き上げたけれども、結局、功を奏さず、ダーウィニズムの月刊誌『コスモス』に連載されるにとどまった。[12]これに対して、エンゲルスの方は八四年に『家族、私有財産、および国家の起源』を公行し、「唯物論の見解によれば、歴史における究極の規定要因は、直接的な生命の生産と再生産である。しかしこれ自体はまた二種類のものからなる。一方では、生活手段すなわち衣食住の対象の生産と、それに必要な道具の生産であり、他方では、人間自身のすなわち種の繁殖である[13]」と立論した。

その後暫くの間、カウツキーは人口現象に目を向けることはあっても、人口論を体系立って論述することはなかった。転機は、一九〇八年に『影響』のロシア語への翻訳話が持ち上がった時である。すなわち、カウツキーは『影響』における「生物学説には不十分な点があったと述べ、マルクス主義の立場からあらためて新著作を書く決意をし、一九一〇年に『自然と社会における増殖と発展』〔以下、『発展』と略記〕をあらわした」[14]（〔 〕内は筆者による）のである。そして『発展』のロシア語訳は早速リャザーノフ（Ryazanov, David Borisovich, 1870-1938）[15]の手によって上梓され、かつ版を重ねていったのである。さらにカウツキーは二七年に送った「わが生涯の精髄」と自負した一八〇〇頁に及ぶ二巻本の『唯物史観』（以下、『史観』と略記）においても、生物界均衡論をより詳細に展開し、『発展』の一部をより豊富化しようと試みた[16]。

粗雑ではあるけれども、上記がカウツキーの人口論の成立過程の摘要である。本章では、これを当面の見取り図にすえながら、一九二四～四八年[17]において、どのような人たちがいかなる意図をもって、カウツキーの人口論を紹介、移入しようとしたか、この足跡を多少なりとも辿り直してみたい。

第二節　経済学者による導入

日本では、第一次大戦（一九一四年六月～一八年一一月）を契機として、工業化と都市人口の増加が進み、その一方では、ロシア革命によるソビエト政権の誕生（一七年一一月）や米騒動（一八年七～九月）を背景にして、労働運動や民本主義運動も高揚していった。そうした中、二〇年三月に端を発した戦後不況はその後世界大恐慌（二九年一〇月）により一段と深刻化し、三一年まで打ち続き、未曾有の失業問題と食糧不足問題を惹起させた。そしてその原因として、当時増加の途にあった人口を起因とする人口過剰が取り沙汰されるに至り、経済学者の間で激しい大論争が巻き起こった。

この模様は、たとえば、「マルクス主義の立場に立ち、従来の社会政策に批判的見解をもつ河上肇、大山郁夫、櫛田民蔵、大塚金之助、大内兵衛などの左派の一群、あくまでも階級調和の社会政策的立場を固辞しようとする上田貞次郎、矢内原忠雄、福田徳三、高野岩三郎などの自由主義的中間派、資本家武装必要説をとなえはじめた独占資本や統治勢力と有形無形につながって、マルクス主義に反対の戦闘的立場をとる高田保馬、小泉信三、土方成美などの右派とに三分裂することになった」[18]と俯瞰、点描されている。本節で取り上げる向坂逸郎（一八九七～一九八五）と吉田秀夫（一九〇六～五三）とは、このうちマルクス主義陣営に分類される学者である。それゆえ、二人の所論には『資本論』（一八六七年）の第一巻第二三章で論じられている相対的過剰人口論や、あるいはカウツキーが「このマルクスの説をそのまま援用して」いる『影響』の中の議論の紹介が含まれているけれども[19]、これらは今日振り返る要はないであろう[20]。

向坂の所見からみていこう。向坂がカウツキーの人口論に着眼した理由は明確である。すなわち、向坂は、「不幸にして、マルクスは、この抽象的人口法則の内容について、詳細なる説明を残さなかった。動植物の研究に暗い筆者には、マルクス以後におけるマルキシストの研究の紹介をなす以外の方法はなかった。そういう意味において私はカウツキーを選んだ。この方面におけるマルキシストの研究は非常に豊富であるとはいい難い[21]」と明記している。このゆえに、向坂の穿鑿は周到を極め、『影響』や『発展』はもとより、『史観』第一巻第二篇にまで及んでいる。向坂はこれらの文献を一九二三～二五年春の二年半のドイツ留学時に入手し、帰国後九州帝国大学法文学部で経済学概論を講ずる傍らで、繙読していったと推される[22]。

しかし実際にその成果を問うたのは、向坂が二八年の「三・一五事件」（共産党弾圧事件）の飛び火で、左傾教授として大学から追放され、『経済学全集』の編集に携わることになってからのことである[23]。その所産の精華のみを瞥見しよう。その要諦は、カウツキーが説く抽象的人口法則をマルサスのそれから截然と切り離したうえで、その法則が社会主義社会になっても継続的に作用していくという点にある。向坂はこの法則を次のように概説している。すなわち、ある生活条件(環境)が維持される限り、全動植物界における増殖と食物との均衡は保持され、恒常化する。しかし生活条件が大きく、かつ永続的に変化すると、この均衡は破壊され、動植物界のあらゆる個体、種などの新たな均衡が生じ、動植物がより高度なものへと発展していく、と。これは、「自然界の人為的かく乱」に目配りしていないという難こそありはするけれども、確かに、一見ではマルサスの『人口論』から読み取り難い「生物が食物需要者であると同時に、他の生物の食物供給者で」もあるという点に寓目していて、カウツキーの生物界均衡論の大要を紹介した先駆けと称しえよう。

向坂のそれとは対照的に、堀経夫(一八九六〜一九八一)から徹底した原典主義を学び、会得した吉田によるカウツキー評の方はかなり辛辣である。すなわち、吉田は『影響』について、「それ以後の彼の改説を考慮に入れなければ(中略)マルクス主義とは極めてほど遠いものであり、その主張もまたかなりに薄弱なものであった。しかしそれは外見においては、マルサスを痛烈に批判し、マルクスの所説に最も依拠するものと公言し、社会主義を公然と擁護したものであった」と論評しているのである。そして結局のところ、吉田は社会主義社会が実現されたとしても、人口過剰の脅威は消失せず、産児制限を要すると首唱したカウツキーを「新マルサス主義者の亜流」と命名し、「全くもって非なる自称マルクス主義者であるにすぎない」と論定していくのである。カウツキーの人口論に対するこうした吉田の概評は賛否の両論を招来するであろう。しかし四〇年に「大東亜共栄圏の建設」が打ち出され、「産めよ、殖やせよ」という出産奨励の大号令が日ましに高まっていく時局にあって、吉田がなお毅然としてマルクス主義者として発言を貫徹しようとした点は見落とせないであろう。

第三節　在野の翻訳者

話頭をカウツキーの著述の訳書に転じよう。少なからない人たちが一九二四〜三四年にカウツキーの諸著作を訳述している。[34]ここでは、このうち二七年に『発展』を『マルキシズムの人口論』という題名で邦訳した松下芳男（一八九二〜一九八三）と、三一〜三年に『史観』の第一巻を訳出した佐多忠隆（一九〇四〜八〇）とに照準を合わせたい。かつまた、翻訳した当時には野人であった二人がどのような思惑を抱懐して、訳していったのか、この点にとくに迫っていきたい。

松下はその生涯に日本近代軍事史に関する書物を中心に実に八〇冊を超える著書を発刊している。なかでも、明治軍政史の研究は五四年九月に五二年四月から工学院大学に奉職していた松下に法学博士（東京大学）を授与せしめた。こう切り出すと、松下はいかにも学者人生を邁進していたかのような印象を与えてしまうけれども、二七年頃は必ずしもそうではなかった。

松下は、父・亀蔵が陸軍曹長（後に少佐）であった時に新潟県新発田町で長男として生まれた。小・中学校で後年（四六年）に社会党公認の衆議院議員となる井伊誠一[35]（一八九二〜一九八五）らと机を並べた後、仙台の陸軍地方幼年学校（六年九月〜九年八月）を経て、九年九月に東京の陸軍中央幼年学校へと入学し、一一年九月に同校を修了した。ついで、同年一二月に陸軍士官学校に入校し、一三年五月に同校を終え、見習い士官（少尉）となり、[36]一七年には中尉へと昇格した。しかし友愛会の高山義三（一八九二〜一九七四）に宛てた私信が災いし、二〇年七月に陸軍から停職処分を受け、同年九月に日本大学法学部法学科（夜間部）に入ることとなった。在学中は、星島二郎（一八八七〜一九八〇）と片山哲（一八八一〜一九七八）とが法律を大衆化していくために創刊した『中央法律新報』の編集（二一年二月〜二三年八月）に従事しながらも、二四年三月に卒業した。また同年四月二七日に結成された日本フェビアン協会（二五年に立ち消え）に参加したり、あるいは同年六月二七日に創設された左傾的な政治研究会の調査委員にも選出されたりしたけれども、翌年には辞任した。そして二六年一二月五日に結党された社会民衆党の中央執行委員となった。

以上が、松下の二七年までの略歴である。[37]この前半生で見過ごせないのは、『中央法律新報』の編集者時代に大審院判事であった法学博士・尾佐竹猛（一八八〇〜一九四〇）に邂逅したことと、二二年春に元海軍大佐で、人道主義的立場から反戦論を唱えていた水野広徳[38]（一八七五〜一九四五）の同志になり、親交を深めていったことである。松下はこの二人を終生の恩師として腹心から敬慕してやまなかった。すなわち、松下は尾佐竹史学[39]（資料を中心とした自由主義的実証史学）に魅了され、日本軍事法制史研究の学徒たらんと夢見るようになったのであり、また松下の胸中にあった「反戦平和、軍縮という炎」を社会主義思想よりもより強く燃え立たせてくれたのは水野にほかならなかったのである。それゆえ、「ベルンスタインやカウツキーの本を翻訳して、訳は正確だなどとほめられる未来[40]」など夢想だにもしなかった頃の松下は、第一次大戦を早期に終結させ、平和の維持や軍縮を提唱していたカウツキーやベルンシュタインの見解により親近感を覚えていた[41]のではないだろうか。

図 4-1　松下芳男

さらに、松下が国家社会主義者であった高畠素之（一八八六〜一九二八）から受けた影響も黙過されてはならない。松下は、「私と高畠氏との交友は、一九二五年の夏頃から永眠されるまでの僅か三年余りの短いものであった。しかし私の高畠氏より受けた印象の大なりしこと（中略）今日までの交友の何人にも比肩すべからざるものがある（中略）私は氏に交わったことによって、人生観社会観に変化をきたしたのは事実である（中略）高畠氏世を去って早くも二年、私は一日として氏を忘れたことがない（中略）本当に高畠氏は偉かった」[42]と追慕している。また訳書の序においても、「この訳述の機会と懇篤な示唆を与えられた高畠素之氏」[43]と記載している。加えて、松下が国家社会主義の色合いが濃い社会民衆党の幹事を引き受けていることをも考え合わせるなら、松下もやはり人性性悪観に立脚してその調節機関としての無産大衆による国家（民主的国民議会）を思い浮かべていたと推察できてこよう。[44]松下はこの点でもまたカウツキーの見通しと重なり合う面[45]を有していたといえよう。

右記のごとき松下を社会民主主義の右派の論客と呼称しえるとすれば、佐多を社会民主主義の左派の理論家と号しても大過ないであろう。事実、佐多は五〇年に社会党公認の参議院議員に選出された時にも、国会図書館に日参し、さまざまな政策の理論的裏付けに心血を注いでいる。しかし『史観』を訳出した当時は在野にあった。まずは、佐多忠隆記念集企画編集委員会編『雷魚のかば焼き』北星社、一九八一年、から適宜抄出しながら、三四年頃までの佐多の生い立ちを一瞥しておこう。

佐多は一九〇四年に鹿児島の士族の次男として生を受けた。第一鹿児島中学校を終えた後、二一年に第七高等学校造士館（現・鹿児島大学）文科乙類に入学し、在学中はドイツ語を専攻し、三巻の『資本論』を通読したり、あるいは河上肇（一八七九～一九四六）による個人月刊雑誌『社会問題研究』（一九年一月～三〇年一〇月）を通してマルクス経済学に引き付けられたりした（三八三、三八五頁）。また佐野学（一八九二～一九五三）の甥にあたる佐野博（一九〇五～八九）や大行慶雄[46]（一九〇二～六七）らと共に社会主義の研究会である鶴鳴会（開催場は佐野の下宿）を作った（三八四頁）。二五年に東京帝国大学経済学部に入学すると、ほどなく東大生の思想運動団体である新人会（三・一五事件のあおりで二八年四月に大学側より解散命令を受ける）で活動した。また在籍中に、助教授であった大森義太郎（一八九八～

一九四〇）宅で山川均（一八八〇～一九五八）に遭遇したりもした（三八九～三九一頁）。晴れて、二八年に経済学部を卒業して、大学院へと進み、三〇年に修了した。ついで、三三年一〇月に、二〇年四月に創設された大原社会問題研究所の第一期研究生（指導教官は櫛田民蔵（一八八五～一九三四）と大内兵衛（一八八八～一九八〇）、研究課題は「現恐慌における我国の銀行集中」）となり、本格的に『史観』等のマルキシズムの文献の訳業に手を染めていくこととなったのである（三九七～三九九頁）。

　佐多は大学院では河合栄治郎（一八九一～一九四四）教授の指導[47]を仰いだけれども、その際に出会った櫛田がその後の人生の師となった（四〇一、四三六、四四四頁）。佐多は三四年一一月に急逝した櫛田の[48]『著作集』改造社、一九三五～三六年、の事実上の編集者であり、そのことは両者が並々ならない師弟関係[49]であったことを物語っていよう（四〇一、四〇五～四〇六、四三四、四四五頁）。それゆえに、佐多が強く志向していたのは、師である櫛田と同じく、その「生涯をマルクス主義の書斎派」（x頁、またix、三九七頁も参照）として全うするということであった。佐多は翻訳時[50]の胸中を、「レーニン主義およびカウツキー派の理論をも取り入れた方法により、無産階級の解放のために共産主義社会の実現を図るべきであると考えております。（中略）かような立場から当面、一般無産大衆をマルクス主義的に啓蒙することが必要であると考え、昭和六年以降昭和一一年までの間マルクス主義文献の翻訳出版（中略）を発表し、一般大衆のマルクス主義的啓蒙に努めたのであります」（四三九頁、また四四三頁も参照）と赤裸々に表白している。ここから、佐多が大森や櫛田と同様に、労農派の立場から「ドイツマルクス主義、すなわち社会民主主義」（四四一頁）に強い関心を抱いていたことを窺知できるであろう。

図 4-2　佐多忠隆

佐多に関して書き足しておきたいことがもう一つある。それは企画院事件時のことである。佐多は正木千冬（一九〇三～八二）の勧めもあって、三七年六月に内閣企画庁の嘱託となり、つづいては同年一〇月の改組により翌年六月に内閣企画院調査官となった。そして四〇年九月に至り、佐多はいわゆる革新官僚の一人として経済新体制案の取りまとめに参画することとなった。しかしこの案の内容が資本と経営との分離論を基礎にして、公益優先という大義のもとに官僚主導による経済団体の再編成をなし、自由主義経済を改編しようと企図したものであったとみなされたために、小林一三（一八七三～一九五七）商工大臣はじめとする多数の財界人から猛反対され、それを草案した革新官僚たちは「アカ」と槍玉にあげられた。(51) その揚句の果てに、佐多は治安維持法違反の廉で検挙され、四三年一二月まで留置、拘置され、検事や予備判事から尋問や取り調べを受ける羽目となった。しかしその折に佐多が示した言動はまさに士道にそった剛直なものであった（四三三～四五四頁）、このことも忘却されてはならないであろう。

第四節　革新的官僚による移植

『発展』や『史観』の訳書が出現してくる数年前に、既にカウツキーの人口論に熱い眼差しを注いでいた先覚人がいた。医師藤村信義の長男で長崎中学出身の藤村信雄（一九〇〇～六五）である。藤村は東京帝国大学法学部政治学科に在籍し、文官高等試験外交科に合格した二一年一一月（入省は二三年三月）頃から人口論の研究に没頭し、ついに二四年六月に『人口論・「マルサス」説の研究』中屋書店を世に送った。それゆえ、それは藤村が外務省の本省事務官であった時期の著作と目される。(52) 藤村はこの出版時の思いを、「本問題の研究は著者において既に丁度三年位前から始められていたものであったが、著者は独居して研究する事の自ら心に安らかなるものを感じて主としてこれをその書斎において自己の渉猟しえたる図書を参考にして記録した。（中略）わが著者の態度は彼が社会組織に関しては社会主義制度を理想とするにもかかわらず、人口理論に関する限りにおいては『マルサス』説の真骨頂に真理を見出するものであって、いたずらに今日の反『マルサス』的社会主義人口論に傾くゆえを知らないのである。この点において著者の学説は社会主義理論の一部に修正的論難を投げかけえるものであると考える。(中略) 本書はその完成の日まで著者の周囲の多くの友達さえもその成立を知らなかった所の秘蔵子であるが (中略) わが大和民族の国策について慎重なる考慮を払われんとする人士のために幾らかの参考資料をなすであろう。」(同書序三〜五頁) と綴っている。

実際、藤村はカウツキーの『影響』と『発展』とからその要点を的確に摘録、引用しながら (同書一七一頁)、自説を呈示しようとしている。たとえば、藤村は「社会主義的組織の下における人口現象がいかなるものであるかについて予測しなければならない」(同書六二四頁) と断ったうえで、食料生産を上回る「人口過剰の恐れがあるからこそ、社会主義社会はいよいよ人間の幸福のために必要ではないか。……社会主義こそ人類と自然との協和の仲介物となるべきものではあるまいか。社会主義の時代においては、人々が共同するがゆえに人口過剰は現われていないであろう。社会主義を破壊する恐れがあるがゆえに、人々は人口を制限していくであろう。社会主義的理想のゆえに、新『マルサス』主義は最も害悪の少ないものとして結局許されるべきでなければならない。」(同書六五六頁) と論断し、より端的に「新『マルサス』主義の行われる動機が今日の社会においては、それが一に個人本位、利己主義、優越主義、享楽主義から來ているのに反して、社会主義社会においては、むしろそれが社会本位主義、連帯主義、共同主義、道徳主義から來て居らねばならない」(同書六五三頁) と明言している。しかも社会主義社会に至れば、自然の享楽と閑暇への享楽が十分に行き渡っていき、次第に公共心や良心が一般民衆によって自覚され、やがては「人口過剰より來たる無用の生存競争」(同書六五七頁) が終息すると論を運んでいる (同書六五二頁)。

これらのことは、藤村が誰よりも先んじてカウツキーの人口論の主意を把捉していたことを立証していよう。それゆえ、藤村が「カウツキーから影響を受けており、人口論を組み込むことで社会主義理論を修正」しようとしていたとする短評[54]はまことに正鵠を得た適評といえよう。しかしながら藤村がこうした持論を革新外務官僚[55]としてどのように具現していったのか、この点を判然とさせるとなると、至難である。

断片的な記事を寄せ集め、藤村の事績を辿っても、知得できるのは鮮少である。藤村は二三年五月に外交官補として中国に赴任したのを皮切りに、翌年の四月には英国での在勤となり、二七年一二月に至り帰朝し（妻は英国人フロレンス・ヒルダ・マセット）た後、翌年の四月には副領事としてニューヨークに赴任した。爾後ケープタウン総領事、リマ兼ペルー特命全権公使、エクアドル兼ボリヴィア駐在領事、およびマニラ駐在総領事（未赴任）を経て、三九年三月にアメリカ局第一課長に転じた。そして四〇年一二月に調査部五課長となり、四一年三月には、中華民国大使館一等書記官に任じられたけれども、未赴任のまま同年一〇月三〇日に外務省を依願退職した。その後は、外務省嘱託として四二年九月から一一月まで南方へ出張し、ついで四三年一一月三日に開設された陸軍参謀本部駿河台分室の室長に就任し、四五年六月まで勤務した。

藤村の以上の略歴の中で、しばしば話題に上げられるのは、藤村らが三八年に皇道外交に基づいて反英米露や親独伊の路線の推進を唱えた白鳥敏夫（一八八七～一九四九）情報部長を外務次官、あるいは外相への起用を訴えた第二次白鳥事件[56]と、藤村が欧州戦争勃発時（四〇年）に作成した日米協定の締結案[57]とであろう。しかしここでは、むしろ藤村が独ソ不可侵協定成立（三九年八月）の直後に、「共産主義はこれを日満支三国より掃討すべきも、蘇連に対しては当分事を構えず、日本の英米対抗上有利の際はこれと不可侵条約を締結する余地を残しておく」とか、あるいはまた「蘇連をして反英運動に乗出さしめ東亜よりは手を引くも印度に対する赤化（共産化）運動はこれを認むる」とかと提唱していることにより注目しておきたい[58]。それは、「外務省革新派はきわめて反ソ、反共の傾向が強く、マルクス主義的方法論の影響は、革新官僚に比べて弱かった[59]」という情勢の中で、藤村が対ソ協調論を打ち出しているからである。もとより、このことは「対ソ強硬論から日独提携論へ、ひいては反英米論から日独伊ソ四国協商論へと転換していった白鳥の外交論[60]」への対応とも解しえるけれども、藤村の心中の奥深くに秘められた真情の流露でもあったといえまいか。

話柄は一足飛びに戦後の復興期に移ってしまうけれども、カウツキーの人口論に目を向けた官僚がもう一人いた。厚生省人口問題研究所の本多龍雄（一九〇四～六七）、その人[61]である。本多は大阪朝日新聞の経済課長で「一筆啓上」というコラムを執筆していた本多精一（一八七一～一九二〇）の次男として大阪市で呱呱の声をあげ、幼少期（父が六年に東京日日新聞社長・主筆へ就任したのを機）に東京へと転居し、二二年に第一高等学校（現・東京大学教養部）文科乙類に入学し[62]、同校を二五年に終え、東京帝国大学文学部哲学科へと進んだ。ついで、二八年に同学科を修了し、引き続き東京帝国大学大学院でドイツ哲学を専攻した。同課程を三三年に満期退学した後も、さらに哲学と経済学の研究を継続した。そして四〇年に人口問題研究所の嘱託となり[63]、その後研究官、調査部第一科長を経て、四七年には調査部長に任命された。本多がカウツキーの人口論を細説したのはこの調査部長在職時のことである。

図 4-3　本多龍雄

本多のカウツキーの人口論研究は『史観』を視野に収めていないという憾みを有してはいるけれども、精緻である。まず、本多は『影響』から『発展』への過程を次のように追っている。『影響』は「青年カウツキーの代表的人口論作」にすぎない、その刊行後、「カウツキーはマルクス及びエンゲルスとの個人的接触を転機として、典型的なマルクス主義社会主義の立場へ」と転身し、暫時人口問題に対して沈黙を守っていた。しかし『影響』が「マルサス主義再燃の時勢に乗ってロシアで翻訳せられたばかりでなく、これに原著者の序文を載せることを請願せられるに及び」、カウツキーは正統マルクス主義の立場から最終的な集大成として『発展』を書き上げた。[64] このように本多は、『発展』のカウツキーによる序文等を手がかりにしながら、事の顛末をかなり正確に描出している。

そしてこうした鳥瞰図を念頭に置きつつ、本多は『発展』を「最も穏健にして全面的な社会主義的人口理論[65]」ないしは「社会主義的人口論の代表作[66]」として、あるいは「史的唯物論の立場から取り上げた唯一の論作[67]」として措定していく。ついで、『発展』の隅々まで熟視したうえで、本多はその核心部を次のように把握する。すなわち、社会主義社会になって、初めて女性は解放され、精神的労働への参加も可能となり、その結果自発的に産児数を制限していく、また実現されるより多くの閑暇、自由、享楽が個個人の自発的な倫理的良心を育んでいき、倫理的人口抑制が作用し、生物界均衡が達成される[68]、と。こうした定立自体は藤村のそれと大同小異である。本多の特徴は、こういったカウツキーの展望を「理想主義的であり、楽観主義的である[69]」と断じている点である。そしてむしろ、「『小市民』的階級の現実の生活利害と結びついたところの勤労大衆的イデオローギ[70]」に根差した産児制限の実行を「人間的生の無言の抵抗と抗議[71]」であるばかりか、「健全な民主主義的基盤の上に国民生活の再建の方途[72]」を用意していくものと評価、奨揚している点である。

本多のこうした見解を当時の各政党が掲げていた政策と照らし合わせてみると、「産児調節等の政策も『生活設計運動』として健康的、文化的にとり上げてゆく」という社会党左派の方針[73]に最も近似しているように思われる。実際、本多は資本主義の発展にともなう社会階級別出生力の動向に刮目して、日本の現状において、「人口動態の社会階級別相貌における本質的な変動といわゆる適正人口を中心とした弾力性のある人口の動き[74]」がいかなるかを分析しようと試みている。[75] つまり本多は、カウツキーが『発展』の中でなしている資本主義における社会階級別出生力の考察[76]を藤村や向坂よりもより微細に注視し、それを端緒にして日本人口の現状を分析しようとしていたの[77]である。ここに、革新的官僚としての本多の面目躍如たる気骨を垣間見ることができよう。

第五節　むすび

わが国におけるマルサスの『人口論』に関するこれまでの研究については、一再ならず後顧されてきた[78]。それに対比すると、『人口論』を批評したカウツキーの所見に関連した既存の成果の方は今日まで閑却されてきた。本章はこうした不均衡を多少なりとも補整しようとした試論である。寡聞にして、前節で焦点を当てた本多の高論以降、カウツキーの人口論を詳論した和文献を見聞しえない。そうであるなら、この拙論も向後カウツキーの人口論に照射される際のとりあえずの手引きとなりえよう。以下では、積み残されているであろう課題や、カウツキーの人口論の現代的意義についての恣意を開陳し、むすびとしておきたい。

まずは、何よりも、『影響』、『発展』、および『史観』の三著作を内的に関連づけ、いわばカウツキーの人口論体系というものを構築していくことが肝要であろう。とりわけ、その際、『影響』と『発展』とを綿密に校異し、一九〇五年のロシア革命が『発展』にいかなる陰影を投じているかを突き止めることが不可欠となろう。

次には、カウツキーは、自らが「資本主義国最後の時代[79]」と名づけた一九世紀の後半の欧州諸国でにわかに浮上してきた「人口減少の危惧[80]」をどのように受け止めていたかを見極めるのも大切である。すなわち、本多が試みたように、社会階級別出生力の実態や推移を精査していき、その人口動態が語りかけてくる経済学的意味を解明していくことが喫緊なのである。旧ソビエトの人口学者たちは以前にこれに臨んだけれども、その「議論は専ら、資本主義の最終段階たる帝国主義と出生低下の統計的な相関関係にのみ向けられている。そしてとくに家族の経済的機能の変化や労働需要の質的変化といった物質的要因を無視することにより、過度の単純化に」終始するにとどまった。[81]こうした事態を打開し、「人口理論は歴史的に観察された出生型の変動と、出生の階級差だけでなく、さらに一定の経済発展の段階、一定の社会体制の下での一国あるいは国家群の将来の出生型をも、ある程度の正確さをもって予測するための基礎を提供するものでなければならない」という箴言[82]を具体化していく地道な努力が求められる。

最後に、視線を現代の中国に向けてみよう。カウツキーは国民の自立を保持しつつ、議会制民主主義を基礎とした社会主義の実現を力説した。そして国家官僚制による統御を、わけても出版や言論、あるいは思想の自由に対する統制を忌避し、あくまでも民主主義の下における連帯を通しての人間性の限りない進歩に絶大な信を置いていた。[83]公知のように、中国の実情はカウツキーが思い描いた理想郷からはあまりにもかけ離れてしまっている。成人人口の一割ほどの中国共産党員が全人代代表の八割前後をしめているにやまず、さまざまな経済的利得にも預かっている。民主主義社会とはとうてい言い難い現状にある。[84]

カウツキーの人口論のみならず、マルクス主義人口理論の「命題によれば、社会主義がはじめて、人間による人間の搾取を廃絶し、生活の不安と貧困をなくし、創造的労働の権利を万人に保証したうえで、すべての人びとのために豊かな生活をつくりだす。社会主義だけが、精神労働と肉体労働、都市と農村の対立をなくし、婦人と多数の人民の立ち遅れを一掃する。社会主義だけが知識や文化を全成員の財産たらしめる。社会主義がはじめて、人びとの身体的および精神的健康のための現実的な条件をつくりだし、あらゆる人びとの全面的な調和のとれた身体的および精神的発達を保証することができる[85]」と久しく揚言されてきた。にもかかわらず、現代の中国では、計画出産の理論的根拠をエンゲルスやカウツキーの残した遺訓から適度な人口増加を主張するソーヴィ(Sauvy,Alfred,1898-1990)の『人口の一般理論』(一九五二~四年)へと変更しつつあるようにみえる。[86]カウツキーは幽界からこうした趨勢を一体どのように見守っているであろうか。

注

(1) カウツキー(玉野井芳郎訳)「自伝」『世界大思想全集 社会・宗教・科学思想篇14』河出書房、一九六五年、二七九、二八一頁。

(2) 「自伝」二八二頁、スティーソン(時永淑・河野裕康訳)『カール・カウツキー 一八五四〜一九三八』法政大学出版局、一九九〇年、五九、六一頁。また、シュタインベルク(時永淑・堀川哲訳)『社会主義とドイツ社会民主党』御茶の水書房、一九八三年、二二三、一八二〜一八四頁も参照。ちなみに、「ヘーヒベルクは、カウツキーにハーバート・スペンサーの著作を読むように勧めたりしたけれども、八一年には植民地問題でカウツキーと意見対立した(スティーソン前掲訳書六二、六八〜六九頁)。

(3) カウツキー(佐多忠隆訳)『唯物史観 第一巻自然と社会 第二書人間性』日本評論社、一九三三年、一二六頁。また、スティーソン前掲訳書四九頁やシュタインベルク前掲訳書八一頁も参照。

(4) ただし、一八八五年以降のカウツキーはダーウィン主義から脱却し、「人間社会の発展は種の発展とは別の法則によらなければならない」と把握していた(シュタインベルク前掲訳書八五頁を、またスティーソン前掲訳書五、一〇一〜一〇二、三六三頁や佐藤勉ほか編『日本の社会学 2 社会学思想』東京大学出版会、一九九七年、一八二〜一八五頁をも参照)。

(5) カウツキーは、「私が共感を覚えたのは、ランゲの哲学ではなく、……ミルとダーウィニズムと非常に多くの接触点をもった彼の社会観であった」と語っている(「自伝」二七八頁)。

(6) シュタインベルク前掲訳書八〇頁。また、吉田忠雄『社会主義と人口問題』社会思想研究会出版部、一九五九年、二一八〜二一九頁も参照。

(7) ベーベル(伊東勉・土屋保男訳)『婦人論』(下)、大月書店、一九五八年、四九九、五一二頁。また、昭和女子大学女性文化研究所編『ベーベルの女性論再考』御茶の水書房、二〇〇四年、一八四〜一九〇頁も参照。

(8) カウツキーは、「最初はエンゲルスの指導に、一八九五年以後はベーベルの指導に、喜んで従っていた」(スティーソン前掲訳書、二三五頁)。にもかかわらず、ベーベルやエンゲルスの方は交流の当初からカウツキーにさほどの信頼を寄せていなかったと指摘されている(スティーソン前掲訳書、二〇、六五、六八、三六〇頁)。

(9) スティーソン前掲訳書、六五〜六六頁。

(10) エンゲルス（岡崎次郎訳）『エンゲルスのカウツキーへの手紙』岩波書店、一九五〇年、四三頁。ちなみに、この文面は、中国が一九七八年一二月以降実施してきた計画出産としての一人っ子政策（ただし、二〇一三年一二月に緩和され、一五年一〇月には二人っ子政策へと完全に転換されることとなった）の一つの根拠となってきた（拙論「経済改革下での一人っ子政策の在り方」『調査と研究』第三六巻第一号、二〇〇五年、六六頁注二）。

(11) スティーソン前掲訳書六六〜六七頁。

(12)「自伝」二八四〜五頁、およびスティーソン前掲訳書三七〜三八頁。

(13) エンゲルス（戸原四郎訳）『家族・私有財産・国家の起源』岩波書店、一九六五年、序文九〜一〇頁。この文言の解釈については、さしあたり、南亮三郎『人口理論と人口問題』千倉書房、一九三五年、六七〜八七頁、あるいは青木孝平「家族理論におけるエンゲルスとマルクス」杉原四郎ほか編『エンゲルスと現代』御茶の水書房、一九九五年、所収を参照。なお、カウツキーによれば、エンゲルスは爾後この二つの再生産「を二度繰り返さなかったし、また何らの議論もしなかった」（カウツキー（松下芳男訳）『マルキシズムの人口論』新潮社、一九二七年、二〇三頁）。

(14) 下中弥三郎編『人口大事典』平凡社、一九五七年、六一頁。

(15) 一〇代にマルクス主義者となり、一九〇〇年にヨーロッパへ亡命していたリャザーノフは、失敗に終わった五年のロシア革命に参加したけれども、再び亡命の身となっていた。一〇年にカウツキーはリャザーノフを秘書にして、発見されたマルクスの草稿の整理と編集を委ねた（アタリ（的場昭弘訳）『世界精神マルクス　一八一八〜一八八三』藤原書店、二〇一四年、四五八、四六二〜四六六頁）。ちなみに、カウツキーは一八八〇年以来ベルンシュタインを介して緊密な関係になったロシア亡命人として、アクセルロード（Axelrod Pavel, 1850-1928）、プレハーノフ（Plekhanov, Georgi, 1856-1918）ザスーリーチ（Zasulich, Vera, 1851-1919）ドイチェ（Deutsch, Leo, 1855-1941）らの名を挙げている（カウツキー（小池四郎訳）『五ヶ年計劃立往生』先進社、一九三一年、二〇〜二一頁、およびスティーソン前掲訳書一九六〜一九七頁）。

(16) 南亮三郎『人口原理の研究』千倉書房、一九四三年、一八七頁、および同『人口論』三和書房、一九五四年、九二〜九三頁注二を参照。ただし、カウツキー自身は、確かに『発展』は『影響』での議論と異なった見解を含有しているけれども、「私の現在の立場は、私の元の立場と同じで（中略）（『発展』）は自然科学と社会科学との限界領域を扱っている。この領域は、私の経済学的および社会学的思考の当初から関心を寄せていたものである。」と回想している（「自伝」二九五頁、また『マルキシズムの人口論』三四九頁も参照)。

(17) それゆえ、ここでは、大西猪之介(一八八八〜一九二二)が『影響』によりながら、社会主義への移行によって人口過剰を克服しえないことを指摘したり〔大西「人口」大日本百科辞典辞書編輯所編『経済大辞書』(第五巻)同文館、一九一四年、二〇六三頁〕、高畠素之が『社会主義と進化論』売文社、一九一九年、の第四講「進化と蕃殖」〔この論文の初出は、『新社会』(一九一六年三月号)〕において、『発展』に基づいて、素朴な生物均衡論を提示したりしていること等は、論外におく。なお、大西については、さしあたり、小樽高商史研究会編『小樽高商の人々』小樽商科大学、二〇〇二年、七一〜八三頁、また高畠については、田中真人『高畠素之』現代評論社、一九七八年を参照。

(18) 『人口大事典』八九頁、また市原亮平「わが国のマルサス研究史」『経済論集』第七巻第四号、一九五七年、三七七頁も参照。なお、「大正・昭和初期人口論争(一九二六〜一九三三)」(玉井金五・杉田菜穂『日本における社会改良主義の近現代像』法律文化社、二〇一六年、一四六頁)と銘打たれたこの論争の諸相については、南亮三郎『人口論発展史』三省堂、一九三六年、第一章および第二章や、春名展生『人口・資源・領土』千倉書房、二〇一五年、一八七〜一九二頁を参照。さらに、個別の論議に関しては、中西康之「矢内原忠雄の人口問題論」『経済論叢』第一三五巻第五・六号、一九八五年、同「高田保馬の人口理論と社会学」『経済論叢』第一四〇巻第五・六号、一九八七年、杉田菜穂『人口・家族・生命と社会政策』法律文化社、二〇一〇年、二三〜三七頁、および牧野邦昭「高田保馬の貧困論」小峯敦編『経済思想のなかの貧困・福祉』ミネルヴァ書房、二〇一一年、所収等を参照。

(19) 向坂逸郎「人口理論」『経済学全集第二六巻　マルクス経済学説の発展(上)』改造社、一九二九年、五二七〜五七頁、および吉田秀夫『新マルサス主義研究』大同書院、一九四〇年、一六九、一七四〜一八三頁。

(20) 相対的過剰人口論に関する既存の研究成果については、荒井壽夫「相対的過剰人口論争小史」『講座・資本論の研究』第三巻、青木書店、一九八二年、四六〜六九頁、および同「相対的過剰人口論の定立および意義に関する論争」富塚良三・服部文男・本間要一郎編『資本論体系』第三巻、一九八五年、四四三〜四六六頁、および重田澄男『資本主義と失業問題』御茶の水書房、一九九〇年等を参照。

(21) 「人口理論」四五九頁、また同四三八頁も参照。

(22) 『向坂逸郎文庫目録Ⅲ』法政大学大原社会問題研究所、一九九四年、九三、一一五、二〇〇頁、および小島恒人『向坂逸郎　その人と思想』えるむ書房、二〇〇五年、一〇五〜一〇七、一一〇〜一一一頁。

(23) 小島同上書一二二～一二四頁。ちなみに、既に全集の編集を受諾していた大森義太郎が改造社の社長であった山本実彦（一八八五～一九五二）からの意を受け、親友である向坂に編集話を持ちかけた（長岡新吉『日本資本主義論争の群像』ミネルヴァ書房、一九八四年、七四頁、および小島前掲書八九、一二三頁を参照）。

(24) ちなみに、「人類社会に対して歴史的人口法則を人類の歴史的干与なき限りにおいて、動植物の世界に対して抽象的人口法則をみる」〔『人口理論』四五五頁〕というカウツキーの所論はエンゲルスが一八六五年三月二九日付でランゲに宛てた文面の一節と異口同音であろう〔ミーク（時永淑・大島清訳）『マルクス＝エンゲルスのマルサス批判』法政大学出版局、一九五九年、二五～二六、九九頁〕。ここではこの点に立ち入らない。

(25) ちなみに、カウツキーは『史観』おいてはエンゲルスの『自然弁証法』（一九二五年）から文言を抜出、援用している（『唯物史観　第一巻自然と社会　第二書人間性』四五頁、ミーク前掲訳書二四〇～二四一頁）。

(26) 「人口理論」四四二～四四三、四四五～四四六、四五一、四五四～四五六、四五八、四六〇～四六二頁。

(27) 『マルキシズムの人口論』一四七頁。また同訳書二〇五頁も参照。

(28) 『マルキシズムの人口論』三五頁。

(29) 吉田の経歴については、マルサス学会編『マルサス人口論事典』昭和堂、二〇一六年、三〇八～三〇九頁を参照。

(30) 実際には、吉田は『発展』にも目を通している。筆者は、吉田が一九三〇～三四年に在職していた大倉高商（現在の東京経済大学）に所蔵されている『マルキシズムの人口論』の中に散在する書き込み部分の複写を安川隆司氏（東京経済大学教授）のご厚意により入手しえた。そしてその書き込まれた文字と、同大学に保存されている吉田の自筆の履歴書とを比較照合した結果、その書入れが吉田によるものと推断した。その表紙に書き込まれた一文によれば、吉田は『発展』を「本書は遺憾ながら、その独自の立場が見られないのみならず、尋常のマルサス主義流であり、根底においてマルサスを見のがしている」と一蹴している。

(31) 『新マルサス主義研究』一八五～一八七頁。

(32) 吉田のマルサス研究の評価についても、毀誉褒貶が相半ばしている。一方で、それを「日本マルサス研究史上画期的な」労作との賞辞があれば〔『人口大事典』九〇頁〕、他方では、吉田の小樽高商在学時の恩師であった南亮三郎（一八九六～一九八五）は、「小樽によくできた吉田秀夫さんという人がおられました。小樽を出てからどこかの大学でマルクス・ボーイなってきて、さてマルサスには一言半句も独創性がないと言い出されました。（中略）カール・マルクスはマルサスが大嫌いでした。吉田さんもマルサスが大嫌いでしたが、そのご生涯を通して」マルサスに関する偉業を成就されましたと述懐している（南『人口論六〇年』千倉書房、一九八四年、一四六頁）。

(33) 河合雅司『日本の少子化百年の迷走』新潮社、二〇一五年、第二章を参照。

(34) カウツキーの著作の翻訳書は山本佐門『ドイツ社会民主党とカウツキー』北海道大学図書刊行会、一九八一年、一六～一八頁に収録されている文献目録で総覧できる。

(35) 井伊については、さしあたっては、塩田庄兵衛編『日本社会運動人名辞典』青木書店、一九七九年、三六頁を参照。

(36) この頃に、松下は同郷で年上の大杉栄（一八八五～一九二三）から大杉自らが編集していた社会的文芸雑誌である月刊『近代思想』（一二年一〇月～一四年九月）を送付されたり、『中央公論』、『解放』、『改造』等の雑誌を購読したりするようになった（中島欣也『銀河の道：〝社会主義中尉〟松下芳男の生涯』恒文社、一九八九年、一二六～一二八頁）。

(37) これは、中島同上書からの年代順の抜粋にすぎない。

(38) 水野については、とりあえずは『日本社会運動人名辞典』五三四頁を、より詳細には、家永三郎「反戦平和を説く海軍大佐水野広徳」『日本平和論体系第七巻　水野広徳　松下芳男　美濃部達吉』日本図書センター、一九九三年、三四二～三六三頁を参照。

(39) 中島前掲書一六五、二二四～二二五頁。ただし、松下は既に陸軍中央幼年学校の在学時から軍制へ関心を抱いていた（松下芳男『日本軍事史雑話』土屋書店、一九六九年、二一四頁、並びに中島同上書九七～九八頁）。また、松下は二四年一一月に設立された明治文化研究会に尾佐竹の世話で入会してもいる（明治大学史料センター編『尾佐竹猛研究』日本経済評論社、二〇〇七年、一八五、一九六頁）。

(40) 松下同上書二一四頁。ちなみに、松下が関わったベルンシュタインの著作の翻訳書には、『世界大思想全集四七　マルキシズムの改造』春秋社、一九二八年と、『社会思想全集第一三巻　マルキシズムの修正：経済制度と経済発展』平凡社、一九二九年とがある。いずれも『社会主義の諸前提と社会民主党の任務』（一八九九年一月）の訳であるけれども、底本は一九二三年版である。

(41) 中島前掲書二四二～二四三頁、関嘉彦『ベルンシュタインと修正主義』早稲田大学出版部、一九八〇年、二〇六、二一九～二二二、二四七頁、および山本前掲書一七二～一七六頁。

(42)茂木実臣『高畠素之先生の思想と人物』津久井書店、一九三〇年、一一五～一一六頁。
(43)『マルキシズムの人口論』訳者序二頁。
(44)田中前掲書二一五～二一八、二五七、三〇一～三〇二頁、および中島前掲書、一八一頁。
(45)たとえば、久間清俊「カウツキーの社会民主主義観」『アドミニストレーション』第五巻第四号、一九九九年を参照。
(46)佐野については、さしあたり、『日本社会運動人名辞典』二八五～二八六頁を参照。大行は第七高等学校造士館を経て、三〇年に千葉医科大学を卒業し、三五年に医学博士となり、四九年から急死する六七年まで専修大学で生理学などを講じた。とりわけ、大行が訳したホグベン（Hogben, Lancelot Thomas, 1895-1975）の『飢餓と疾病の征服』大地社、一九四〇年、三五九～三七六頁には「企画生態学（planned ecology）」への言及があり、カウツキーの生物界均衡論との関連で興味深い（「大行慶雄博士の業績を偲ぶ」『専修大学論集』第五号、一九六七年、一三二～一三三頁）。
(47)佐多が河合の学部演習に参加していた形跡はない。佐多は三・一五事件で大学を辞職し河合のかつての門下生である大森からの指導を受けていたと推される（江上照彦『河合栄治郎伝』社会思想社、一九七一年、一八九～一九一、一九八～一九九頁）。
(48)この当時、櫛田は三・一五事件の余波で官憲からの手入れを受けた大原社会科学研究所の存廃問題や運営に頭を痛めていた。また櫛田が三三年六月頃に久留島鮫造（一八九三～一九八二）に宛てた書簡に「佐多忠隆」の名が登場する（大内兵衛・向坂逸郎監修『櫛田民蔵の日記と書簡』社会主義出版社、一九八四年、七七三、八二九～八三〇頁）。
(49)櫛田は月刊誌『我等：政治・社会・教育・文芸の批判』第五巻第二号、我等社、一九二三年に寄稿した「労働者間における産児制限の宣伝」の中で『発展』からも引用しつつ、当時の産児制限運動の階級性を考察している（同論文五五～五七頁）。
(50)佐多が四三年八月に収監されていた巣鴨刑務所内から妻に宛てて、カウツキーの『史観』の原典（二巻本）を差し入れてくれるよう依頼していることから考えれば、佐多は『史観』の全訳に拘泥していたと推察できる（『雷魚のかば焼き』一五三頁）。
(51)企画院事件の顛末については、さしあたり、大石嘉一郎・宮本憲一編『日本資本主義発達史の基礎知識』有斐閣、一九七五年、四〇七～四〇九頁や、中村隆英『昭和経済史』岩波書店、一九八六年、一二二～一二三頁等を参照。より詳細には、宮地正人「企画院事件」我妻栄・林茂編『日本政治裁判史録　昭和・後』第一法規出版、一九七〇年、所収を参照。
(52)戸部良一『外務省革新派』中央公論新社、二〇一〇年、六九、一八七頁。ちなみに、産児調節運動家として活躍した医師の太田典礼（一九〇〇～八五）は第三高等学校時代に旅行先の北海道で藤村に逢着し、九州帝国大学医学部の四年生の時に藤村からこの本の送付を受けている（平等文博「太田典禮――その生の性と死をめぐる闘い（二）」『大阪経大論集』第五三巻第五号、二〇〇三年、一七四頁）。

(53) 藤村が学生時代にどのような経緯でマルクス主義思想に関心を抱くようになったのか不分明である。二〇年には、森戸辰男（一八八八～一九八四）助教授の論文「クロポトキンの社会思想の研究」『経済学研究』第一巻第一号、一九一九年に対する弾劾事件が起こったし（大内兵衛・森戸辰男・久留間鮫造監修『高野岩三郎』岩波書店、一九六八年、第二章を参照）、また二一年当時の東京帝国大学法学部には、マルクス主義法学に取り組んでいた助手の平野義太郎（一八九七～一九八〇）や、藤村の同期生であった風早八十二（一八九九～一九八九）らがいた（松下輝雄『マルクス主義法理論の展開』有斐閣、一九八一年、第三章、および矢野達司・森元拓・吉永圭吉『近代法思想史入門：日本と西洋の交わりを読む』法律文化社、二〇一六年、一四七～一四九頁を参照）。

(54) 『マルサス人口論事典』三〇六頁。

(55) 「革新官僚」という用語はもともとは四〇年頃からマスコミで使用された語句で、通常には、二〇年代に大学を卒業し、高等文官試験を通して採用されたキャリア官僚を指し、マルクス主義の影響を受け、ファシズム的社会改造や社会主義革命などの社会変革を求めた官僚たちを意味している（古川隆久「革新官僚の思想と行動」『史学雑誌』第九九編第四号、一九九〇年、一三～一四頁）。革新外務官僚はこういった革新官僚とは異質で、「外務省革新派は一九二〇年代における外務省の中絶と人事の停滞を土壌として、満州事変［三一～三二年］の衝撃を契機として形成された。革新派は外務省の制度改革のみならず、外交そのものの革新を要求した。彼らのいう外交革新とは、既存の国際秩序および西洋的国際秩序観の否定であり、それをきわめてレトリックで表現した『皇道外交』論は、事変後に入省してきた青年外交官たちに、日本独自の新たな『外交哲学』に裏づけられたものとして大きな影響を与えた。」（戸部良一「外務省『革新派』と軍部」三宅正樹編『大陸侵攻と戦時体制』第一法規出版、一九八三年、一一八頁）。なお、藤村の略歴については、秦郁彦編著『日本近現代人物履歴事典』東京大学出版会、二〇〇二年、四四七頁を参照。

(56) 戸部前掲書一四八～一五三頁。

(57) 同上書二一二～二一四、二五二～二五五頁。

(58) 同上書一八八頁。

(59) 同上書九四頁。

(60) 塩崎弘明『国内新体制を求めて――両大戦後にわたる革新運動・思想の軌跡――』九州大学出版会、一九九八年、九一頁。
(61) 本多の経歴については、「故本多龍雄部長の略歴と業績」『人口問題研究』第一〇六号、一九六八年、七六～八〇頁を、また当時の人口研の様子については、人口問題研究所編『人口問題研究所五〇周年記念誌』一九八九年、七、二四六、二五七、二七三、二八〇、二八二、二八六、三〇〇～三一〇頁を参照。
(62) 本多は夏目漱石の心友でもあったドイツ語を講じた菅虎雄(一八六四～一九四三)教授(在職は一九〇七～四〇年)から多大な影響を受けた(原武哲『夏目漱石と菅虎雄――布衣禅情を楽しむ心友――』教育出版センター、一九八三年、四六一～六一頁)。
(63) 本多の長女である森淳子氏が書かれた覚書によれば、本多は加藤リカとの結婚(四〇年三月)を控え、また当時、政友会正統派に属していた綾部健太郎(一八九〇～一九七二)の勧めもあって、人口研に入職した。なお、森淳子氏からは他にも貴重な資料、あるいは逸話や秘話の提供を受けた、この場を借りて、そのご厚情に心よりの謝意を記させていただきたい。
(64) 本多「社会主義的人口論への一つの手引き」『人口問題研究』第五巻第一〇・一一・一二号、一九四八年、三四頁。
(65) 同上論文三四頁。
(66) 本多「産児制限問題を主題とする若干の人口理論的省察」『人口問題研究』第五巻第七・八・九号、一九四七年、一六頁。
(67) 本多「近代人口理論の史的展開(一)」『人口問題研究』第八巻第三・四号、一九五三年、二二頁。
(68) 「産児制限問題を主題とする若干の人口理論的省察」一五～六頁、「社会主義的人口論への一つの手引き」四三～四六頁、および「近代人口理論の史的展開(一)」二二頁。
(69) 「社会主義的人口論への一つの手引き」四六頁、また「産児制限問題を主題とする若干の人口理論的省察」一六頁も参照。
(70) 「産児制限問題を主題とする若干の人口理論的省察」六頁。
(71) 「近代人口理論の史的展開(一)」三頁。
(72) 「産児制限問題を主題とする若干の人口理論的省察」二四頁。
(73) 市原亮平『人口論概説』三和書房、一九五五年、四四八～四四九頁。
(74) 「産児制限問題を主題とする若干の人口理論的省察」二二頁。
(75) その実践例が社会階級別出生力の分析を盛り込んだ財団法人人口問題研究会編『日本人口白書』一九五一年であり、また人口問題審議会編『人口白書』一九五九年であるといえよう。とくに『人口白書』は本多の尽力なくしては陽の目を見ることはなかった力作と称しえよう。

(76) 藤村前掲書五七二～五七三、五九三～五九四頁、向坂「人口理論」五一九～五二四頁、「社会主義的人口論への一つの手引き」四一、四三頁、および本多「差別出生力」『人口問題研究』第六八号、一九五七年。

(77) 本多「日本人口の現状分析」『人口問題研究』第七巻第三号、一九五一年。

(78) 市原前掲論文、舘稔・南亮三郎編『マルサスと現代』勁草書房、一九六六年、第一三章、および拙論「戦後日本におけるマルサス研究史」『千里山経済学』第一三巻第一・二号、一九八〇年等。

(79) 『マルキシズムの人口論』二六五頁。

(80) 同上訳書二〇頁。

(81) Coontz, S. H., *Population Theories and the Economic Interpretation*, London, 1957, pp. 20-21. たとえば、エム・ドラギレフ「ブルジョア社会の階級構造の進化」国際関係研究所訳編『世界経済と国際関係』（第一集）協同産業KK出版部、一九六八年等はその典型例といえよう。

(82) *Ibid.*, p.13. これを望ましい少子化対策の在り方にあてはめるなら、たとえば、「人口の再生産の社会経済的条件の全体に影響を与えることを目指すもので、人口の識字率や文化水準を高めること、生活様式や社会における婦人の役割を変えることなどもこれに含まれる（中略）こうした人口政策のみがひとびとの人口学的行動や意識を根本的に改造することができるのである。」ということになろう（エ・アラブーオグルィ「二〇世紀の人口過程と社会問題」『世界経済と国際関係』（第五七集）協同産業KK出版部、一九八二年、六七頁、またD・ワレンティ「人口科学の体系」『社会科学』（通巻一一号）社会科学社、一九七五年、六四～六六頁も参照）。

(83) 久間前掲論文を参照。ちなみに、こうした洞見はミル（Mill, John Stuart, 1806-73）のそれと一脈通ずるものがある（前原直子「J・S・ミルの経済思想における共感と公共性」有江大介編『ヴィクトリア時代の思潮とJ・S・ミル』三和書籍、二〇一三年、第九章）。

(84) さしあたっては、唐亮『現代中国の政治』岩波書店、二〇一二年や、天児慧『「中国共産党」論』NHK出版、二〇一五年等を参照。

(85) ベ・ヤ・スムレヴィチ「二つの社会体制――二つの人口法則」寺沢恒信・森礼二編『現代ソヴェト哲学』合同出版社、一九六一年、一八一頁。

(86) 『マルサス人口論事典』一三〇頁。なおソーヴィの人口思想の特質については、岡田實『フランス人口思想の発展』千倉書房、一九八四年、二六八～二七二頁等を参照。

補論

父、本多龍雄

森　淳子

父は大変背が高く、同世代の方と並ぶと頭一つ抜き出るような感じでした。人込みなどで揉まれると、遠くまで人の頭が並んでいるのを見ることになり、他の方とは違う感慨があったのではないかと想像します。そのような父が人口問題を研究するようになったのは面白い巡り合わせだなと思います。

父が一番影響を受けた師は、現在の東京大学教養学部に当たる旧制第一高等学校のドイツ語教師、菅虎雄先生でした。直接聞いたわけではありませんが、菅先生のもとでドイツ哲学、ドイツ文学に惹かれていったのだと思います。菅先生は書家（号、陵雲）としても知られ、父もいくつか書を頂きました。

大学は、現在の東京大学に当たる東京帝国大学文学部哲学科へ進学しました。当時の大学進学率はわずか二〜三パーセントでしたから、少数精鋭の中で刺激を受け合う充実した大学生活を過ごしたようです。哲学一辺倒というわけではなく、体格の良さからボート部に勧誘され、号令をかけるコックスなどを務めていたそうです。そのまま大学院へと進みましたが、その頃の話は特に聞いた覚えがありません。高校、大学、大学院の区別を特にせずに学生時代として話していただけなのかも知れません。

その後、大学院を満期退学し、独学で哲学を極める選択をしました。家族や周囲の親しい友人、知人からもその選択は支持され、「龍ちゃんはきっと何かを切り開く。」と信じられていたようでした。大学院を退学する旨、菅先生にご報告に上がり、「渓深龍出遅」（渓谷深くして、龍、出づること遅し）という書を頂きました。その書は掛軸に仕立て、その箱書には「昭和八年春四月於鎌倉護良親王山陵下　佳眺亭為本多龍雄君書之」と書かれています。このころはまだ人口問題研究というテーマは念頭になかったと思われます。

転機となったのは母との結婚でした。結婚に当たり職を求め、当時厚生参与官をされていた綾部健太郎氏に紹介されたのが人口問題研究所でした。綾部氏は祖父（本多精一）の書生の一人であり、小学生から中学生だった父をかわいがってくださっていたそうです。父は自ら望んでこの職を選んだというわけではなかったようですが、誰にも不満を漏らすようなことはなく、気持ちを切り替えたようでした。私へのアドバイスとして「コツコツ仕事をしていると、それがだんだん好きになるよ。」と話した言葉は、父自身の経験から出てきたものなのだと思います。

研究テーマこそ変わりましたが、それまでの哲学というテーマは、後の人口問題研究に大いに役立っていると私は信じます。哲学とは人の営みの構造を解釈する学問だと思うからです。父が人口問題研究にあたり、何を基本において研究しているのかを話してくれたことがあります。それは「常識」であるということでした。多くは語りませんでしたが、父の意図は、研究には専門知識だけでなく、人々の間の一般常識を背景にして総合的に研究を行う、という意味だったかと推察します。ですから研究論文も専門知識がない方にも難なく読めるよう書いたと言っておりました。「ホンダイズム」という言葉も言っておりましたが、どういったものだったのかはよくわかりません。

父は、出勤するのにお役所に行くと言っていました。おそらく国家公務員としての意識が強かったのでしょう。私がまだ小学校低学年であったころ、公私の別をはっきりさせることを私に教えています。父の使う原稿用紙や鉛筆には人口問題研究所と印刷・刻印がありました。私がふっとその鉛筆を手に取り何かに印を付けようとした時、父は「これはお役所のものだから使ってはいけないよ。」と静かに言いました。鉛筆一本の厳密さに私は内心驚き、小学生の時なのによく覚えています。

父は「唯物史観」という言葉に言及したことがあります。その時私は高校生でした。学校で、或る高名な東京大学教授に教えていただいている事を父に伝えようと思ったのですが、父はその教授について「(彼は)唯物史観に立っていないから……(評価に値しない)」と、はっきりとまた断固たる口調で私に言いました。当時は東大の先生を評価しないことの方に驚いていたので、その「唯物史観」が意味するところはよくわかりませんでした。この話題はこれが最初で最後でしたが、この時の言葉の強さに父の思想は唯物史観にあるのだと知りました。

父が最も苦慮し、寝ても覚めても考え続けた仕事は、昭和三四年(一九五九年)に発表された人口白書でした。執筆していた数年間は、「完成が遅れている」という周囲からのプレッシャーもあったようでした。その考察に使っていたと思われる手帳が手元にまだあります。日本橋丸善で買った黒い表紙の手帖(皮ではない)に、細かい文字で数字がぎっしりと書かれ、その横に同じく細かく赤いペンで訂正メモ、さらに鉛筆書きで数字が並んでいます。グラフも手書きで書かれており、一つの表やグラフが何度も考察されたことがわかります。専門知識のない私にはわからないものの、コピー機もワープロもない時代にもかかわらず、秩序正しくきっちりと書かれているのに驚くばかりです。アイゼンハウアー大統領がニューディール政策について行った演説の抜粋なども書かれています。

ようやく第一回の人口白書が発表されると、各新聞は大きな記事で取り上げました。人口問題審議会として発表され、本多龍雄の名は表に出ませんでしたが、父は、大役が果たせたことを喜びました。厚生省の検閲で重要な訂正が入らずスムーズに進んだこと、人口白書の売れ行きが良いことなどを自慢にしていました。

そのころ、人口問題審議会の会長永井亨先生から革の鞄を頂きました。一仕事終えたという労いだけでなく、表立って名が出ない事への気遣いもあったのだと思います。それまで父が使っていた鞄は、長い年月使い込んで色あせていました。自分で鞄を修理して愛着もあったようですが、執筆に集中しており気に掛ける余裕がなく、鞄は運べればよいと考えていたと思います。父が特に何か言っていたわけではありませんが、永井先生から頂いた鞄を使い始めた姿を見て、私は喜んでいるのだなと受け止めました。

しばらくしてNHKラジオ第二放送から人口白書をテーマにした番組への出演依頼の手紙が来ました。NHKは気を利かせたのか、もし他の人（部下）の方が人口白書の内容を説明するのに適任であるなら、その人が出演するのでもかまわない、と書き添えてありました。父は、「私でないとわかりませんから」と返事を書いていました。実際の放送は、他分野の専門家三～四人との座談会形式で行われたようでしたが、父の目からすると準備不足で思いどおりの放送にはならなかったようです。

当時の野党第一党であった社会党から人口問題の勉強会に招かれ、父は人口白書について説明してきたそうです。社会党が国会でどの点を質問するのが適切かも教えてきたと話していました。父としては人口白書には書けなかったことを質問させようとしたのではないか、と私は考えましたが、実際の所はわかりません。

私には上記のような断片的なことしかわかりませんが、研究所での姿勢は、葬儀の際に読まれた弔辞に端的に表現されていると思います。当時の政策部政策科長の林茂先生が草稿を書かれ、人口問題研究所所長の館稔先生が一読後即座に承認し、葬儀で読み上げてくださったものです（館稔先生が一言の変更もなく、即座に承認なさるのは珍しいことだと聞いております）。その弔辞の一部を引用させていただきます。

氏の御性格は温容優雅、その包擁力は大海の如く、常に後進の指導に努められ、温顔のうちにも科学的真理に対する厳しさを備え、少しも苛責するところなく、まことに得難い指導者でありました。また氏は性来病弱の身でありながら不僥不屈の精神をもってよく耐え忍び研究に精進せられました。

その人口問題の分析にあたっては、常に経済的社会的背景と、歴史的推移に着目して、将来への展望を忘れることなく、それが高邁な文明論的性格を帯びていたことは、常に同学の敬服するところでありました。また弱者に対する愛情の念が深く、農村農民問題に対しても深い理解を示されました。

人口問題研究所においては、調査部長、研究部長、政策部長等の要職をつとめ、特に実地調査の企画施行に努力され、前人未到の境地を開拓し、わが国人口問題の実証的研究に幾多の輝かしい業績をあげながら、少しも現状に満足することなく、絶えず苛烈に自己を省察して、再び出発点に還り、新たなる前進を期して倦むことのなかったのは、まことに真理探究者として範とすべきであると思います。氏の御精進は、わが国の人口問題と人口対策の研究上幾多の創見を生み、斯学の進歩に貢献したることまことに大であります。（原文のまま）

本多龍雄

菅先生から頂いた書「氣龍如」（気、龍の如し）は、父の墓石に家名に代わり刻みました。中国の武将の威風を表した句が出典ですが、父の意気を示している句だと思います。辰年に生まれて龍雄という名がつけられただけなのですが、まことに父に相応しい句と思います。

第五章　郡菊之助
――統計学者の軌跡と光芒――

藪内　武司

はじめに

日本の統計学も明治末期から大正期を迎えると、多くの学問がそうであったように、翻訳学問から脱皮し、日本の統計学者が育ちはじめる。日本に統計学が移入された時期を第一期とすれば、この期は統計学移植の第二期にあたる。とりわけ著名なのが高野岩三郎、財部静治、藤本幸太郎といった学者たちであり、彼らはいずれもドイツ社会統計学を学び、それを日本に紹介、消化、吸収した研究者たちであった。(1) 上記の一人、藤本（一八八〇～一九六七）は、東京商科大学で教鞭をとり、その第一回ゼミ生として郡菊之助、柴田銀治郎の両統計学者を送り出して以降（一九二三年）、森田優三など多くの後継者を輩出している。

なかでも本章では、郡に焦点を絞って考察を試みるものである。

というのは、郡は東京商大卒業後、直ちに名古屋高等商業学校に赴任し、最後は愛知大学を定年退職しているが、わけても彼の活躍が華々しいのは、戦前期、名高商時代の二五年間であり、数々の著書、論文、随筆、俳句集など

図5-1　郡菊之助

を著すほか、各種論争や論議、そして講演、ラジオ放送などに精力的な活動を続けた。ところが敗戦直後、郡にとっては五〇歳前後という働き盛りにありながら、その活発な姿勢はいったん沈滞してしまい、日本の統計学界からも過去の人のような存在になる。戦前期との落差があまりにも大きすぎる。そこにはどのような事情が介在したのであろうか。以下、その間の経緯を探り、郡統計学の歩んだ途を辿っていきたい。

第一節　郡統計学への途

郡菊之助は、一八九七年、茨城県下館にて木綿商の子として生まれるも、幼くして父（五歳）・母（一二歳）を喪い、祖父母に育てられる。県立水戸中学校卒業後（一九一五年）、軍人を志望するが、陸軍士官学校は体格で、経理学校は学力で志を果たせなかった。そこで、方向転換をし、小樽高等商業学校（渡邊龍聖校長）へ進む。小林多喜二（一九〇三年生れ）とはすれ違いだ。郡が三年生の夏、当時、世界的規模で猛威を振るったスペインかぜに感染し、後半は休養せざるをえなかった。一九年三月、かろうじて同校を卒業するが、[2]その後も保養生活がつづいたために、渡邊校長の縁故ですでに内定を得ていた内田商事[3]への就職は叶わなかった。健康が快復した一九年九月、新聞広告にあったシンガー・ソーイング・マシン会社東京支店（Singer Sewing Machine Company）に採用される。同社では商業英語の翻訳や統計関係の仕事に従事する。が、小樽高商では、統計学の講義はなくまた統計的知識も十分でなかった

図 5-2　大正期の名古屋高等商業学校本館

がために、その必要性を痛感し、二〇年、東京商科大学へ転進する。同じ年、東京高商は東京商大へと昇格しており、その第一期生ともなった。

東京商大では、一年生はプロゼミナールが必修で藤本幸太郎ゼミに入り、ロバーツ（Robert von Liefmann, 1874-1941）の *Die Unternehmungsformen : mit Einschluß der Genossenschaften und der Sozialisierung*, 1921 を講読する。二年生から正規のゼミが始まり同じく藤本に研究指導を仰いだ。卒業論文の論題は「労働統計論」を選び、コンラッド（Johannes von Conrad, 1839-1915）の *Grundriss zum Studium der politischen Oekonomie*, 1923 を参考にし、とくに賃金統計を中心に研究を深めていった。

小樽高商の渡邊が名古屋高等商業学校の初代校長に就任した縁もあって、二三年四月、郡は新設三年目の名古屋高商へ講師として着任し、一年生の「商業通論」と三年生の「統計学」とを担当する。商業通論は当時、ロンドンで出版されたピッツマン（Sir Isaac Pitman, 1813-1897）の商業読本シリーズ Pitman's commercial series を利用したが、いっぽうの統計学の準備は十分ではなかった。そこでたまたま名古屋・丸善で目についた、ジージエック（Franz von Žižek, 1876-1938）の *Grundriss der Statistik*, 1921 やマイヤー（Georg von Mayr, 1841-1925）の *Statistik und Gesellschaftslehre*, 1924 の原書を参考に講義を行った。さらにはマイヤーの衣鉢をついだリューメリン（Gustav von Rümelin, 1815-1889）、カウフマン（Al. Kaufmann,

1864-1919)、チスカ（Carl von Tyszka, 1873-1935）、ミューラ（Johannes von Müller, 1889-1946）にまで対象を広げ、またさかのぼってメイヨースミス（Richmond Mayo-Smith, 1854-1901）へと研究領域を深めている。この時期をもって、郡の統計学に対する本格的な取り組みが始まったといってよいだろう。その後、担当が増え「交通論」、「商工統計」、「商業実践」、「鉄道論」、「海運論」そして「演習」など幅広い科目を受け持っている。二四年四月教授に昇格。二九年一一月から翌三〇年三月まで、交通実務研究のために大阪市へ出張する。(4)

同期生の柴田による郡評は、次のように語られる。

弁天小僧という名前がついておるんだけれども、（中略）きわめていい人間で、あんなにいい人間はいないです。決して人の先に立つようなことはしませんで、おとなしい人なんです（中略）。統計学やっていますけれども……。統計の研究というのは非常に骨が折れるんです。どうしても助手が必要です。いい助手がやっぱり周りにいませんと、研究できないんです。ところが名古屋高商あたりじゃ、なかなかそういうことはできないんです。私はもちろん幸いでして、(5)

昭和期を迎え、日本の統計学界もようやく世界の認知を受けるにいたる。すなわちオスロで開かれた一八九九年の第七回国際統計協会会議にはじめて政府派遣の代表委員として柳澤保恵を出席させてから約一世代後の、一九三〇年九月、日本初の第一九回・同会議（The 19th Session of The International Statistical Institute）が、東京・国会議事堂を舞台に開催される。日本の代表委員は柳澤以下、長谷川赳夫、阪谷芳郎、下條康麿、高野岩三郎の五人であった。同時に日本の統計学者や専門家にあてて、会議への欧文論文の提出を要請し、二二篇の寄稿をみた。そのうち一二本が部会で報告された。名古屋高商からは、郡が招待員として出席し、「日本ニ於ケル食料品ノ生産量指数」（英文報告書）(6)を提出するが、残念ながら本稿は上程されるには至らなかった。このとき同会議へ招かれなかった新進気鋭の統計学者たちを中心にして、「日本統計学会」設立の機運が生まれてくる。三一年四月のことである。

郡も発起人一三名中の一人であった。[7]

同三一年九月、郡は、文部省在外研究員として、交通学および商工統計研究のため、アメリカ・イギリス・ドイツ・フランスの各国を中心に留学し、二年後の三三年八月に帰国する。ただし、特定の国や大学の教授のもとでの指導を仰ぐことはなかった。滞在中、アメリカでは「アメリカ統計学会会員」(American Statistical Association, ASA)[8]に推挙され、イギリスでは、「国際商業教育会議」(International Society for Commercial Education)[9]に出席している。四一年二月、中華民国へ出張。四三年七月、満州国へ出張。四三年一〇月、東條内閣の閣議決定「教育ニ関スル戦時非常措置方策」により四四年三月、戦時学制改革として、名高商は「名古屋工業経営専門学校」に転換され、その移行措置として「名古屋経済専門学校」が併設されたのに伴い、郡は両校教授を兼ねる。四五年三月、同じく閣議決定「決戦教育措置要綱」により一年間の授業停止措置。四五年八月、終戦。四六年三月、工業経営専門学校を廃止し経済専門学校に統合。経専の本科は経済科・経営科に分けられ、後者に工経専の生徒を編入する。四六年四月、名古屋経済専門学校が復活。と、教育機関も戦中・戦後の混乱に巻き込まれた。

第二節　失意の時——教職追放

一九四五年八月一五日、郡は名古屋経済専門学校教授として、敗戦を迎える。

翌四六年五月六日、「『ポツダム宣言』ノ受諾ニ伴ヒ発スル命令ニ関スル件ニ基ク教職員ノ除去、就職禁止及復職等」の件が、公布された。四六年一二月六日、郡は「教員不適格者と判定」(文部省)[10]される。郡にとっては青天の霹靂だった。直ちに、「再審査申請」を提出している。しかし、四七年六月一四日、官吏分限令第一一条第一項により「休職を命ずる」(内閣)との辞令を受ける。[11]追っかけるように、四八年六月三〇日、教職員の除去、就職禁止及復職等に関する政令により「本官を免ずる」（内閣[12]）との措置を受ける。俗にいう「教職追放」（purge）である。『名古屋大学五十年史[13]』には郡の名前は見当たらない。だが現に、郡は政令にいう「著名な軍国主義者若しくは極端な国家主義者」的な思想を持つ人物として、追放処分を受けているのである。

では、郡が積極的な「軍国や国家主義」者と見なされた理由は何であったのであろうか。郡の講義や講演だろうか、だが今となってはわからない。手がかりの糸は、一冊の著書にあった。四六年三月一七日、連合国軍最高司令部（GHQ／SCAP）は、日本政府に対して日本の民主化政策を推進するために、二八年一月一日から四五年九月二日（降伏文書調印）までの間に刊行された全二二万余点の刊行物のうち九二八八点を選び、最終的に七七六九点の没収指令を出した。郡の著作『戦争と人口問題[14]』が、そのうちの一点に入っていたのである[15]。

防衛大学校総合情報図書館では、二〇一一年二月、「防大総合情報図書館に残るGHQ没収図書――軍事・国防分野を中心に――[16]」の特集を組み、展示コーナーを設けた。その内容は、①没収後復刻されたもの七点、②「軍事・国防」分野のうち戦意高揚的なもの一〇点、③「軍事・国防」分野のうち歴史的な価値があると思われるもの一六点、の三分野に分け展示された[17]。郡の同著は、そのうち③の分野に分類された。ということは、同著が「軍事・国防」的見地から歴史的な価値があると判断され、郡は「軍国や国家主義」者と見なされて、処分の対象になった可能性がきわめて濃いと推定される。

郡が執筆になるもので、タイトルに「戦争」が入る論稿としては「戦争と統計学[18]」、「戦争統計学の課題[19]」および『戦争と人口問題[20]』の三点がある。いま一冊『戦争経済と戦力増強[21]』があるが、本書は高島佐一郎（金融論）の還暦記念論文集『戦争経済と戦力増強』への寄稿で、郡は「滿洲國の林鑛産業」との論題で執筆しており、戦争とは直接的に関連しない。

まず初めの二点を見ておこう。「戦争と統計学」は、「平時の学たる統計学」、「戦時の学たる統計学」、「戦争と人口統計」、「戦争と経済統計」、「戦争と文化統計」の各章からなり、現代の戦争が国家の総力戦であるといわれるのには、二つの意味があるという。第一は「老若男女、国民の悉くがその職域を通じて戦争目的の遂行に全力をつくさねばならない[22]」とし、第二に「第一線たる武力戦はもちろん、思想戦、宣伝戦、防諜戦、防空戦、経済戦などが相結んで行はれ、その何れにも不備があつてはならぬ[23]」という。それがためには「国の内外にわたる戦時及び戦役の国家政策が、経済統計の充実と整備によつて全きを得るものである[24]」と主張する。

恩師である藤本幸太郎の還暦を記念して、郡が担当するのが「戦争統計学の課題[25]」で、そこでは、上述の「戦争と統計学」と同じような論考が展開される。まずは統計学史から説き起こされ、今日の統計学は「政策を論じ戦争を扱ふに当り、統計学が今日まで開拓して来た科学的研究方法と精神とを十分に拡充援用すべきであつて、ここにこそ戦争の学としての統計学の新面目が存すべきである[26]」と結ぶ。けだし、上の二本の論文を読む限りにおいて、極端に「戦意高揚」的な表現や内容は見られず、たんに統計と戦争の関連を抽象的に概説するにとどまるものである。

さて、没収対象本となった『戦争と人口問題』（全二三二頁）はどうであろうか。まず序文で「戦争を論じ、戦争経済を論じるに当って人口の研究が根本的な予備知識である[27]」といい、「日本、大陸及び諸外国の人口の趨勢を統計によつて実地に考察するとともに、戦争と関係の深い貯蓄、労働、景気、物価等の問題につき大衆読本的な叙述[28]」を行なうものであると述べる。全一二章からなり、附録六編をつける。以下、「戦争」という名が付く章を中心に見ていこう。

まず、「戦争と産業婦人[29]」では、近時の戦争は「国家存立のためには婦人子供と雖も産業戦線、経済戦線に立働いて当面の急を補はねばなりません。これが即ち戦時に於ける産業婦人の任務で[30]」あると説く。「景気変動と戦争[31]」では、景気について概説をし、「商工業の盛な国、国力の充実の旺んな国ほど、その国の景気が他国の景気に影響する程度が大きい、即ち好景気は之が他国から来るのを手を拱いて待つべきものでなく、産業の合理化や国民の進取的努力により、自ら之を発生せしめ、以て他の国をリードするやう心掛けるのは、産業立国を国是とする日本国民の覚悟[32]」であるべきだと主張する。「戦争と物価騰貴」では、戦争の進行と物価騰貴とは顕著なる随伴現象であり、戦時における物価騰貴の原因は、通貨の膨張と物資の不足によるものであるから、「物資の供給を潤沢にするには、生産の拡充、貿易の整調、交通の充実[33]」などを訴える。

「最近の国際情勢[34]」では、ポーランド問題を導火線として勃発した第二次欧州大戦を背景に、今や「支那事変の解決は世界戦争の進行と密接な関係にある[35]」とし、「支那事変があつたればこそ今日の躍進と刷新とを示してゐる（中略）、事変前の自由主義的体制を以てしては、到底緊迫せる国際情勢に処して遺憾なきを得なかつたでありませう。我々は甘き夢と根拠なき妄想とを排して飽くまで堅忍力行、以て高度国防国家の建設と東亜新秩序の確立とに向ひ邁進[36]」すべきと、太平洋戦争開戦直前の心構えを弁ずる。

本書の巻末中、とくに附録の「非常時局と随想」では、「日独伊は結ぶ」、「米国の政治的性格」、「新体制と時間」など、五つの話題に触れる。とりわけ「日独伊は結ぶ」では、三国同盟によって「日本の進むべき道がはつきりと指示せられ、国民の総進軍がます〳〵力強く踏み出された[37]」と喜ぶ。これが、当時の日本人の平均的な思いであったのであろうか。「米国の政治的性格」では、日本帝国の使命は「米国の恣意的外交の如何にかゝはらず、断々平として聖戦目的の完遂及び東亜共栄圏の確立に向つて邁進するにあり、……このために国内新体制の樹立と、高度国防国家の完成は、まことに焦眉の急務[38]」であると、開戦前夜の心意気を勇ましく語り、日本人が「かれらの仮面的平和論に迷はされ、お蝶婦人の悲劇を再びくり返す[39]」ようなことがあってはならないと結ぶ。

以上が本書の概要である。が、そこでの内容が果たして「著名な軍国主義者若しくは極端な国家主義者」的な文意であったろうか。もちろん時流に流された論調であることは否めない。日中戦争が起こり、国民総精神運動が高まる中、国策に対して棹さすような時局迎合的な言論となったことは確かであろう。しかし、どれだけの読者が本書から戦意を高揚されたであろうか。あるいは刺激を受けたであろうか。本書を読む限りにおいて、肯定的には受け取りがたい。

　が、ともあれ郡の数ある著書の中で、この『戦争と人口問題』が、郡の人生に大きな傷跡を残したのである。

第三節　執筆と学究活動

　郡の文筆活動は、一九二一年の「我国第一回国勢調査に現はれたる体性の観察」(一)[40]・(二)[41]にはじまる。肩書きに「東京商科大学学生」とある。本稿は、二〇年に実施された日本初の国勢調査の速報値をもとに、日本人の体性に焦点をあて、①地方および府県別、②都市別にその相互関係および特性を分析するものである。郡は、すでに学生時代にして、気鋭の問題意識を持っていたといえよう。

　二三年、名古屋高商に着任。その直後から幅広い執筆活動が開始される。郡の文筆活動は、精力的かつ多方面にわたっている。生涯に二六冊の著書を刊行し、一二〇有余点[42]におよぶ論文や随筆を発表している。しかもそのほとんどが、郡が五〇歳前の戦前期のことである。

　郡の統計関連の刊行物は、「統計学総論」、「経済統計」、「経営統計」、「統計学史」の四分野に大別できる。以下、主な著書を見ていきたい。

「統計学総論」関連で初の単行本となるのは、『統計学講義』[43]である。本書は名古屋高商に着任後三年目にして、公刊された。序言の「本書は統計学総論の系統的著述[44]」であるからはじまり、統計学の「総論は云はば規範の学であり、（中略）各論は規範の学と実在の学とを包含する」[45]として、いわゆる「統計的『法則』は一方に於ては、吾々が自然的及び社会的な一般的原因に支配せられ影響せられて人に絶対的自由意思のあることを否定」[46]するけれども、「他方に於ては、決して吾々の自由意思の絶無又は狭隘でないこと」[47]を示すものであると結ぶ。

郡の著書の二冊目となるのが『統計学研究』[48]で、四七〇余頁の大冊である。全二部構成で、第一部は、統計学の観念・独立性・組織などに関する諸学者の見解、さらには統計学の出発点となり到達点となる法則の種類、統計学の発達、概要、社会統計学分科中での注目すべき新領域である経済および経営統計学の可能性など、統計学の認識論的考察がその主内容となる。第二部は、人口統計研究と消費統計研究とを主な構成内容とする。前者は徳川時代から明治および大正期にわたる日本の人口変動を統計学的に把握したものであり、後者は消費に関する統計法則を論理的に究明したものである。また「価値統計雑題」では、天津南開大学の測定になる卸売物価指数や外国相場指数など調査報告書の紹介と説明にあてられる。最後に三本の附録「大西教授と統計学」、および郡が最初の学問的応酬となった猪間驥一稿の「統計図表の統一に就いて」と「統計図表の分類に就いて」が収録される。本書の『統計学研究』を第一部と第二部とに分冊したものが『統計学論考』[49]および『人口と消費法則』[50]である。上記書の他に、名古屋市役所職員向けの講習会や名古屋商工会議所の統計講習会での講演を草稿とした『統計学大意』[51]が著わされている。

「経済統計学」関連では、『物価指数論』[52]が最初の出版となる。同著は、六四八頁の大著で全三編から構成され、第一編「統計指数の概論」では、統計指数の性質および種類と統計指数の方法論が、第二編「物価指数の本論」は二部に分かれ、第一部は理論的研究として、物価指数の論考、物価指数の目的と算式、物価指数方法の詳論が、第二部は実際的研究として、物価指数の沿革、外国物価指数の近状、本邦物価指数の要覧が、第三編「物価指数の余論」では、卸売物価指数と小売物価指数、賃金指数と生計費指数、ビジネス・バロメーターとしての物価指数、計表本位としての物価指数、物価指数の国内的および国際的比較が、最後に「物価指数雑題」がそれぞれ取り上げられる。本書をめぐっては、猪間驥一とのあいだで繰り広げられた論争（別節で詳述）は有名で、今日なお、さまざまの場面で紹介される。

『景気指数論』[53]は、上述の『物価指数論』と姉妹巻をなすもので、指数法の立場から経済統計論の研究に内容と体系を与えようとの意図から執筆された。景気指数の沿革は比較的新しく、物価指数のそれに比べても五、六〇年の遅れをとっている。しかし当時、景気指数を作成する試みが重要視されだしたのは、指数法による観察が学問的認識に寄与するだけでなく、実際社会の要求にも合致したからである。

経営統計関連では、その嚆矢となるのが『経営統計』[54]で、郡ははじめに、従来「本体の判然としなかった『経営統計』の分野に解剖のメス」[55]をいれ、これを実務、行政および科学の三方面から明らかにし、これらに形式と内容を付与して、経営統計論ないしは経営統計学を編み出すつもりであると語る。この分野では『工場経営統計』[56]および『経営統計の研究』[57]とが著わされている。

『統計学発達史』[58]は、郡が本格的に取り組んだ本邦初の統計学史の書である。序文で、「統計学史に関する体系的な著述は、日本に於いて皆無であり、欧米に於いても数へるばかりしかない」[59]との言からはじめる。まずヨーン（Vincenz John, 1838-1900）の『統計学史』（*Geschichte der Statistik*, 1884）は好著であるけれども、古代からケトレーに至るまでの叙述にとどまるものであるとし、コーレン（John Koren, 1861-1923）の編纂になる『統計史』（*The history of statistics*, 1918）は各国の統計事業の沿革史であって完全な意味における統計学史でないと断じ、ウオーカー（Helen Mary Walker, 1891-1983）の『統計方法史』（*Studies in the history of statistical method*, 1929）は、自然科学の分野において用いられてきた統計方法の発達史であって、実証的意味における社会統計学史でないと断言する。ウェスターガード（Harald Ludwig Westergaard, 1853-1936）の『統計学史への貢献』（*Contributions to the History of Statistics*, 1932）は比較的よく説明がなされた著作であり、他のいずれの著書よりもまとまった統計学史の単行本的文献としては随一のものであると高い評価を与える。

郡の出版物中、唯一の英文刊行物は、*Selected readings in statistics*[60]である。原書はコロンビア大学教授のチャドック（Robert Emmet Chaddock, 1879-1940.）が執筆になる*Principles and methods of statistics*, 1925で、同書中の第一部 Introduction-Preliminary Considerations. の前半部の三章が、すなわち Chapter.I The Appeal to Facts, Chapter.II Misuses of Statistical Data, Chapter.III Statistics in the Service of Science が集録されている。各章名からわかるように統計学の入門書といってもよい内容である。

郡の、敗戦後最初の出版は、『経済統計学入門』[61]である。ここでユニークな提唱が、「日本統計学の構想」[62]である。郡が語るには、日本統計学には二つの性質があるという。一つは「日本の統計学」であり、他は「日本統計の学」である。すなわち前者は方法論としての統計学を意味し、後者は実在または実体の学を意味するというのである。「いはゆる原始生産業には、全く本邦に特有なる統計方法があり、人口統計のうちでも出産や死亡の如き事実の統計は市町村官庁の戸籍登録関係を経て数字が獲得せられるのであつて、かの教会や寺院の記録が、屡々人口動態統計の資料を提供する欧米諸国の事情」[63]とは大いに異なるからであるという。一方、「実在学（実体学）としての日本統計学は、日本に関する実際の統計資料を縦横に駆使して、数字による日本の人口的、経済的及び文化的状態の組織的、有機的及び比較的なる説明体系を樹立する」[64]ことを任務とするという。

教職「追放」指定が解除され、初の出版物として上梓されるのが、『統計方法論』[65]で、本書は上述の『経済統計学入門』の後半部分が再版されたものである。

郡の、最後の著書となるのが、愛知大学時代に著わされた『基本統計学』[66]である。序文で、今日「統計学の分野においては、いわゆる数理派の勢力が強く擡頭しつつあるけれども、数理派に対して論理派ともいうべき統計学の立場にある」[67]郡は、読者が「社会科学としての統計学の可能性と重要性」[68]を、本書によって学び取ってほしいと訴え、社会科学者としての立場を強く打ち出す。この郡の統計学観は、『統計学講義』以来変わらず、統計数字は「それが大数の法則に適合した場合においてのみ一般的原因を反映せる貴重な統計数字たり得るものであって、かような数字の比較研究によって、始めて我々はその大量現象に内在する規則性や法則性を発見し得るのである。この点、標本調査を偏重する『推計学』論者の反省を要する」[69]と数理学派への批判を展開する。

第四節　郡統計学と論争

郡に対する人物評は先に見たように、「決して人の先に立つようなことはしない。おとなしい人なんです」[70]と語られるように、きわめて物静かで温厚な性格といわれた。ところが一方、学問に取り組む姿勢は、積極的で気魄に満ちたものであった。このことは、日本の統計学史上においても、郡が論戦者となった論争の幾つかが、後世に語り継がれていることからも理解できよう。いま、有名な論議として、猪間驥一（一八九六～一九六九）および蜷川虎三（一八九七～一九八一）との間でやりとりされた論争を取り上げてみたい。

（一）対猪間驥一――統計グラフをめぐって

この問題はまず、郡からの疑問にはじまる。

近代的な統計図表は、ウィリアム（William Playfair, 1759–1823）が、一七八六年に出版した *The Commercial and Political Atlas* で、棒グラフと線グラフを世界で初めて用いたといわれ、イギリスと諸外国間の貿易収支などに関する統計を集約した書籍である。

日本では、猪間の手になる『経済図表の見方画き方使ひ方』[71]が、統計図表に関する著書の草分け的存在となる。

郡は言う、今日「本邦に於いては、統計図の作り方が作製者の異るに従ひ実に区々雑多であつて、相互に連絡なく、宛ら群雄割拠の有様であり、而かもそれ等のうちには色彩が艶麗であり形状が奇抜であると云ふに止まつて描法が不合理なものが少くない。（中略）統計的観察の第一要素たる客観性が大いに蹂躙せられている場合が屡々[72]」であると。この意味からも、『経済図表の見方画き方使ひ方』の出版は、「本邦に於ける統計図法の文献的不足を補ふものとして甚だ意義ある[73]」ものと称賛する。ただし、二つの点において、批判や要望を述べている。

その一つは、「統計図表の分類」に、変数の数によって三分法することの是非である。猪間がいうには、変数が一つの統計図表とは質的に異なった二つ以上の主体間の統計数量を比較する図表であり、点図・棒図・面積図・体積図・絵画図・統計地図がこれに属し、変数が二つの統計図表とは座標の概念を説明した上で関数的関係を表現する図表であり、度数分布図表・相関的図表・経過図表（歴史図表）・対数図表・財界観測図表をあげ、変数が三つの統計図表ではステレオグラムや相関図表をあげている[74]。これに対して郡は、「著者の採用した分類は却つて統計図の観念を錯雑せしめ（中略）、読者を困惑せしめる虞れ[75]」があるとして、むしろ「統計図の分類は、全体を先ず形式的標準により点図、棒図、線図、面積図、体積図、絵画図、統計地図等に分ち、後ちこれ等の各種別につき必要に応じ変数の数を標準として副分類をなすのが適当である。（中略）著者の再考[76]」を切に望むと提言する。

これに対して、猪間は、統計図表の分類法に関しては自説を堅持し、翌号の『統計集誌』（五四二号）上でさっそく応論する。「郡教授は線図表と棒図表とを区別して居られるが（中略）、之は例外に属するもので、普通は両者を区別せずに線図表[77]」と呼んでいる。猪間自身は棒図表と他の線図表とを区別して分類する必要性を感じたために、「棒図表を『変数が一つの統計図表』とし、曲線図表を『変数が二つの統計図表』として分けて考察したのであつた。棒図表以外の『一変数図表』即ち点図表とか面積図表とか体積図表とか云ふものには、私は余り重要の意義を認めない[78]」と言い切る。つまり、まず最初に「単純なる個体の属性の比較を論じ、次に二以上の数列の比較及び数列の分析を論じ、最後に相関関係を論ずる。（中略）併しそれにしても、普通の分類に従つて、線図表の部分でも何も彼も一挙に説明し、それから平面図表の様な可なり無意味な図表を論じ、最後に絵画図表とか統計地図とか、畢竟啓蒙的意義以外に殆ど価値の認められない図表を論ずる不体裁よりは遙かに勝れる」[79]と強く反駁をし、また郡が、関数的関係を表わす例としてステレオグラムをあげているが、ステレオグラムと棒図表とでは「認識目的が非常に隔つてゐる」[80]と斥けている。

郡は、さらに猪間が普通分類を避けて、統計図表の三分法を固守するのは、猪間が「糸井助教授の分類に倣はれた」[81]ものであるとし、郡の考えでは「変数の数を分類の第一標準とすることは『一番都合よく且つ最も合理的』な方法であるとは云はれない」[82]と直言する。同時期、田村市郎からも論評が寄せられ、三分法は糸井の創出ではなく、ミシガン大学のデー（E. E. Day）の著になる *Statistical Analysis*, 1925 の変数の数と態様を説明した箇所と酷似するとの指摘を受ける[83]。しかしこの点に関して猪間は、糸井とデーとの関わりを説明し、両者間に直接の関連がないことは「全く疑問の挟み様が無い」[84]と強く否定をする。

その二つ目は、「棒図表の配列」の方法である。すなわち配列を左右どちらからはじめるかの問題で、猪間は「外国では左と云ふ事に極つてゐるが、我国ではさうも行かぬ。本を左から開ける様になつてるか、右から開けるかに依つて適宜に決す」[85]べきである、というのは現今の官庁の慣行とか印刷業者の慣習とかを考えるとき、なかなか一概に決めかねると柔軟な立場を取る。この言に対して郡は、日本においても「外国に於けると同じく必ず左から右へ進むやうにしたい（傍点ママ）」[86]といい、左から右へと進むのは決して外国の模倣ではなく、われわれの本能がこれを要求するのであると主張する。この配列法の問題については、猪間は同著の改訂版以降、統計図表は「左書きを本則とすべく、たゞ已むを得ない特殊の場合右書きにすべし」[87]と率直に自説を撤回し、郡説に従っている。

(二) 対 猪間驥一――物価指数をめぐって

ここでは猪間が、先に問いかけた。

一九二〇年代、日本の経済界を襲った再三の恐慌にさいして採られたインフレ的な放漫財政も薬石効なく、ついに世界恐慌の波に飲み込まれ、外国為替相場は下落と動揺を重ね、国際収支はますます悪化した。物価や株価は急速に下落し、日本経済を脅かした。それに関連して、経済統計学の分野で多くの学者が、物価変動の測定の手段である物価指数論の領域に関心を寄せた。とくに当時、新進気鋭の統計学者であった「蜷川虎三氏をはじめ、田村市郎(関西学院)、郡菊之助(名古屋高商)、中川友長(統計局)、寺尾琢磨(慶應)、木村喜一郎(大阪高商)、宗藤圭三(同志社)の諸氏[88]」の多くが、物価指数を格好の研究課題として取り組んだ。なかでも「当時の花形はやはり、蜷川、郡の両氏[89]」であった。

郡は、大冊『物価指数論[90]』を著わす。本書は、「統計指数の概論」、「物価指数の本論」、「物価指数の余論」の三編に分たれ、本論ではさらに「理論的研究」、「實際的研究」との二部に分け論述を進める。理論的研究では、ピアソン、エッジワース、ミッチェル、マーシャルの物価指数を考察し、物価指数の目的と算式では、計算式にはフィッシャーの単数説(正しい式はただ一つしかない)とエッジワース、ミッチェルの複数説(目的別により数多くある)との両派を紹介する。最後の物価指数方法の詳論では、基本材料の獲得、調査すべき価格の種類、調査すべき物品数と種類、算式および秤量の問題、基準の問題、指数の公表といったような実践的な内容をとりあげる。つづく実際的研究では、まず物価指数の沿革をたどり、ついで諸外国の物価指数の近状を紹介し、最後に日本の物価指数の要覧を示すという壮大な体系である。

この郡の『物価指数論』に対して、猪間は「郡菊之助教授著『物価指数論』を評す[91]」を著わし、郡の書が、「我国に於ける最近の物価指数論の発達を殆ど顧慮してゐないのは、如何にも残念[92]」に思うとして、ついで本書中においても、フィッシャーの「所謂時期転逆試験、要素転逆試験の説明がしてあるが、その説明の下に（猪間学士前掲書□《ママ》頁）とある。之は私が嘗て経済学論集に載せた文章の引用で確かに書いたものだから仕方が無いと云はゞ云はれるが、これでは私がフィッシャーと同説としか見えない。単にフィッシャーの説を噛み砕いて説明したものを、私の説の様に引用されるのは甚だ心外で、而もそれが私の信服する説ならば兎も角も、要素転逆試験に関しては、私はフィッシャーの説を信ぜず、彼の独断にすぎないと、一の攻撃点としてゐるものである、斯うした引用方法は私にとつて不本意至極である」[93]と述べ、この点は郡の誤読によるものだと強く反発をし、同じ学者の「研究に十分なる注意を払ふ事無きは、我が学界の通弊であり、恨事で」[94]あると手厳しく反論をする。さらに郡の『物価指数論』をして、「各所調査の単なる報告記述を『物価指数論』の『研究』と呼ぶには賛意を表し難」[95]く、かつ本書「『物価指数論』の題名にふさわしき理論的基礎を此の書に求めることは、遂に出来ない」[96]と峻烈な言辞を送っている。だが以降、この問題に対する郡からの応酬はない。

（三）　対 蜷川虎三――統計学の学問的性質をめぐって

郡からの問いかけにはじまる。

統計学はいかなる性質の学問であるか。すなわち統計学の学問的性質をめぐっては、従来より意見がわかれ、論議が行なわれてきたところである。今、その見解を大別すれば、①実質社会科学説 ②普遍科学方法論説 ③社会科学方法論説、の三つにまとめられる。実質社会科学説とは、統計学の研究対象は、社会現象の量的側面である、とする見解である。普遍科学方法論説とは、統計学の研究対象は、自然現象、社会現象を問わず普遍的に応用される統計方法である、という見解である。社会科学方法論説とは、統計学は研究方法に属する学問で、しかも社会現象を測定するという特有の統計方法に関する学問である、という見解である。

「(大橋) 郡さんと蜷川さんが大きなけんかをされたことは論文にございますね……」
「柴田　蜷川君はけんかするだろうけれども、郡君は余りけんかする柄じゃないですから」
「(大橋) 郡さんが批判されていた。昭和の初めごろだったかな」
「(大橋) 昭和四年あたり。蜷川さんが船で向こうへ出かけるときですね。船の中で何か書いた論文だそうですから(パリで執筆)[97]」

ここで言われるところの大きな喧嘩が、統計学の学問的性質に関しての論戦であり、「論争として重要なのは、郡・蜷川論争[98]」であると有田正三は指摘をする。

以下、その論争の概要をみてみよう。郡は、論文「経済統計学の地位[99]」において、蜷川の論文「経済統計論の性質に関する一考察[100]」で展開された所説について質問を投げかける。すなわち蜷川は同稿で、統計学を大別して二つの知識として捉え、一は大量観察法(統計調査法)であり、いま一つは統計解析法であるという。大量観察法というのは「社会的に其の存在の規定せられた集団――筆者は特に之れを大量と名づけ集団の特殊のものと見る――に就いて、その集団の大さ、集団性の方向と其の強度とを明らかならしめる方法(傍点ママ)[101]」をいい、他方、統計解析法とは「蒐め得た統計を解剖分析して、大量の有つ安定的なる集団性及び其の安定的なる依存関係を求め[102]」ることであり、この両者を総称して統計方法と名づける。統計方法をこのように理解するならば、統計学は統計方法を研究対象とする学問であって、この限りにおいても「統計方法は、社会科学の領域に於てのみ意義を有するに過ぎぬものである(中略)。斯くの如く限定すると、統計学は、社会科学の領域にのみ存在する一個の学問として意義を有つことゝなる[103]」、との主張に対してである。

この蜷川の見解に対して郡は、論文の冒頭「統計学の各論の一たる経済統計学には二つの方面、即ち方法学としての方面と実在学又は実体学としての方面とがある[104]」とし、その所説を展開する。そこで蜷川説をつぎのように整理する。一つに「実体的研究としての経済統計学の研究対象は経済生活乃至は経済現象であり、斯かる研究対象は元来経済学の領域に属するものであるから、たとひ之を統計的に研究したる場合に於ても斯かる研究は経済学の一部と看られるべき[105]」である。二つに「現象の統計的研究の結果発見せらるゝ統計的法則（規則性や法則性）は一種経験的法則であり、之が研究は社会科学の研究の一過程であつて、その全きものではなく、斯かる法則を誘導するに止まる統計的研究は独立の科学たるを得ぬ[106]」という。三つに「経済現象の統計的研究が科学として存立し得ざるの故を以て、之を一個特別なる研究科目及び教授科目として組成することにも反対意見を表明（傍点ママ）[107]」する、の三点である。最後に郡は、蜷川の議論を「純然たるアカデミックのものであり、理論として強い代りに実際的要求を無視せる嫌ひがある[108]」とし、「従来統計学的に育くまれたる実体的智識の集団を故意に分裂して他の科学に配属せしめんとする如きは、マイヤの所謂認識論的なる強力沙汰 ein erkenntnis theoretischer Gewaltakt でなくて何であろう[109]」と強い口調で論評を加える。

この郡からの見解に対し、蜷川は郡批判をつぎの三点に集約し、異議を申し立てる。

（一）「統計学」の性質如何、しかしてまた、その統計学はいかなる内容と体系により、組織さるる学問であるか。（二）「方法学としての経済統計学」とは果していかなる学問であり、また、その「統計学」に対する関係、地位いかん。（三）「実在学としての経済統計学」とは果していかなる性質を有し、その方法学としての経済統計学といかなる関係、地位に立ち、いわゆる、「統計学」を成立せしむるものであるか[110]。

（一）について、蜷川は「不幸にして氏の見解を知る便宜を有たない。僅に、氏の右の論文に於て、経済統計学とは、統計学の各論的部門に属し、而して、『経済統計学』には、『方法学としての経済統計学』実在学としての『経済統計学』の存在することを知るにとゞまる。而して、統計学の総論的部門と云ふのは、而して、前者、即ち社会現象の全般に共通なる場合を採つて統計方法の研究を行ふことは明らかに統計学総論または原論の任務であるが（一般統計方法論）、各部門に特有なる統計方法を研究することは、統計学各論たる人口統計学、経済統計学、政治統計学、道徳統計学の任務でなければならぬ（特殊的方法論）[111]」という郡の説明により、蜷川は、大体、その見解を窺知できるという。そこでもし「統計学総論に於て『方法』のみが研究対象であれば、各論に於ては、当然に其の方法の特殊的規定が問題とさるべきは、論理の一貫を期する学問的要求でなければならない。併し此の点に就いては、郡氏の右の一個の論文に於ては必ずしも解決し得る処[112]」ではないので、蜷川の疑問にとどめるとし、「大胆に云ふことが許るされるならば、郡氏に於ては、此の点が必ずしも明瞭にされてゐるとは想像し難い[113]」と結ぶ。

(二)については、「『実質的科学としての統計学』の存在を否定する一つの理由として、統計的法則の性質から説明したことは事実である[114]」が、蜷川はこの問題を二つに分けて論じたつもりであるという。すなわち一点は、「統計的研究の目的とする所は、統計的法則の誘導であり、而して、統計的法則は大量の集団性の記載をその任務としてゐる。然るに、社会科学の目的とする所は、法則の発見[115]」にある、換言すれば、因果関係を見きわめることにある。郡氏は「全く此の点を誤解し混同されて批判されてゐる[116]」とし、二点目は、「社会科学の中にも此の様な大量の集団性の記載を目的とし、或はこれを以て満足する記載的社会科学があると云ふならあつてよい。……蓋し、かゝる科学を有機的に組織し、体系づける可能性が、社会現象の研究の性質及び統計的研究の本質から論理的に考へられない[117]」がために、郡のもつ誤解を解いてほしいと望む。

(三)については、郡は、蜷川が「統計的研究」を、「研究科目」あるいは「教科目」としての存在を否定してしまったように論じるが、それは蜷川の触れないところであって、「教科目」として統計的研究を一個の組織あるものとして教授することの可否は、全く、「問題外の問題である（中略）、私は、郡氏の云はれる様に、統計的研究の教科目としての存立の可能不可能を問題としなかつた[118]」のである、と結ぶ。

有田は蜷川理論について、「かくして統計調査法と統計解析法を統一的にとらえて統計方法とし、これを内容とする研究方法論としての統計学は社会科学の中に明確に位置づけられることとなった。吾が国において統計学はいまや『社会科学的に方向づけられた統計方法論』、『社会的形式学』として立現れることとなった[119]」と結論づける。

これらの論争に対し、今日的観点からの講評はというと「当時の蜷川統計学に対する批判点も、むしろ存在たる社会集団の方に向けられていて、それについては森田先生や米沢先生の批判もあったし、名古屋の郡菊之助氏も、自然集団を排除するのはおかしいじゃないかとかね[120]」との考えの一方で、「蜷川先生と郡先生の論争も、どこか、かみ合わないところがあったですね。論争というやつは、皆かみ合わないな（笑）[121]」という、冷めた意見もみられる。

郡は後年に至るも、軸足を社会科学におきつつ「統計的測定は、社会現象と自然現象（太陽の黒点や気象など）とのあいだについても行われることがあり、統計学は社会科学と自然科学との重要なる橋渡しの役目をつとめる[122]」と、普遍科学方法論説の立場にたっている。郡が最後の執筆書となった『基本統計学』においても、大戦前に「蜷川虎三氏（現京都府知事）と私との間に論争があったが、私は今日でも自説の正しさを信ずるもので[123]」あると語り、あるいは晩年の対談でも「わたしはそれでひきさがらないで、自分の見解を通しております[124]」と、持論を堅持している。

第五節　欧米留学と交通文化——研究と趣味の交織——

郡が、「私の性癖をトラベラアに仕上げてしまったのは、小樽高商に於ける三箇年の在学である[125]」と懐古するように、「旅と文筆」に魅せられたのは、高商時代にはじまる。何よりも初めての外地旅行となるのが、小樽高商三年生の時の樺太（現：サハリン）行きだった。ごく短期の旅であったが八月下旬に、小樽を発ち、大泊（コルサコフ）に上陸するまで約二〇時間を要した。樺太鉄道に乗り、中央原野の荒蕪な風情の中、豊原（ユジノ・サハリンスク）

に向かう。豊原から、当時、日本の最北端・栄浜（スタロドゥープスコエ）に入り、樺太犬の嘯を聞きつつ、秋月冴えるオホーツク海を前に、まったく沈痛な北国気分に浸たったのは、忘れがたい印象だったと語る。以上で終わるなら、たんなる旅行談であるが、続けて郡は、樺太の水産業、林業、鉱業開発の将来有望なることを説き、天賦の大富源をいたずらに寒冷と風物の荒廃にゆだねるべきでないとその感想を記す。高商三年生の紀行文にしては感性に満ちた観察力を示した。一九一〇年代から二〇年代にかけて、「自由な旅行が、この時期に大衆的規模で普及・定着していった。いわば近代的な旅行が大衆化に代表される現代的な形で実現[127]」しはじめる。郡の樺太行きも、ときの旅行ブームにすくなからずの影響を受けてのものだろう。一〇歳代後半の好奇心旺盛かつ多感な年頃である。

郡の研究上の主要担当科目は「統計学」とならんで、いま一つ「交通論[128]」がある。とりわけ交通論に関しては、学生時代の旅行好きが昂じて、本職の一端を担うようになる。講義の副産物として四冊の随筆的諸篇があるが、教科書や概論書に相当するような専門書ではない。しかし随感といえども、そこには鋭い社会分析観が貫かれている。最初の刊行となるのが『旅と交通[129]』で、前編「交通物語」と後編「欧米の旅」の二部から構成される。前編では、まず「東海道交通の今昔」が取り上げられ、東海道交通発達の概要と現在の交通文化の意義を説き、ついで都市の発生と交通、都市計画とは何か、鉄道とバス、橋梁の交通学、等々と一八篇からなる。後編は、一九三一年秋から三三年夏にかけての二年間、郡が欧米留学時の研鑽の合間に各国を周訪し、研究視察と文化習慣を探究した紀行文である[130]。この外遊は郡の人生にとって、最も思い出深い遍歴となったであろうことから、少し長くなるが詳しくみていきたい。時あたかも、郡が在外中、満州問題、上海問題、国際連盟問題など、日本国内では時代を画するような出来事が進行していた。

（二）アメリカ滞在記

三一年一〇月八日、横浜港から日本郵船・浅間丸（太平洋の女王との愛称を持つ豪華客船）にて出帆。一〇月二一日、サンフランシスコに到着、ここに約二週間滞在し、その間、スタンフォード大学のフード・リサーチ・インスチチュートを見学している。くわえて、桑港連合準備銀行[131]やその他二、三の調査機関を訪れている。一一月一一日、ロサンゼルスから大陸鉄道横断の途につく。グランド・キャニオンを経て、シカゴ着。「旅は数字で固くなつてゐる統計学子の頭をやはらげるにはよい機会[132]」と独り言。シカゴではシカゴ連合準備銀行やノースウエスターン大学を見学し、さらにはアメリカの保険会社では統計をどのように扱っているかについて興味を持ち、イリノイ生命保険会社を訪問、二台の集計機が稼働の様子を見学し、さすがは統計の国だけあってすこぶる効率的に統計が作成されている様子に感心する。二一日、シカゴからニューヨークへ向かう。ニューヨークには、主たる研究目的であった東部アメリカにおける実践的統計活動の実地調査と、あわせて交通学上の諸問題に対処するための文献や資料の収集に努めるべく、半年間ほどの滞在を予定した。まずニューヨーク大学にあるアメリカ統計学会の本部を訪ね、同年末にワシントンで開催される同学会年次総会への出席手続きと、郡が日本より持参した論稿「日本に於ける指数の概要」の発表予約とを行っている。

日本では、「統計学が経済学の一部分であるごとく論ぜられたり、統計学者は経済学者の風下に立たねばならないやうに取扱はれたりすることが多いやうであるが、米国では統計学者及び統計学者の団体が、此の国の社会科学者の活動のうちにあつて、明かに対等者たるの地位に於いて、他と連携しつゝ、ある事実を見聞し得たのは、最近に於ける愉快なる経験の一つだ[133]」と語る。

ここニューヨークは、「米国実業界の重点であり、世界経済界の中心[134]」であるから、有力な民間統計調査機関が翕然として集積していると述べる。なかでも、全国産業協議会（National Industrial Conference Board、NICB）[135]がとくに本格的かつ広範な機関として知られており、ついで標準統計会社（Standard Statistics Company）は、もっぱら産業統計の蒐集、編纂、発表を目的とし、日報、週報、月報を発表している。景気予測機関としては、ブルックマイアー経済サービス社（Brookmire Economic Service）が有名で一般景気予測の外には、商品、金融、製造業、公債、株式などの個別的研究を行い、とくに一般景気の予測にあたってはハーバード法の先行だといわれる三要素比較法ではなしに、主要な生産および分配現象から構成したブルックマイアー景気指数を中心に発表している。またバブソン統計社（Babson's Statistical Organization）は、有価証券、労働事情、商品の市価および売買等の情報や予見を行い、とくに一般景気の予測は二〇年以上の歴史をもつ。ムーディーズ・インベスターズ・サービス社（Moody's Investors Service）は投資家の相談機関として有力であり、有価証券を調査分類して行う格付けは貴重視されている。他に、ブラッドストリート社（Bradstreet）やダン社（Dun）社およびニューヨーク・タイムズ社（The New York Times）がある。これら三社は、景気予報が主業務ではなく、経済界の動向を忠実に叙述報道することを任務とする。日本における東洋経済新報社やダイヤモンド社を想定すればよい。その他に、米国電話電信会社（American Telephone & Telegraph Co.）、ニューヨーク連合準備銀行（Federal Reserve Bank of New York）等では統計調査機関を付置している。郡は滞在中にこれらすべての機関を訪れている。上記は、いずれもニューヨークにおける民間実業統計調査機関であるが、他に統計学者の連合調査機関として、全米経済研究所（National Bureau of Economic Research）があり、そこでは多岐にわたる研究成果が公表され、米国の景気動向の転換点を判定する組織ともなっている。

郡のアメリカ統計学界観として、「米国の統計学者は実証を主とし、理論を従とする。換言すれば計算なくして統計学なしとする風潮が著しい。だから大学で統計理論を講ずる学者もその実践として必ず計算機を介した研究を行うてゐる。統計方法の説明に千万言を費しながら、平均値一つさへ実際に算定して見たことのない学者の多い欧大陸の統計学界などとは非常の相違である。特に『街頭の統計学者』になると、計算の間に真理を見いだすことを生命とする。（中略）斯かる方面に米国統計学者の真面目がある[136]」、と米欧の統計学者の相違を報ずる。郡が滞米中、アーヴィング・フイッシャー（Irving Fisher, 1867-1947）は三二年度アメリカ統計学会二七代会長に就任、目下『指数辞典』を執筆中と聞く。

日本の金輸出再禁止（三一年）以来、郡の滞米中に「対米為替が暴落して私の祖国出発当時には四十九弗台であったものが昨今は三十一弗台にまで食ひ入り、或は近いうちに三十弗を割りやしないかとさへ思はれる[137]」と、悩みのほどを訴える。それ以上にもっと不愉快なことがあるという。それは「日支紛争に伴ふ米国人の対日感情の硬化[138]」である。当初、問題が「満州だけに止まつてゐた間は、米人は日本に対して割合によき理解を示し、当市のリーディング・ニュースペーパーであるニューヨーク・タイムスでさへ、屡々日本の特殊地位を論ずる記事を出して読者に訴へてゐましたが、上海事件の起るに及んで、支那に対する同情が俄かに高まり、……今のところ日本は全く世界の憎まれものと云ふかたち[139]」になったことである。「電車に、街頭に、日本人に対して白人の投ぐる視線のうちには、今や尊敬を変じたる侮蔑の意味合ひなしと誰が否定[140]」しようぞと、強い訴求力でもって当地での実体験を語る。

(二) ヨーロッパ滞在記

ロンドンでは、文部省在外研究員として渡英していた水谷一雄（神戸商大）と邂逅する。彼とともにロンドン大学の統計学図書室を訪れたり、ボーレー教授（Arthur Lyon Bowley, 1869-1957）と面会をしている。イギリスはいうまでもなく「統計学の一発祥地であるが、自然科学に於ける統計的研究はむしろ地方の都市例へばケムブリッジの如き大学都市に醞成せられたに反し、政治社会及び経済方面の統計は明かに倫敦市がその最も重要なる発育地となつてゐる。これは倫敦が英国に於ける政治及び実業生活の二重の中心であることの当然の結果[141]」であると語り、つづけてロンドンが英国統計事業の中心点であるということには、今ひとつの重要な意義が付帯しているとして、それは「英本国（ユーナイテッド・キングダム―この場合にはアイルランド自由国も含む）の統計中心点であるほかに、一層大きく大英帝国（ブリチシュ・エムパイア―これは英本国及び南亜、豪州、カナダ、英領印度等の総合観念）の統計中心点である」[142]と補足する。さらに時間を見つけては、経済統計の編纂に長い歴史と重要な功績を持つエコノミスト社（The Economist）やスタチスト社（The Statist）、タイムス社（The Times）を訪ねたりしている。また王立統計学会（Royal Statistical Society）を訪れ会員名簿や文献目録を入手している。

パリに滞在中、郡は、仏国社会経済学協会（La société d'économie sociale）の建立になるル・プレー（Pierre Guillaume Frédéric Le Play, 1806-82）の銅像をリュクサンブール公園内に見つけ非常に欣喜している。というのは郡が、二六年に『統計集誌』[143]上で、ル・プレーに関する業績の紹介を行っていたからである。フランス統計学協会（Institut de statistique）はパリ大学内に所在する。さらに、中央統計官庁であるフランス統計院（Statistique générales de la France）も訪ねるが、同統計院の刊行物は同院では購入できず、別途、委託販売所まで足を運ばなければならないとその不便さを訴える。

ベルリンではもっぱら、統計学の文献を漁り歩いた。ジュースミルヒ（Johann Peter Süßmilch, 1707-1767）の『神の秩序』（*Die Göttliche Ordnung in den Veränderungen des menschlichen Geschlechts*, 1761）を三巻そろえて八七・五マルクで入手、またドロービッシュ（Moritz Wilhelm Drobish, 1802-1896）の『道徳統計論』（*Die moralische Statistik und die menschliche Willensfreiheit*, 1867）、マイヤーの『社会生活に於ける合法則性』（*Die Gesetzmäßigkeit im Gesellschaftsleben*, 1877）、エンゲル（Ernst Engel, 1821-1915）の『産業アンケート論』（*Die industrielle Enquête und die Gewerbezählung im Deutschen Reiche und im Preußischen Staate am Ende des Jahres*, 1875）、ワグナー（Adolph Heinrich Gotthilf Wagner, 1835-1917）の『物価統計論』、ワッポイス（Johann Eduard Wappäus, 1812-1879）の『平均寿命論』（*Ueber den Begriff und die statistische Bedeutung der mittleren Lebensdauer*, 1860）など一〇余冊を購入し、さらに店主がこれは容易に得がたいものだと出してくれたウイリアム・ペティ（Sir William Petty, 1623-1687）の『政治算術』（*Political Arithmetic*, 1690）は、郡が長年探していた稀覯書でもあり食指が動いたが、小型本で僅々一七〇頁なのに一一五マルクという売価にさすがの郡も「貧学徒のかなしさしばし頁を繰って見るのみ」[144]にとどめている。あわせてプロシア統計院（Preussischen Statistischen Reichesamt）や国立景気研究所（Institute der Konjunktur Forschung）を訪問している。

ドイツでは「今や、首領ヒットラーが獅子吼十余年の情熱むくいられて、国民社会党独裁の天下となり、対内政治にも対外々交にも、強力独逸を建設するための非常なる局面展開が演じられやう」[145]としていた時期であった。郡は「ヒットラーの率ゆる独逸復興運動に伴ひ愈々強く呼ばれて来た『ドイチュランド・ウィーバ・アレス』（独逸よすべての上に）の歌の心が、文化的なる意味である限りに於て、この国の将来に幸あれかしと祈りませう（傍点：引用者）」[146]と、限定付きながら声援を送る。四月二〇日のことだった。たまたまこの日は、ヒットラー四四歳の誕生日でもあった。

三三年六月八日、マルセイユから日本郵船・照國丸（欧州航路の貨客船、三九年一一月、ロンドン・テムズ川河口で機雷にふれ沈没）に乗船し、帰国の途につく。スエズ運河をぬけ、コロンボ、シンガポール、香港を経て、七月九日関門海峡を過ぎ、一〇日神戸港に接岸、一か月あまりの船旅を終え、帰朝となる。

（三）　旅と交通

郡が旅行関係の著書の二冊目となるのが、『日本交通風土記』[147]で、前編は「交通と行脚」、後編は「日本の旅」からなる、五〇〇余頁の大冊である。引用者が古書店で購入した本書の表紙見返しに

房州　小湊にて

鯛も出て歩めや月の誕生寺

郡　鯛歩

の一句が墨書されており、本書は知人への献呈本と思われる。本句は、日蓮生誕の地と伝わる千葉・誕生寺の前庭に面する鯛の浦の特別天然記念物のタイが、明るく冴える十四夜の月下に群れ泳ぐ姿に魅せられて詠まれたものであろう。(148) 郡の俳号・鯛歩《ちょうほ》は、この情景に由来する。

交通関係の三冊目の著書は、『趣味の交通学(149)』である。主な内容は、口絵「日本交通風俗」が『駅逓志稿(150)』から転載され、序編「趣味の交通発達史文献」、本編「交通原理の諸問題」、終編「交通界の偉人伝」および附録「欧米交通画報」から構成される。『交通文化論(151)』は四冊目の書となり、「旅を好むは著者の宿痾的性格である。而して旅と交通は離れがたき交通文化の両面でもある(152)」との序ではじまり、「交通と世界文化」、「都市文化と交通」など四編と附録二編「著者の外地紀行」、「外人の日本印象記」がおさめられる。

第六節　「世界暦」の勧推

郡が長年にわたって提唱してきたテーマの一つに、「世界暦」(改正暦(153))の問題がある。世界暦の提起の提起とは、「欧米の先進国や日本に於いて使用せられてゐる太陽暦の欠点を除去し、之を合理化せんとする運動(154)」である。二〇世紀に入ると、急速に発展した産業社会や自然科学の進歩に、従来のグレゴリオ暦(Gregorian calendar)では、各月の日数が二八～三一日と一定せず、さらには日付と曜日が毎年変化するなど対応しきれなくなり、一九世紀半ばから一九三〇年代にかけて幾つかの暦法が提案されてきた。

近代において改正暦の問題をいち早く取り上げたのは、国際商業会議所（The International Chamber of Commerce, ICC）であり、同会議所ではすでに一九二一年の国際会議において、改正暦委員会を設立し報告書を出している。ついで国際連盟（The League of Nations）でもとくに「通信・交通特別委員会」（The Communications and Transit Commitee）を組織し、同委員会に改暦問題特別委員会を設け、各国政府や国際機関・団体に対し改暦問題に関する意見書を求めた。世界暦の推進者はアメリカの富豪エリザベス・アカエリス（Elisabeth Achelis, 1880-1973）で、三〇年、彼女はアメリカに本拠を置く「世界暦協会」（The World Calendar Association, TWCA）を設立している。郡が、世界暦なることばに初めて接したのは、三二年の夏、ロンドンで開催された国際商業教育会議への出席時である。

三一年の国際連盟の特別委員会に世界各国から寄せられた改正暦の試案は、三〇数か国から一八五点に上った。そこで、同委員会では選考の結果

【第一種】Ａ案：
①一年は一二か月　②四季の日数を均等にし、各季は三〇日の月二か月、三一日の月一か月とする　③平年は四季の中の一に一日の追加日を加え、閏年にはさらに一日を加え、いずれも週日に加える。

【第二種】Ｂ案（恒久暦）：（図5―3）
①一年は一二か月　②四季の日数を均等にし、各季は三一・三〇・三〇日の三か月とする　③一二月三〇日の次に一日をつけ加え週外日とし「世界日」と呼ぶ、閏年には六月三〇日の次にも一日をつけ加える　④各季は日曜日からはじまり、土曜日で終わる。

A Perpetual Calendar.

JAN./APR./JUL./OCT.						
S.	**M.**	**TU.**	**W.**	**TH.**	**F.**	**ST.**
1	2	3	4	5	6	7
8	9	10	11	12	13	14
15	16	17	18	19	20	21
22	23	24	25	26	27	28
29	30	31				

FEB./MAY./AUG./NOV.						
S.	**M.**	**TU.**	**W.**	**TH.**	**F.**	**ST.**
			1	2	3	4
5	6	7	8	9	10	11
12	13	14	15	16	17	18
19	20	21	22	23	24	25
26	27	28	29	30		

MAR./JUN./SEP./DEC.						
S.	**M.**	**TU.**	**W.**	**TH.**	**F.**	**ST.**
					1	2
3	4	5	6	7	8	9
10	11	12	13	14	15	16
17	18	19	20	21	22	23
24	25	26	27	28	29	30

図 5-3　世界暦のカレンダー（恒久暦案）

C案（二八日、一三か月）：

①一年を一三か月、一か月を二八日とする　②各月は日曜日から始まり土曜日で終わる　③余分の一日は一三月の終わりに付ける。

の三案に絞られた[155]。

A案は、現行グレゴリオ暦を微調整したもので、円滑な移行が可能であったが、その効果が限られており、賛同の得るところではなかった。郡も、グレゴリオ暦の不便さを「現行の太陽暦は古い由来を経て使用せられてきたものであるが、それは現代人の生活に取つて決して完全無欠のものではない[156]」と訴え、第二種B案、すなわち恒久暦案に「世界暦として最もプラクチカブルである[157]」との賛成的見解を示している。

宗教界からは「伝統と保守とを旨とする宗教界に於いては、（中略）直ちに『否』の回答が与へられるであらうと思はれやう[158]」が、事実は「その反対であつて、欧米では改正暦の熱心なる運動者のうちには、宗教界に席を有する人々が多数なので[159]」あるといい、さらにこれに伴って復活祭の日付けを固定し、祭日の一定化を図ろうというのである[160]。また、科学界の代表意見の一つとして、カーネギー財団（Carnegie Corporation）地球磁力研究所のフレーミング（J.A.Fleming）所長からも改正一二か月暦への賛意が表明されている。郡は、この表明にたいして「社会現象の統計比較にも強く妥当するものである[161]」と統計学者としての見解を示す。

残る第二種C案は、ジョージ・イーストマン（George Eastman, 1854-1932：イーストマン・コダック社の創業者）が、国際固定暦連盟（The International Fixed Calendar League）を結成し、C案を熱心に支持しており、事実、一九二八年から八九年までコダック社は同暦を公式の暦として採用していた。

帰朝後も郡は、「世界暦協会」から送られてくる雑誌や論文を参考にして、機会を捉えては、「世界暦」の提唱を行いその推奨を試みるのであった。ある意味において、世界暦への統一は統計的比較との関連において、重要な関係に立つという、数理的合理性を追求する郡の姿勢の表われがここにも見られる。[162]

その後、世界暦協会は、一月一日が日曜日にはじまる一九六一年をもって世界暦に改暦するようキャンペーンを続け、カトリック教会（バチカン）の公認を得たり、国際連合への要請をした結果、五五年四月、ついに国連理事会で「改暦」が提案される運びとなった。ところが、加盟八〇か国のうち回答を寄せたのは三〇か国と大方の賛同を得るに至らず、議題は無期延期となってしまった。それをきっかけに世界暦改暦運動は下火になり、さらにアカエリス会長の引退によって世界暦協会も消滅し、世界暦は表舞台から消えることになった。ただし、二〇一七年現在、国際世界暦協会（The World Calendar Association - International）という名称の団体が、ウェブ上で世界暦改暦運動をアピールしている。[163]

第七節　文藻の世界に遊ぶ

郡は専門の研究活動に止まらず、他の領域においてもきわめて多方面、多才な成果を残している。たとえば、私家版「アヴォケーション叢書」全五集[164]の発行などはその好例であろう。同叢書は、一九三一年から三八年にかけて印刷され、同好の士などに頒布された。

第一集『経済俚諺しらべ』は、日本の経済関連のことわざを中心に、「経済俚諺はとりも直さず民間経済思想の表現なのであるから、かう云ふ俚諺を蒐集、分類、解説して、その特色を明かならしめることにより、少しでも学俗一致の仕事に参加しやうという微意[165]」から編纂されたものである。内容は「俚諺の特質」にはじまり、「貧富」、「衣食住」、「節約、貯蓄および実利」、「欲望、生計および知足」に関することわざ等々と続き、最後の「俚諺の効用」まで、全一二章からなる、今でも通用する至言が多く味わえる。

第二集『東海道交通の今昔[166]』は、郡が、名古屋高商で講義をする「交通論」の副産物として編まれたもので、東海道交通発達の概要を、とくに交通学の観点から叙述したものである。主な内容は表題どおり「東海道交通の今昔」を中心に展開され、そこでは徳川時代の東海道交通制度、鉄道建設の白熱化など一六項目からなる。他に附録二編がつく。

第三集『旅の句集[167]』は、郡の俳号「鯛歩」名で編まれたもので、郡が旅の句吟は「俳文中に点綴する意図で詠まれたものが多いのであつて、いま句だけを選んで並べるのは何だかつまのない刺身を味つていたゞく（傍点ママ）[168]」ようだが、旅の雰囲気がこれらの句によって少しでも髣髴されれば満足だという。同句集は、全国一四地方と朝鮮、台湾で詠まれた句と附録三篇からなる。ただし、本書に東北日本に関わる句がないのは、同地方を旅行した時には郡にはまだ苦吟の素養がなかったからであると弁明をする。

第四集『欧米吟行[169]』は、

さみしうてやがて嬉しき旅路かな　（国を出る時）

にはじまり、

旅衣脱ぎすてて今子らと居り　（帰朝して）

に終わる吟句で、表題どおり、郡が欧米留学への出帆から帰国時までに咏まれた句、およそ百句が集録されている。第五集『鯛歩吟集』[170]は、俳句こそは、「日本が世界に誇るべき文化的所産であり、民族的芸術である」[171]と語る郡が、ここ数年間（三八年現在）の吟句六十余を集めて上梓した小冊子である。

これら「叢書」はいずれも、郡が三〇歳代後半から四〇歳代にかけて、人生でいちばんの活動期に研究の合間を縫って世に問うたものである。

厳密な意味での専門書ではないが、「研究と趣味との交響楽的文藻を以て、学者や実際家への話材を提供し、依て著者の想念する『統計時代』への伴奏的役割を務めしめん」[172]との意図から著されたのが、『統計余談』[173]である。本書は大別して三つの編から構成される。第一編「欧米に於ける統計巡歴」は、一九三一年の秋から三三年の夏にかけての欧米留学記であり、『統計集誌』[174]に寄稿された文篇の再集成である。別著『旅と交通』[175]の後篇「欧米の旅」とならんで海外留学土産話ともいうべき内容である。第二編は、別節で紹介した「改正暦の問題」を取り上げる。第三編「経済俚諺しらべ」では、ことわざは一見統計と関係がないように見えるが、「数」がことわざにおいていかに扱われているかを探求する。本編は先の『経済俚諺しらべ』[176]に、「西洋の経済俚諺」を附録として追加し再録されたものである。

おわりに

一九五一年九月、「教職不適格者としての指定が解除[177]」され、「教職適格と確認[178]」される。郡はすでに五〇歳代半ばに達していた。学者として、人間として、もっとも充実した時期になるはずだった五年間を不遇なままに空費してしまった。[179]その間、収入の道も途絶えた。[180]糅てて加えて、不適格「解除」を受けたものの、帰るべき職場、すなわち名古屋高商（名古屋経専）は、五一年三月に最後の卒業式を挙行し廃校となり、復職は叶わなかった。郡にとっては、重ねがさねの不運であった。さらには、東京商大時代の同門生だった柴田や水谷が、四六年「勲三等瑞宝章[181]」を授与されている。さぞかし口惜しい思いであったろう。

五一年一一月、愛知大学の創設に与って力があった本間喜一の紹介を受け、同大学法経学部教授に就任、統計学および商業学を担当する。新天地・愛知大学に着任後も研究意欲は衰えなかったが、単行本が二冊、論文・随想などが十数点と戦前の活躍期に比していささか寂しい。空白期の大きな痛手が響いたのであろう。

八二年三月、愛知大学を退職。名誉教授となる。

八七年二月二四日、永眠。菩提寺は西山浄土宗・法應寺（名古屋市千種区）。戒名は「菊翁院説学教念居士」とある。

郡もまた、時代の犠牲者であった。というべきか。

敗戦のなやみは深し裁く身も　裁かれる身も互いに友なり

追放の憂き身にあいし身なれば　人のなさけの奥ぞ知らるる

郡　菊之助(182)

注

（1）森田優三は、この時期を称して「大正10年前後は日本の近代統計学の『あけぼのの時代』であった」と呼ぶ（「戦前の日本統計学会」『日本統計学会誌』一二巻一号、一九八二年、八五頁）。

（2）小樽高商の卒業論文は、大西豬之介の指導を受け、貿易と国際収支の関係を「国際貸借と貿易」としてまとめている（「郡菊之助」『日本における統計学の発展』四一巻、一九七七年、二二頁）。本巻は当初、経済統計研究会（現：経済統計学会）関西支部の会員を中心に、戦前・戦後期に活躍された統計学者についての史的記録を残そうと企画されたものであり、郡がその一番手に選ばれた。一九七七年六月一一日、郡が所属する愛知大学名古屋校舎を会場に、大橋隆憲（日本福祉大学）、三潴信邦（筑波大学）、松村一隆（愛知大学）、藪内武司（岐阜経済大学）および経統研関西支部の若手会員数名が聞き手となった（所属は当時）。その後八〇年から八二年にかけて、西平重喜（統計数理研究所）が代表となり、科学研究費補助金総合研究が発足、『日本における統計学の発展』シリーズ（全五四巻＋別巻一冊）が刊行された。郡の聞き書きは同総合研究からの要請を受け、そのうちの一冊に組み込まれた。郡の八〇歳の年にあたる。

（3）社長の内田信也は当時、山下亀三郎、勝田銀次郎と並ぶ「三大船成金」の一人。

（4）大正後期から昭和初期にかけて、大阪市が「大大阪」と呼ばれていた時代があった。関一大阪市長のもと、第二次市域拡張、御堂筋の拡幅、市営バスの開始、地下鉄の建設、大阪商科大学の開設などさまざまな都市公共政策が実施された。郡の大阪市出張もこれら都市計画の実地見聞にあった。郡は仮寓を「芦屋」においたと語る（郡菊之助『日本交通風土記』千倉書房、一九三七年、三八七頁）。

（5）柴田は大学（神戸商大）に在職したので、助手（家本秀太郎）が付けられた。（「柴田銀治郎」『日本における統計学の発展』四〇巻、一九七七年、二三頁）。本巻の聞き手は大橋隆憲であるが、校閲者・野村良樹となっているのは、テープ起こしが野村であったことによる。

（6）一九二六年、名古屋高商に「産業調査室」が設置され、ハーバード大学の経営分析手法を参考に紡績企業の調査報告書を出したり、「名高商生産指数」と呼ばれた日本の全生産物を網羅した指数を発表している。調査主任・赤松要のもと、郡、宮田喜代蔵、酒井正兵衛、小出保治などが参加した。同調査室での研究成果の一端を郡が代表となって国際統計協会会議に提出された。

(7) 蜷川虎三、財部静治、中川友長、中山伊知郎、宗藤圭三、藤本幸太郎、小林　新、郡菊之助、有澤廣巳、水谷一雄、汐見三郎、柴田銀治郎、森田優三の一三名が発起人となり創立され、そのほとんどが社会科学畑の人たちで、大半が三〇歳代であった。また設立時の総会員は一一七名で、現在（二〇一七年六月）では、総計一四七七名まで膨らむが、その多くは自然科学系である。

(8) ASAは、一八三九年一一月、ボストンで創設された統計学に関する学術・教育団体であり、今日、アメリカとカナダを中心として一万八〇〇〇名の会員を有する。

(9) 一八九八年六月、時期は異なるが福田徳三も同会議（於：ベネチア）に参加している（一橋大学ホームページ：福田徳三研究会・福田徳三略年譜）。

(10) 名古屋大学大学文書資料室「旧職員履歴書綴」〈公文書〉（同大学文書資料室に保存されている「公文書」には、それぞれの事項が日付順に簡潔に記録されているだけで、その理由などは一切記載されていない）。

(11) 「第一一条　官吏左ノ各号ノ一ニ該当スルトキハ休職ヲ命スルコトヲ得」

一　懲戒令ノ規定ニ依リ懲戒委員会ノ審査ニ付セラレタルトキ

(12) 「教職員の除去、就職禁止及復職等に関する政令」（昭和二二年政令第六二号）。

第三条　教職に関する覚書に掲げる職業軍人、著名な軍国主義者若しくは極端な国家主義者又は連合軍の日本占領の目的及び政策に対する著名な反対者に該当する者としての指定を受けた者（以下教職不適格者という）が教職に在るときは、これを教職から去らしめるものとする。

二　教職不適格者は、あらたに教職に就くことができない。

(13) 『名大五十年史』「通史一」の、「学校別教員適格審査数および判定結果調」（昭和二四年四月現在）、名古屋経済専門学校の欄においては、審査終了・三七人、判定適格・三四人／不適格・三人、とのみあるだけである（名古屋大学史編集委員会『名古屋大学五十年史』通史一、名古屋大学、一九九五年、七〇八～七〇九頁）。一方、「部局史一」においては、二名の教員の実名と担当科目があげられ、不適格「判定理由」が示されているが、郡の名は見当たらない（部局史一、名古屋大学、一九八九年、四三五～四三六頁）。

(14) 郡菊之助『戦争と人口問題』同文館、一九四一年。

(15) 占領史研究会『増補改訂・GHQに没収された本』〈総目録〉、サワズ&出版、二〇〇五年、一三三頁。
(16) 防衛大学校総合情報図書館『図書館だより』Vol. 25 No. 2、二〇一一年。
(17) 分野ごとの分類基準は、同図書館の判断による。
(18) 小樽高等商業学校経済研究所「戦争と統計学」『商学討究』(戦争と経済)第一六巻特輯、一九四一年。
(19) 藤本博士還暦祝賀論文集刊行会編「戦争統計学の課題」『藤本博士還暦祝賀論文集』日本評論社、一九四四年。
(20) 郡菊之助『戦争と人口問題』(ちなみに翌四二年、本書と同名の『戦争と人口問題』が国策研究所から国策研究所調査部編で出版され、同書も『増補改訂・GHQに没収された本』に掲載されている)。
(21) 高島佐一郎博士記念論文集編纂委員会編『戦争経済と戦力増強』千倉書房、一九四五年。
(22)「戦争と統計学」『商学討究』(戦争と経済)第一六巻特輯、一九四一年、一二五頁。
(23) 同上誌、一二五~一二六頁。
(24) 同上誌、一二六頁。
(25) 藤本博士還暦祝賀論文集刊行会編、前掲書。
(26) 同上書、四八七頁。
(27) 郡菊之助『戦争と人口問題』、序一頁。
(28) 同上書、序一頁。
(29) 本章は、一九三九年一〇月二〇日、JOCK局から、婦人の時間に放送された。
(30) 前掲書、一二一頁。
(31) 本章は、一九三七年八月一三日、JOCK局から、放送された。
(32) 前掲書、一三九頁。
(33) 同上書、一四八頁。
(34) 本章は、一九四一年七月七日、支那事変満四周年記念日に記された
(35) 前掲書、一五四頁。
(36) 同上書、一五六~一五七頁。

(37) 同上書、二〇九〜二一〇頁
(38) 同上書、二一七頁
(39) 同上書、二一八頁
(40) 郡菊之助「我国第一回国勢調査に現はれたる体性の観察（一）」『統計学雑誌』四二二号、二〇八〜二一一頁、一九二一年。
(41) 郡菊之助「我国第一回国勢調査に現はれたる体性の観察（二）」『統計学雑誌』四二三号、二六四〜二六九頁、一九二一年。
(42) たとえば、名古屋高商の紀要『商業経済論叢』（一九二三〜五一）への掲載数でも三九本と投稿者中二番目に多い。
(43) 郡菊之助『統計学講義』同文館、一九二六年
(44) 同上書、序言、一頁。
(45) 同上書、一五二頁。
(46) 同上書、二三六頁。
(47) 同上書、二三六頁。
(48) 郡菊之助『統計学研究』同文館、一九三〇年。
(49) 郡菊之助『統計学論考』（統計学研究一）、同文館、一九三八年。
(50) 郡菊之助『人口と消費法則』（統計学研究二）、同文館、一九三八年。
(51) 郡菊之助『統計学大意』同文館、一九三九年。
(52) 郡菊之助『物価指数論』同文館、一九二八年。
(53) 郡菊之助『景気指数論』巖松堂、一九三六年。
(54) 郡菊之助『経営統計』（実務統計学講座七）、叢文閣、一九三五年。
(55) 同上書、「序に代へて」、一頁。
(56) 郡菊之助『工場経営統計』（工業経営全書一六）、千倉書房、一九三七年。
(57) 郡菊之助『経営統計の研究』千倉書房、一九四〇年。
(58) 郡菊之助『統計学発達史』巖松堂、一九三九年。
(59) 同上書、「序」、一頁。

(60) Chaddock R.E.; edited by Kori, *Selected readings in statistics*, Hirano Shoten, 1938。

(61) 郡菊之助『経済統計学入門』(統計学文庫五巻)、第一出版、一九四八年。ただし、本書末尾に「昭和十七年十二月上旬稿」と記載されていることから、本書の主要部分は戦時中の執筆になるものと思われる。一方、本書の表紙には、著者名として「商学士郡菊之助著」とのみ記載されるだけで所属は省かれている。同時期の「会員名簿」『日本統計学会会報』(一九四九年度版〈五〇年三月刊〉、五〇年度版〈五一年一一月刊〉)についても、郡の所属欄は空白となっているが、五一年度版〈五二年一一刊〉から、愛知大学所属となる。

(62) 引用者(藪内)は当初、この「日本統計学の構想」のタイトルを見たとき、難波田春夫らに代表される「日本経済学」ないしは「皇国経済学」の「統計学」版を、郡が構案しているのかと一瞬、早合点をした。が、事実はそうではなく、統計の素材を日本に求め、日本固有の統計像を描きだそうというのである。少々ニュアンスが異なるが、今日、刊行されている『統計で見る日本』(日本統計協会)や『日本国勢図会』(矢野恒太記念会)などを想定すればいいだろう。初出は、「日本統計学の構想」『統計学雑誌』六六八号、一九四二年。

(63) 同上書、一七七〜一七八頁。

(64) 同上書、一七八頁。

(65) 郡菊之助『統計方法論』峯書房、一九五八年。

(66) 郡菊之助『基本統計学』峯書房、一九七〇年。

(67) 同上書、「序文」。

(68) 同上書、「序文」。

(69) 同上書、五八頁。

(70) 「柴田銀治郎」『日本における統計学の発展』四〇巻、一九七七年、二三頁。

(71) 猪間驥一『経済図表の見方画き方使ひ方』東洋経済新報社、一九二六年。

(72) 郡菊之助「統計図法の統一に就いて――猪間驥一氏著『経済図表の見方画き方使ひ方』を読む――」『統計集誌』五四一号、一九二五年八月号、九〜一〇頁。

(73) 同上誌、一〇頁。

(74) 猪間驥一、「統計図表」『前掲書』、二二一～一九一頁。
(75) 郡菊之助「統計図法の統一に就いて――猪間驥一氏著『経済図表の見方画き方使ひ方』を読む――」『統計集誌』五四一号、一九二五年八月号、一二頁。
(76) 同上誌、一二頁。
(77) 猪間驥一「統計図表の分類に就いて――郡菊之助教授の拙著批判に答ふ」『統計集誌』五四二号、一九二六年、一一頁。
(78) 同上誌、一一～一二頁。
(79) 同上誌、一四頁。
(80) 同上誌、一四頁。
(81) 郡菊之助『統計集誌』五四一号、一一頁。猪間は、東京帝国大学経済学部で糸井靖之から教えを受け、統計学の道に進む。一九二四年四月経済学部講師となり、統計学を担当する。ところが同年六月、有澤廣巳が助教授に就任、統計学を担当し、猪間は東大を追放される（この間の事情は、和田みき子『猪間驥一評伝――日本人口問題研究の知られざるパイオニア――』、二〇一三年、原人舎に詳しい）。
(82) 同上誌、一一頁。
(83) 田村市郎「統計的系列の類型に就いて」『商学評論』（関西学院高等商業学部）、五巻三号、一九二六年。
(84) 猪間驥一「本書の批評に対する答弁」『経済図表の見方画き方使ひ方』東洋経済新報社、一九二八年、再版序三一頁。
(85) 猪間驥一『経済図表の見方画き方使ひ方』東洋経済新報社、一九二六年、五二一～五三頁。
(86) 前掲誌、一四頁。
(87) 猪間驥一「郡教授の批評と之に対する答弁」『経済図表の見方画き方使ひ方』改定増補版、一九二八年、一六頁。
(88) 森田優三『統計遍歴私記』日本評論社、一九八〇年、三二～三三頁。
(89) 上掲書、三三頁。
(90) 郡菊之助『物価指数論』同文館、一九二八年。
(91) 猪間驥一「郡菊之助教授著『物価指数論』を評す」『経済研究』第五巻第三号、一九二八年、一三八頁。
(92) 同上誌、一三八頁。

(93) 同上誌、一三八頁（文中、□内には、「猪間驥一「物価指数の理論及実際――Fisher 教授著“Making of Index Numbers”の紹介、批評並に我国に於ける物価指数調査の実状――」『経済学論集』二巻三号、一九二四年」が入る）。
(94) 同上誌、一三九頁。
(95) 同上誌、一三二頁。
(96) 同上誌、一四〇頁。
(97) 「柴田銀治郎」『日本における統計学の発展』四〇巻、一九七七年、三五頁。
(98) 有田正三「統計学の学問的性質への一つの歴史的接近」『彦根論叢』五八号、一九五九年、二六頁。
(99) 郡菊之助「経済統計学の地位（経済学と統計学との境）」『商業経済論叢』七巻上、一九三〇年。『統計学研究』、同文館、所収、一九三〇年。
(100) 蜷川虎三「経済統計論の性質に関する一考察」『経済論叢』（田島錦治博士還暦祝賀記念論文集）、二五巻四号、一九二七年。『統計学研究Ⅰ』岩波書店、所収、一九三一年。蜷川は本稿を執筆して、欧州留学の途に就く。
(101) 同上誌、一五五頁。
(102) 同上誌、一六一頁。
(103) 同上誌、一六二頁。
(104) 郡菊之助、上掲誌、七二頁。
(105) 同上誌、八八頁。
(106) 同上誌、九〇頁。
(107) 同上誌、九〇頁。
(108) 同上誌、九二頁。
(109) 同上誌、九二頁。
(110) 蜷川虎三「所謂『統計学に就いて』――郡菊之助氏に答ふ」『経済論叢』三〇巻五号、一九三〇年、一〇二頁。『統計学研究Ⅰ』岩波書店、所収、一九三一年。蜷川のこの反駁は、一九二九年一〇月、パリで書かれている。
(111) 同上誌、一〇二頁。

(112) 同上誌、一〇二～一〇三頁。
(113) 同上誌、一〇三頁。
(114) 同上誌、一〇九頁。
(115) 同上誌、一一〇頁。
(116) 同上誌、一一〇頁。
(117) 同上誌、一一〇頁。
(118) 同上誌、一一二頁。
(119) 有田正三、前掲誌、二三頁。
(120) 「内海庫一郎」『日本における統計学の発展』五四巻、一九八二年、八〇頁
(121) 「森田優三」『日本における統計学の発展』三九巻、一九八一年、二二頁。
(122) 郡菊之助「統計学の理論的基礎――確率論の平易な解説――」『経営会計研究』一二号、一九六八年、三九頁。
(123) 郡菊之助『基本統計学』峯書房、一九七〇年、一五頁。
(124) 「郡菊之助」『日本における統計学の発展』四一巻、一九七七年、二四頁。
(125) 郡菊之助『日本交通風土記』千倉書房、一九三七年、序三頁。
(126) 郡菊之助「樺太たより」『交通文化論』日本評論社、一九三九年、二一一～二一五頁。当時、外地とは朝鮮・台湾・樺太・関東州・南洋群島など、第二次世界大戦までの日本の旧統治区域を指す。
(127) 赤井正二『旅行のモダニズム』ナカニシヤ出版、二〇一六年、一五頁。
(128) 郡が講義用の参考書として用いた一書に、ラベール・セーント・クレア（Labert St. Clair）の *Transportation*, 1933 がある（郡菊之助『趣味の交通学』叢文閣、一九三八年、三八頁）。
(129) 郡菊之助『旅と交通』永吉書店、一九三四年。
(130) 欧米留学記は、『統計集誌』（六〇六～六二五号、一九三一年一二月～三三年七月）誌上に、「海外統計通信」（一）～（一三）、として逐次掲載された。関連する随想として、「欧米交通行脚」『ツーリスト』二一巻一二号、一九三三年、ジャパン・ツーリスト・ビューローなどがある。

(131) 郡は、Federal Reserve Bankを「連合」準備銀行と読んでいる（以下、同じ）。
(132) 郡菊之助「海外統計通信」(二)『統計集誌』六〇八号、一九三二年、五二頁。
(133) 同上誌、「海外統計通信」(三)、六〇九号、一九三二年、四三頁。
(134) 同上誌、「海外統計通信」(四)、六一〇号、一九三二年、二三頁。
(135) 同社のForeign Correspondentとして、日本からは岩崎小弥太および井上準之助、団琢磨が特別会員になっている。
(136) 郡菊之助『統計余談』叢文閣、一九三五年、四三～四四頁。
(137) 郡菊之助『旅と交通』永吉書房、一九三〇年、一五〇頁。
(138) 同上書、一五〇頁。
(139) 同上書、一五〇～一五一頁。
(140) 同上書、一五一頁。
(141) 上掲誌「海外統計通信」(八)、六一七号、一九三二年、二二頁。
(142) 同上誌、二二頁。
(143) 同上誌、「ル・プレーの業蹟」(一)・(二)、五三五・五三六号、一九二六年。
(144) 同上誌、「海外統計通信」(一二)、六二四号、一九三三年、三八頁。
(145)『旅と交通』永吉書房、一九三〇年、二八一頁。
(146) 同上書、二八二頁。
(147) 郡菊之助『日本交通風土記』千倉書房、一九三七年。
(148) 同上書、二〇四頁。
(149) 郡菊之助『趣味の交通学』叢文閣、一九三八年。
(150) 日本の駅逓（交通郵便）史。詳しくは『大日本帝国駅逓志稿』、一八八二年（駅逓寮が駅逓紀事編纂のため駅逓志料を集め、駅逓局御用掛・青江秀が編んだ）を参照されたい。
(151) 郡菊之助『交通文化論』日本評論社、一九三九年。
(152) 同上書、序三頁。

(153) 郡は、多くの論考において、一貫して「改正暦」と呼んでいるが、改正暦という場合、明治政府の勅書(一八七二年)による改暦や、その他各種の暦書・暦法と紛らわしく、混乱を避けるために、本稿では以下、「世界暦」に統一する。
(154) 郡菊之助「改正暦の提案」『統計余談』叢文閣、一〇七頁。
(155) 岡田芳朗・編者代表『暦の大事典』朝倉書店、二〇一四年、一五五頁。
(156) 『統計余談』、一一四頁
(157) 「改正暦の論争」『商業経済論叢』一四巻下、一九三七年、一一二頁。
(158) 『統計余談』、一五三頁。
(159) 『統計余談』、一五三頁。
(160) 『統計余談』、一五三頁(ただし、ここで宗教界といっても、それはキリスト教世界にとどまるだけで、他のイスラム教や仏教、ヒンドゥー教などには言及されていない)。
(161) 『統計余談』、一六六頁。
(162) 「改正暦と統計」『統計集誌』六三九号、一九三四年。「十三ヶ月暦の論拠・改正暦の問題」『一橋新聞』二〇〇号、一九三四年十二月一〇日付。「カレンダー・リフォームの問題」『那古野』三一五号、名古屋商工会議所月報、一九三五年。「改正暦の問題に対する世論の趨勢」『那古野』三三八号、名古屋商工会議所月報、一九三七年。「経営統計と改正暦の問題」『日本統計学会年報』第六年、日本統計学会、一九三七年。「改正暦と統計」『統計学雑誌』五九九号、一九三六年。「改正暦をめぐる論争」『経営統計の研究』千倉書房、一九四〇年など。
(163) 国際世界暦協会のホームページ:http://www.theworldcalendar.org/
(164) 第三~四集は「郡 鯛歩」著となっている。同「叢書」の六集以下は、未刊だと思われる。
(165) 郡菊之助「小序」『経済俚諺しらべ』(アヴォケーション叢書一)、一九三一年。
(166) 郡菊之助『東海道交通の今昔』(アヴォケーション叢書二)、一九三一年。
(167) 郡鯛歩『旅の句集』(アヴォケーション叢書三)、一九三一年。
(168) 同上書、「おことはり」。
(169) 郡鯛歩『欧米吟行』(アヴォケーション叢書四)、一九三三年。

(170) 郡菊之助『鯛歩吟集』(アヴォケーション叢書五)、一九三八年。
(171) 同上書、「序のことば」。
(172) 郡菊之助「解題」『統計余談』叢文閣、一九三五年、一頁。
(173) 同上書。
(174) 「海外統計通信」(一)~(一三)『統計集誌』六〇六~六二五号、一九三一年一二月~三三年七月。
(175) 郡菊之助『旅と交通』永吉書店、一九三四年。
(176) 前掲書、「西洋の経済俚諺」『経済俚諺しらべ』、一九三一年。
(177) 一九五一年九月二五日「教職員不適格者としての指定解除」(文部大臣)。
(178) 一九五一年九月二五日「教職適格と確認」(文部大臣)をうける。公職追放の波が引くのと入れ代わり、レッドパージの波が押し寄せた。
(179) この間、郡は、小樽高商時代の同窓生であった功刀素重(東海銀行常務取締役)の紹介を受け、半田市にあった大信紡績株式会社(一九四六年創立~七四年廃業)の社長顧問や監査役を務める。
(180) 「教職員の除去、就職禁止及復職等に関する政令」(昭和二二年政令第六二号)
第五条　公私の恩給、年金その他の手当又は利益を現に受けている者又は受ける資格のある者が、教職不適格者として教職を去らしめられたときは、その者は、教職不適格者としての指定を受けた日から、その権利又は資格を失う。
(181) 瑞宝章は、公共的な業務に長年にわたり従事して功労を積み重ね、成績を挙げた者(たとえば、学校において教育又は研究に直接携わる業務)に授与される。
(182) 本二首は、ご次男の郡文雄氏の提供による。

第六章　小農研究の先駆者――東浦庄治

玉　真之介

第一節　はじめに――小農と経済学との〝不幸な関係〟

東浦氏はすべての農村問題を資本主義と小農という視角からとりあげ、独占資本の農民支配の進行の過程をえぐり出し、それがいかに様々な農村問題を台頭せしめる根源となっているかを明らかにする。農村物価問題や農村人口問題はもちろん、小作問題も、農村負債問題も、農村団体問題もすべてこの資本主義の農民支配という見地から国民経済的に把握しなければならないというのが、東浦氏の進歩的な農政理論を一貫する基本的態度であった。(1)

この章が取り上げる東浦庄治（一八九八～一九四九）(2)は、大正末からそのほとんどを帝国農会にあって、帝国農会の代表的理論家として活躍した経済学者である。彼の主著『日本農業概論』（岩波全書、一九三三年）（以下、『概論』と略す）は、大内力によって「戦前の日本農業分析としてもっともすぐれたもののひとつ(3)」と評されたが、いまでは入手も困難な幻の名著となっている。また、彼が帝国農会で育てた大谷省三や石渡貞雄、綿谷赳夫、栗原百寿等は、いずれも農業経済学者として戦後に確たる足跡を残したが、東浦自身は突然の死もあって、いまや顧みられることもなく忘れ去られている。(4)

しかしいま、アメリカの覇権の凋落とともにグローバル化も黄昏を迎え〝国家の復権〟と保護主義の台頭が目立つ中にあって、改めて東浦を取り上げる意義は小さくないように思う。というのも、いまの時代は、一九世紀のイギリスを中心国としたグローバル化の時代が黄昏を迎え、ドイツやアメリカが保護主義とともに台頭した時代を彷彿とさせるからである。そして、それは経済学の世界で古典派経済学に代わって歴史学派が影響力を強め、彼らによってさまざまな社会問題の一つとして小農問題が発見された時代でもあった。

その意味で、現在、家族農業や小農に再び関心が集まり始めているのも決して偶然とは言えないだろう。(5) しかし、そこに問題がある。歴史学派の経済学は一九世紀末から登場するマルクス経済学と近代経済学によって急速に〝過去のもの〟にされていった。(6) それと合わせて、発見された小農問題も〝近代化の遅れ〟の問題に〝変換〟されてしまった。法則定立的な〝科学〟として登場したこれらの経済学は、現実よりも〝法則〟が指し示す〝未来〟を信奉するイデオロギー的性格を持っていた。これに対して東浦は、マルクス経済学と近代経済学が台頭してくる時代の中にあって、歴史学派が発見した小農問題を〝近代化の遅れ〟に読み替えることなく、「資本主義と小農」という枠組みを設定することで経済学的に考察しようとしたのである。

> しかし小農の商品経済化はそれ自体としての小農の資本主義化ではない、ここに小農経済内における矛盾があり、問題がある。(7)

この一文に東浦の小農研究の真髄を見ることができる。それは、商品経済化を資本主義化と同一視し、階級闘争や農民層分解、はたまた規模拡大や法人化、株式会社化などを百年一日のごとく繰り返すだけの経済学の流れとは明らかに異なっていた。しかし、そうした経済学が〝主流派〟となる中で、東浦は小農とともに忘れられることとなったのである。

本章では、わが国において小農問題がどのように発見され、議論され、そして忘却されたかを踏まえた上で、小農理論としての東浦の日本農業論を紹介し、その先駆的研究が埋もれていった時代の問題を論じたいと思う。

第二節　小農問題を発見した歴史学派

周知のように、わが国において小農問題が学術の対象として議論されたのは、「小農保護問題」をテーマに開催された社会政策学会第八回大会（一九一四年）であった。大内力の優れた「解題」[8]に依拠して、その特徴を述べれば以下のようになる。

まずこの学会は、ドイツ帰りの若い学者や官僚がドイツ社会政策学会を真似て設立したもので、その思想的基盤もドイツ流の社会政策にあった。一八七三年恐慌以降、慢性不況がヨーロッパを襲う中で、重化学工業と独占資本の急速な発展を見ていたドイツでは、失業問題、婦人・児童労働問題、都市問題、住宅問題、中小企業問題等のさまざまな問題が噴出した。その一つに中小農の没落と窮乏化の問題もあったのである。

歴史学派は、何よりも国家を考察の枠組みとし、産業化の結果として生じたさまざまな問題を国家が関与すべき〝社会問題〟と捉え、その改善・改良のための社会政策を学術的な研究課題とした。それは、言うまでもなく台頭してきた社会主義の主張や運動に対する体制側からの対応という性格をもっていた。プロイセン憲法に倣って明治憲法を制定し、工学・医学・農学などの近代科学をもっぱらドイツから輸入していた日本で、社会科学もまたドイツの強い影響を受けたのは当然であった。

この大会では、高岡熊雄[9]、添田寿一[10]、横井時敬[11]の三名が報告を行い、矢作栄蔵[12]がコメントして引き続き討論がなされた。その論点の一つが「小農は保護すべきか」であった。この点に対して、高岡は多数の農家が家族労働力に見合う経営規模を有しないことを挙げ、添田は政治上、軍事上、衛生上、道徳上、社会上等、要するに国家の体制的安定を挙げ、横井は小農の衰退はすなわち日本農業の衰退であることを挙げて、小農保護の理由とした。大内力は、これらの主張に封建社会以来の農本主義に通底する発想があること、またドイツ歴史学派の強い影響から小農保護が自明とされ、帝国主義の時代という資本主義の段階的な変質への認識を欠いていたと指摘した[13]。

当時の日本は、日露戦後の慢性不況の下で財閥等の力が強まり、一方で労働運動や社会主義思想も登場していた。農業では米価の低落が続き、自作農の没落だけでなく、地主が農事改良への関心を失い、山林や植民地、証券に投資先を変える動きが始まっていた[14]。横井はそうした地主の動きを批判し、高岡は中規模の農家が増加するいわゆる「中農標準化傾向」を指摘した。また、添田はかつて放任主義にあったイギリスも一九世紀末から小農保護に転じたと述べた。それらはいずれも、歴史学派の歴史的視点や帰納的方法、倫理的方法を用いた小農問題への接近であった。

しかし、こうした議論に一人反対する論者がいた。福田徳三[15]である。彼は言う。小農の不振は「小農の経済的存立の不能」であり、彼らは商工業に自活の道を求めればよく、「救済の道は唯一なり、曰く資本主義の洗礼これなり、かくて小農の減少を見るとも、毫も憂えるに足らず、寧ろ慶賀すべき事項なり[16]」と。また、保護はその場しのぎにすぎず、米価維持策は不適切で、むしろ米価下落が最善の農業振興策であるとした[17]。

この福田の主張について二点を指摘できる。第一に、福田は現実の農業・農村で起きている事態に楽天的で、小農の窮状には関心がない。なぜなら、彼の頭の中で農業の〝未来〟は「資本主義化」と決まっており、小農の消滅は時間の問題という信仰にも似た確信があったからである。第二に、彼が示した市場競争に曝すという処方箋は、ガット・ウルグアイ・ラウンド交渉時の叶芳和[18]、そしてTPP交渉時の山下一仁[19]の主張と瓜二つである。[20]市場競争に委ねれば資源配分が効率的に行われるという〝法則〟の支配を、唯一絶対の世界観とする経済学者たちにとって、農業の〝未来〟は百年前も今も議論の余地はないのである。

第三節　小農経済論と農本主義

大内力がそうだったように、明治末から昭和戦前期に活躍した多くの小農保護論者は、〝農本主義〟とされることが多かった。これに対して野本京子は、この農本主義を自明の分析概念として用いる議論に疑問を呈している。[21]すなわち、農本主義を「封建的イデオロギー」に基づく反近代の思想と単純に評価すれば、小農保護論に連なるさまざまな論者が各時期の農業問題をどう捉え、どう行動したかの考察に扉を閉ざすことになる。そればかりではなく、農本主義自体も「近代化」への「対抗思想」だけではなく、「近代化」へ適応しつつ自己の存続を目指す「土着的近代化」も内包している。[22]共同体的関係を踏まえた小農の商品経済への対応である産業組合は、まさにその証左であると。

こうした観点に立って野本は、明治末から昭和戦前期に活躍した横井時敬、岡田温[23]、山崎延吉[24]、千石興太郎[25]、古瀬伝蔵[26]などの主張と行動を分析して、そこに見られる主張や行動の違いと共通性を論じた。そして彼らが、作物栽培学に基礎をおいた横井、自作専業の家族経営に理想を求めた岡田、農村計画の樹立を説いた山崎、産業組合の指導者となった千石、『家の光』の創刊・普及に尽力した古瀬など、その主張や活動内容は多様とはいえ、〝家族農業に基づく小農的農業を日本農業の本質〟ととらえ、その十全な発達を目指した点において、また村落の伝統的な共同性や「協同」の重要性を唱えた点においては、共通の思考様式を持っていたとしたのである。[27]

野本が共通の思考様式としたこれら論者をいま〝小農経済論〟と呼ぶとするならば、次の二点が重要となる。すなわち、彼らはなぜ農本主義とされたのか、そして、彼らとこの章が対象とする東浦とはどこが違うのかである。そしてここに、冒頭で論じた小農と経済学との〝不幸な関係〟が隠されている。

まず、横井、岡田、山崎はいずれも東京帝国大学農科大学の卒業であり、千石は札幌農学校卒であって、当時の最高学府で農学、農政学に関する学識を得ていた。したがって、彼らの主張が単に個人的経験に基づく主義主張だったわけでは決してない。しかし、重要なのは、彼らが学んだのは、前項で述べたドイツから輸入された歴史学派の農政学だったことである。そのために、彼らの小農経済論は「理論的分析というよりは、さまざまの事実をあげ、また政策の類型をあげてその長短優劣を論ずるといった形のものであって、まだ、農業問題を資本主義の問題として説こうというような視点はほとんど入ってきていないのである」[28]（傍点は筆者）。

この点にこそ、彼らが農本主義とされた理由であり、また東浦と彼らを分かつ最大のポイントでもある。第一次世界大戦とロシア革命という歴史の大転換は、マルクス主義を全世界に広げ、マルクス経済学とそれに対抗する近代経済学を時代の先端に押し出した。この二つの経済学は、ともに〝科学〟の証としての原理論を持つ点に特徴があり、理論のあいまいな歴史学派等を学問的に見下すものだった。実際、それを象徴するかのように、歴史学派の牙城であったわが国の社会政策学会は、一九二四年に解散してしまうのである。

しかも、これら経済学と一体のマルクス主義と自由主義は、互いに対立していても、ウォーラースティンが「自由主義・マルクス主義の合意」[29]と表現したように、ともに「不可避的なものとして、進歩を信じていた」[30]。それゆえ、先の福田徳三がそうだったように、「独立生産者の減少は、（中略）進歩であり、進歩は望ましいと同時に不可避である」[31]という確信において一致していたのである。

そのために、小農的農業の存続・発展を論じた論者たちは、進歩に背を向けた〝反近代〟の議論として「農本主義」に分類されることとなった。小農経済論が〝家族農業に基づく小農的農業を日本農業の本質〟としたことは、歴史学派の歴史的視点に基づく一つの慧眼であった。しかし、農業問題を資本主義の問題として分析する視点を欠いたために、新たに登場した経済学と切り結ぶことができず、小農の擁護は、〝科学〟以前の主義主張のごとく扱われてしまった。この小農経済論の弱点を強く意識しながら、「資本主義と小農」という枠組みで、資本主義の問題として日本の小農的農業を研究したのが東浦庄治にほかならなかった。

日本農業の社会経済的角度からの検討においては、農業を一つの孤立的なる事実として取り扱ってはならぬ。あるいは他産業との平面的なる対比の問題として取り扱ってはならぬ。日本の農業を論じたる多くの著作の陥れる弊害をわれわれはこの点に見る。言う心は農業問題は今日においては農業と資本主義との内面的関係を度外に措いては全く論じ得ないというのである。[32]（傍点は筆者）

東浦『概論』の冒頭に記されているこの一文を見れば、彼が小農経済論の限界を超えようとした意図は明確だろう。

第四節　わが国土地制度の本質的な特質

しかし、東浦『概論』が出版された一九三三年頃、日本農業をめぐる議論は一変していた。マルクス経済学における日本資本主義論争の開始である。この論争に立ち入る余裕はないが、確認すべき点は、それに参加した多数の論者、また戦後にそれを引き継いだ研究者たち[33]が同じ前提（パラダイムと言っていい）に立っていたことである。すなわち、日本農業は〝資本主義化すべき〟であり、問題の焦点はそれを拒んでいる〝関係〟ないし〝力〟であると。

これが進歩主義的なマルクス経済学の歴史観であり、かつ前述のようにそれは近代経済学も同様であった。[34]

もう一点は、理論である。日本資本主義論争で講座派が戦後も長く影響を持ち続けた理由は、その土地所有に対する〝理論規定〟にあった。すなわち、土地所有の性格を規定するのは「生産諸条件の所有者が直接生産者に対する直接の関係」＝生産様式・搾取様式であるという第一命題と、地主が取得する小作料は「必要労働部分にまで食い込むほどの全剰余労働を吸収する地代範疇、利潤の成立を許さぬ地代範疇」という第二命題の定立である。[35] この『資本論』を援用した理論規定により、日本農業の進歩、すなわち資本主義化を拒むのは「半隷農主的寄生地主制」となり、その後約半世紀にわたって歴史学派が発見した小農問題は忘れさられ、学会の議論は「地主制」研究に支配されるのである。

戦後の「地主制」研究の第一人者であった中村政則は、この二つの命題を述べるにあたって、「いまさらこんなことを書くのは気がひけるくらい常識に属するのだが[36]」と前置きをしている。〝常識〟として疑問を差し挟ませないほどに、この〝理論規定〟は絶大な力を発揮した。しかし、結論から言えば、これは理論的にも破綻していた[37]し、何よりも日本農業の土地制度の本質的な特質を完全に見誤るものであった。

これに対し東浦は、マルクスの理論にも精通していたが、日本農業の土地制度を講座派とは全く異なって捉えていた。それを『概論』第三章「土地制度」で確認しよう。

まず、東浦は、イギリスにおける囲い込みやドイツの「騎士領」などの例をあげ、欧州諸国では近代以前並びに近代への移行期における権力的集積が大土地所有に深く関わっていたとする。それに対してわが国は、豪士階級や商業資本、高利貸資本の土地開墾などの特殊事情を除くと、徳川時代の土地集積は著しく制限されており、至るところに巨大地主が発生するようなことはなかった。他方で、徳川時代の農民階級には制限された内容とはいえ土地所有権があったことは疑うべくもなく、だから土地は売買、抵当、質入れ等が行われ、地租改正においてもその土地所有権が「百姓持地」として認められた。

かくて我々は知る。我が国における土地所有の集積はその大体の形においては徳川時代における私有権が伝承されたものであり、したがって封建的諸関係が多くの場合巨大土地所有をさまたげたために、欧州諸国に見るがごとき大所有制の出現を見るにいたらず、中、小地主の存在がその特色をなしたのである。そしてこのことが我が国における土地問題の特異性を示す（八八頁）。

ここで欧州諸国というのは、わずか数パーセントの貴族的大地主が全耕地の半ばを所有するようなイギリスやロシア、さらにユンカー系譜の大経営が存在するドイツなどのことである。東浦は、引き続き「資本主義の成立、発展と土地集積」の節で、明治以降の自作農の没落や、地主の土地集積などを統計も交えて時系列的に考察している。それは米価変動や土地利回り等の農業を取り巻く各種の市場変動に経済主体である農家や地主がいかに行動したかを経済的に分析したのもであった。そこでも土地集積が農業経営の集積を伴わない理由を、「小農国における土地所有集積の特質」（傍点は筆者）としたのであった。

このように東浦は、土地制度を「奴隷制・封建制・資本主義・社会主義」といった公式にあてはめるのではなく、国による多様性や個性を前提に土地制度を捉えようとしていた。ある意味で歴史学派からの継承である。その上で、農民的小土地所有とその下での零細中小地主の存在をわが国の土地制度の本質的な特質としたのである。[38]

この東浦の理解を裏付けるために、イギリスの社会学者（経済学者ではない）ロナルド・P・ドーアの分析を紹介しておこう。彼は、『日本の農地改革』の中で、日本の地主小作間系の零細性を以下のように紹介している。

全農家の五分の一の約百万戸が多少とも貸付地をもち、その大多数は耕作地主で、その八〇パーセントが一町以下しか貸し付けていない。一九四七年の「臨時農業センサス」では、貸付地を有する一二八万戸の内、五町以上の所有者はわずか二・二パーセント（二万八千戸）、その貸付面積が全貸付面積に占める比率も二四パーセントでしかない。さらに「地主兼小作という農家もかなり多い」「これら耕作地主の多くは、本来の意味で、『地主』とよぶことがむずかしい[39]」。不在地主の一つの型は「故郷を去ってどこかよそに就職し、両親が死んでも、家に帰らず、しかも家の農地を手ばなさないで持っている場合である。……農地改革法の起草にたずさわった多くの官僚や農業経済学者にも、たまたまこの型に属するものが多かった[40]」と。

第五節　高率小作料のメカニズム

講座派において高率小作料は、土地所有の性格を「寄生地主制」や「地主的土地所有」と規定する〝根拠〟だったため、〝高率小作料の経済的メカニズム〟という問いは発せられなかった。いわゆる「経済外的強制」をはじめとする前近代の〝関係〟や〝力〟が前提となり、土地制度と小作制度は渾然一体となって、「寄生地主制」や「地主的土地所有」を止揚する土地改革だけに焦点が向けられたのである。

これに対して東浦は、土地制度と小作制度を当然、区別して論じていた。なぜなら、徳川時代に起源を持つ農民的小土地所有という〝土地制度〟の下で、農地は貸借の対象だったのであり、そこに小作料や小作期間などの小作条件をめぐる地主小作関係、すなわち〝小作制度〟がさまざまな地域性を伴って存在したからである。しかも、そこには借地をめぐる需要と供給があり、当然に競争があって経済計算が作用していた。これまでにいわゆる前近代的な「経済外的強制」なるものが実証されているのであれば別であるが、筆者は知らない。であれば、高率小作料のメカニズムは、この借地の需給を含めた経済的分析によって解き明かされねばならないのである。

もちろん東浦も、地租改正が小作料の軽減に何ら作用せず維持されたことを、「我が国における小作料の封建的色彩濃厚なる一原因」（一二七頁）と指摘していた。しかし、明治以降に小作料が騰貴の趨勢を示した事実は、単に歴史的に封建的小作料を踏襲したからだけではなく、「なおその支持さるべき近代的意義」（同）によるものである。こうして東浦は、「小作慣行調査」が小作料騰貴の主な原因としていた〝人口増加に伴う耕地不足〟こそ、「日本において極度の過小農経営を存続せしめている力」（一二八頁）としたのであった。[41]

このように、〝人口増加に伴う耕地不足〟を小作料騰貴の基本的要因と捉えた東浦は、「端的に小農地代の特色を述べている」として、マルクス『資本論』の有名な一説を引用することを忘れなかった。

過小農経営が小作地においてなされる所にあっても、小作料は他のいかなる事情の下におけるよりも遥かに著しく利潤の一部を含み、甚だしきは労銀からの一の控除分をも含むことがある。この場合の小作料は名目的の地代たるに過ぎず、労銀及び利潤に対立した一つの特殊範疇としての地代ではないのである。[42]（一二八頁）

これに加えて東浦は、高率小作料のメカニズムにとって重要な「小作人の強烈な小作地獲得競争」が生じる農業構造上の特徴について、次の二点を指摘していた。

第一は、地主小作間の貸付地の狭小性という事実である。北海道を例外として「内地の小作人は平均的に見て非常に少ない面積を地主から賃借している」（一一七頁）。また、自らの調査結果を示して「ここでも地主が小さくなるにしたがって、地主の一小作人に対する貸付面積は減少する。換言すれば小地主になるにしたがって、相対的に多数の小作人を有する」（一一八頁）[43]。このように、一人の地主が複数の小作人に貸す、いわゆる「散掛小作」が支配的であることで、貸し手は小作人を比較・選択することができ、〝貸し手市場〟の場合には小作料のつり上げが可能となるのである。

第二は、この零細で複雑な借地関係の下で四割を占める自作兼小作農の存在とその経営的特質である。「小地主制の行われる場合には農民の間に土地所有の分散が行われ、比較的自作兼小作が多く、その全生活が小作地の上に置かれていないために小作地に対して高き地代を支払い得る所にもある。すなわち過剰労力を使用すべき機会の獲得のために、その付加部分における利益の僅少に考慮しない」（一一八頁）。つまり、経営耕地に対して余剰となる家族労働力の機会費用は兼業先がなければゼロに近く、追加所得さえ得られるならば小作地の獲得に向かうという小農特有の経済的メカニズムである。

この東浦が指摘した自小作農の存在と高率小作料の関係を正面から論じていたのは、宇野弘蔵であった。拙稿「宇野弘蔵の日本農業論」で述べたように、宇野は農家の階層構成の分析から、自小作農が経営規模の基準といえる一町～二町層に集中し、かつ明らかに専業農家の地位を確保していることを踏まえて、「我が国農業における土地関係、労働形態、資本の性質は寧ろこの一町～二町層の自小作農家を通じて初めてその性格を明らかになし得る」[44]とした。そして、兼業に生活費補充を求める小規模自作・小作とは対極の形として、自小作農が自作地に余る家族労働力を小作地での追加的所得の増加に向ける結果として、競争が小作地における所得をゼロに近づけるまで小作料は高められるとしたのである。

第六節　減免慣行と小作争議

自小作農の借地競争が小作料水準を高めたとしても、それは当然、農家経営を取り巻く経済環境の変化により変動するものである。その変動を確認できるのが、筆者が別稿[45]で分析した第一次大戦直後の「小作慣行調査」（一九二一年）である。

その中の「小作料騰落の趨勢及その原因」を見れば、群馬、埼玉、神奈川、長野を除く東日本の一五道府県が騰貴の趨勢にあるのに対して、鳥取、宮崎、沖縄を除く西日本の二三府県が低落の趨勢であった。「変化なし」は石川、愛媛の二県のみである。つまり、小作料は変動しており、しかも東日本と西日本で騰落の趨勢が真逆だったのである。問題はその理由である。騰貴趨勢の十八道府県の内十六道県は「人口増加に伴う耕地の不足」を理由の一つとし、他方、低落趨勢の二七府県の内二〇府県は「耕地過剰、小作人転業、農業労力の不足」の内の一つを理由としていた。要するに、先に東浦が着目していた日本全体の借地をめぐる需給関係は、第一大戦後に東日本と西日本で全く逆となっていたのである。

その要因は、別稿で論じたように、農村労働力の都市への移動に加えて、より重要な人口増加率の東西差にあった。第一次世界大戦の勃発は日本経済に空前の好景気をもたらし、農村から都市への人口移動は二百万人にも達した[46]。それは特に東海、京阪神、瀬戸内、北九州などの西日本における産業的発展に伴うものであった。もちろん、群馬、埼玉、神奈川、長野における小作料低落が示すように、京浜地域でも急速な産業的発展と農村労働力の吸引があったが、北陸や北関東、東北などの東日本は高い出生率による農村人口増加がこれまた顕著だった。他方、それとは対照的に西日本の農村では、大正期から出生率は低下傾向に転じていたのである。

この環境下で西日本の農村で急速に増加したのが小作争議であった。この小作争議の隆盛は、「地主制」研究においては小作人による階級意識の目覚めとされ、したがって小作争議は階級的な農民運動として研究された[47]。また、その急速な収束は逆に階級意識の「眠り込み」として、たとえば、同じ時期に拡大する都市の農産物需要に向けた主産地形成の動きや産業組合運動などが、農民の階級意識を眠り込みませ、「上からの掌握」を導いた要因として研究されたのである[48]。

これに対して東浦は、この小作争議の急速な増加と収束にまったく別の理解を示していた。その際、東浦が重視したのは、わが国の小作制度の特徴である減免慣行である。すなわち、「原則として不可抗力に基づく不作に対して、小作料減免の存在する」（一三一頁）、「通常二分作、三分作の場合には小作料を全免し、減収一割五分乃至二割に至れば小作料の減額を開始する。不作の程度の増大すると共に減額率の増大するのが一般的である」（同）。

この小作制度の理解が小作争議の西日本における急拡大と収束を理解するカギとなる。東浦は、『概論』とは別の論文で戦後の「地主制」研究とは正反対に、一九二〇年代に短期間で急増した小作争議を「農民自身の著しき自覚の結果ではなくして、ただ一時的なる利害観念と、かかる運動の雷同性とに依存する」「一時的流行性」のものとした。[49] また、「流行には消長あるが必然でこの表面的現象は決して本質的なる農民運動と混同されてはならない」としたのである。[50]

その理由の第一は、日本農民組合が提起した「小作料永久減額」という要求が、わが国で制度化されていた小作料の減免慣行とは異なる要求の新規性において「小作農民の異常に歓迎する所」となってブームに火をつけたこと。[51] 第二に、小作人は労働者とは違って、「先ずその生産物を自己の手中に収め地主に対抗することが出来」るなどの要因から、「争議において多くの場合小作人が勝利を克ち得た」こと。[52]

第三に、わが国の地主小作関係はアイルランドなどとは違って、「極めて共同体的色彩の濃厚なる一部落に居住し、相互に人格的に相接」する関係であり、ひとたび小作料の永久的減額が実現すると小作人の側でそれ以上の「無理は言い難い関係であること。それゆえ、「一度小作料の永久減額免除が行われた場合にはそこに小作争議が発生せず自然消滅的に組合が消滅していった」。[53] 第四に、地主の側もある時点から「争議に対する各種の対策を講ずるに至り、「この地主側の捨て身の戦術に対しては小作人側は非常に打撃を受けざる得なかった」ことが運動の収束に拍車をかけた。[54]

この東浦と同様の分析を行っていたのが太田敏兄である。太田は、岡山県における農民組合の実証的な分析を踏まえて、「農民が農民組合に加入した目的は、主として小作料の減免にあった。そこで闘争によってその目的がある程度達せられ、それ以上減額の見込がなくなったときは、その支部はおおむね解体し、組織から離れるのが常である[55]」と述べていた。

このように東浦は、一九二〇年代に急増した小作争議の多くは地主小作関係の自覚的な変革を目指したものではなく、日農の「小作料永久減」を起爆剤として、あくまでムラ的な関係の中で生じた小作料水準の改訂をめぐる民事的な紛争と捉えていた。それでは、なぜ西日本で多発し、東日本ではごくわずかだったのか。この地域差については、農民的小商品生産の発展程度の差に理由を求める西田美昭のような議論もあるが[56]、大正から昭和にかけての商業的農業と主産地形成の動きは全国的なものだった[57]。その意味でも、この地域差はやはり人口増加率の東西差を踏まえた借地の需給関係から説明されなければならない。別稿で示したように、東日本と西日本では農家数の増減が真逆であり、東日本と南九州では小作農家が大幅に増え、逆に西日本では小作農家が大幅に減少していた[58]。言い換えれば、東日本は〝貸し手市場〟が続いていたが、西日本は第一次大戦を機に〝借り手市場〟に転換して既存の小作料水準は高すぎたのである。

第七節　おわりに――東浦庄治の継承――

東浦『概論』は、「農業経営」から始まって「土地制度、小作制度」、「農業金融」、「農村人口」、そして「近代的農業の発展」として農業の商品生産化が順次分析されている。このうち、「農業経営」の紹介は割愛したが、農業が小経営のまま存続する理由の考察である。また、最後には「農民の租税負担」が置かれ、「農民の特に農村下層階級の最大の負担たる戸数割が昭和七年度予算で一億三千万円（家屋税付加税を含めて）に達し町村税収入の六割五分を占めているのは主としてこの負担に基づく」と、小規模農家に極めて過重な租税負担問題の重要性を正しく提示していた。

さらに結言では、日本の農業は小農のままで発達してきたが、「それは小農として、それが資本家社会において持つところの不利益を決してそのまま持ちつつ発展したのではない。農民はあらゆる努力をもってその不利益の解消に終始してきたのである。農民の各種の生活における団体化はその最も顕著な現れであった」（二七四頁）と、小農の生存のための運動として協同組合の意義を明確に提示していた[59]。

こうしてみても、東浦と「地主制」研究との立脚点の違いは明確である。それはまた今日の近代経済学の〝主流派〟の立脚点とも異なっている。これら進歩主義に立つ経済学は、要するに農業を資本主義社会において〝近代化の遅れ〟た部分と見ているだけである。これに対し、東浦は、次の一文が明確に示すように、資本主義も実は非資本主義的な農業に依存した存在であるという認識に立脚していたのである[60]。


日本の農業は非資本家的経営として立つけれども――一般的に資本制社会における非資本主義的要素について正しくもローザが言えるごとく非資本主義的環境として重大なる役割を演じている。農業問題は我が国においては、かかる観点からなされる場合に始めて良く理解されるであろう。（三頁）（傍点は筆者）

この認識から、『概論』は以下のように結ばれる。「この対資本との全面的接触点での農民全体の困難の増大が全農村の不安を醸成しつつあることである。しかもしばしば既述せるごとく今日においても我が国の資本主義が著しく農業に依存せるために、農村の困難は直ちに資本家社会の不安の原因となる。このため、今や農村救済事業が必死に努力されているのである。ここに農業問題の集中的な面を見る」（二七五～二七六頁）と。

この点を踏まえて、冒頭の観点に立ち返ろう。すなわち、グローバル化の黄昏、〝国家の復権〟と小農問題である。国連の「国際家族農業年」を完全に無視した日本政府は、相も変わらず「成長戦略」と称して、規制緩和による資

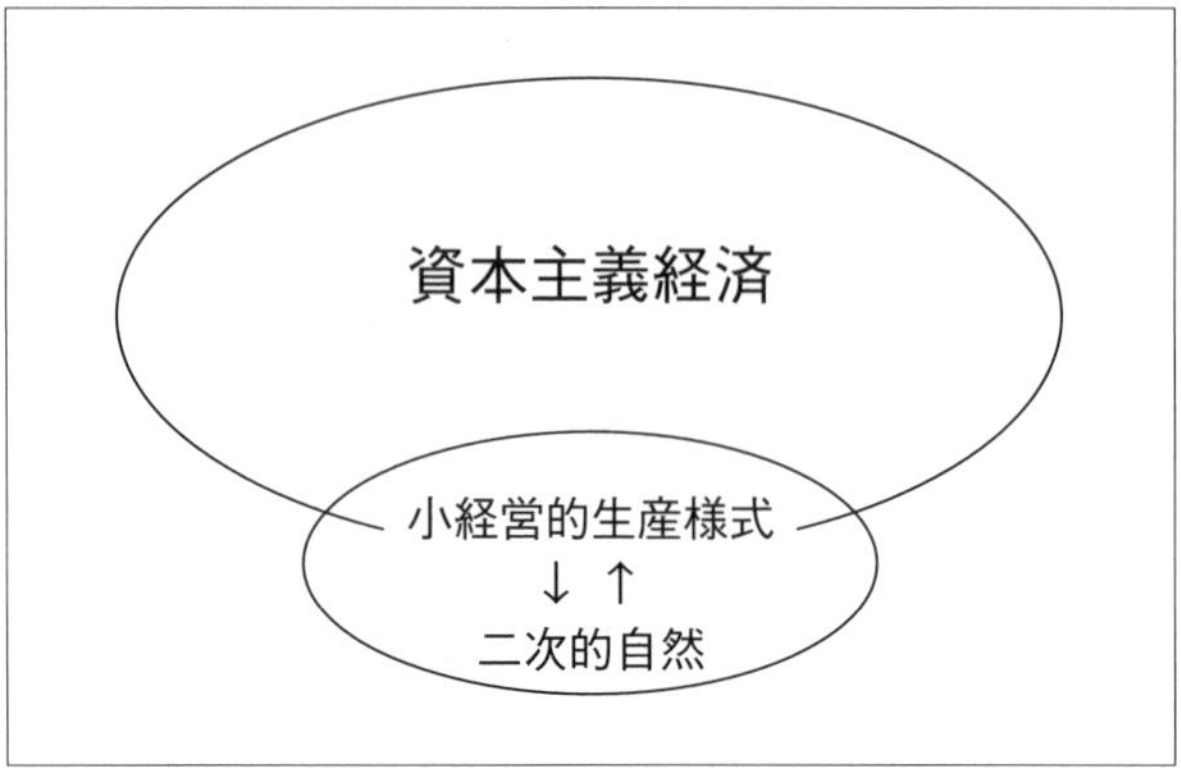

図 6-1　資本主義経済と小経営的生産様式

本の農業参入や農協攻撃と全農の株式会社化などに固執している。しかし、こうしたグローバル化推進の路線は、経済格差の拡大、貧困化、そして何よりも少子高齢化・人口減少と相まって全国の地方経済・社会の衰退を加速化させずにはおかないだろう。それに、日本の政治・経済・社会は耐えられるのかという問題である。

確かに戦前に比べ、産業規模でも、就業人口でも、国民経済に占める農林水産業のシェアは桁外れに小さくなった。とはいえ、国土面積の占有では都市とは比較にならないほど大きい。特に、地方の経済・社会のみならず環境・防災と密接に関わる地域資源の利活用において農林水産業、とりわけ家族農業に依存するところは依然として小さくないのである。その関係をシンプルに描いたのが図6―1である。下にはみ出している部分が、人が手を加え続けることで維持される〝二次的自然〟の部分である。また小経営的生産様式とは筆者が東浦、並びに栗原百寿の小農研究を継承して農家、林家、漁家を包含して表す概念である。

この図から次のような問いが生まれる。資本主義経済はこの国土に広く分布する二次的自然を切り捨てて、都市国家のように存立し得るのか（上の円だけに純化）。わが国の場合、それは無理だろう。ならば、福田徳三が百年以上前、無邪気に予測したように、二次的自然の維持をすべて資本主義システムに置き換えることができるのか（小経営的生産様式の資本主義化）。

この経済学の〝未来予想〟も、ＡＩがあらゆる分野を自動化する今日においても、到達間近とはおよそ言えそうにない。であれば、国民国家は小経営的生産様式の衰退をこのまま放置はできず、その維持・存続に関与せざるを得ないだろう。世界的な脱グローバル化と〝国家の復権〟の動きは、まさにその方向へ振り子が振れている証というのが、筆者の見解である。

二〇一五年の「まち・ひと・しごと創生法」も統一地方選挙向けのアドバルンかもしれないが、これ以上の東京一極集中を放置できなくなれば、半農半Ｘを含めて地方における就業の場としての小経営の存立支援を政府は強めざるを得ないだろう。では、それに対して経済学はいかなる貢献をなし得るのか。宇沢弘文の「社会的共通資本」という概念は、重要な手がかりとなるだろう。[61] また、「自然資源経済学」という試みも始まっている。[62] ただし、それらは経済学的に見た自然資源の特殊性に主な関心が向けられているように思われる。

その意味で東浦を継承して構想されるのは、長い歴史を通じて二次的自然の利活用を持続的に担ってきた家族経営を主体とする小経営的生産様式に焦点を当てた経済学だろう。筆者は、それを小経営的生産様式論として取り組んできたが、[63] それは主には小経営と資本主義との経済的関わりを中心としたものだった。しかし、今後、地方経済の持続可能性がますます重要なテーマとなる中で、地方の多様で個性的な地形、気候、風土、食文化も踏まえた農業技術や農法、それに加えてムラ的な関係を媒介とした地域の生物資源利用のあり方にもっと焦点が当てられる必要があるだろう。言うならば、これからの小農研究が目指すところは、農林水産業を包含した〝地域資源経済学〟といえるのではないだろうか。[64]

注

（1） 栗原百寿『農業団体に生きた人々』（『栗原百寿著作集Ⅴ農業団体論』校倉書房、一九七九年、一一八〜一一九頁。

（2） 東浦は、三重県の耕地一・五町の自作農家に生まれ、旧制第六高等学校から東京帝国大学経済学部に進学して卒業したのが一九二三年、まさに小作争議をはじめとして農村問題が沸騰していた時であった。彼は、指導教官で帝国農会副会長でもあった矢作栄蔵の招きで帝国農会に就職し、多数の論文を『帝国農会報』等に発表する。一九三三年に産業組合中央会へ一時的に転ずるまでの約一〇年間が彼の日本農業研究の最盛期で、その集大成が主著『日本農業概論』（岩波全書、一九三三年）であった。その他には、『農業団体の統制』日本評論社、一九三三年、『日本産業組合史』高陽書房、一九三五年がある。一九三六年に岡田温（後述）の後を襲って帝国農会の幹事兼経済部長となってからは帝国農会の実質的なリーダーとなり、組織運営の業務が中心となって学究的活動は後景に退くこととなった。その後、戦時下の農業団体統合により中央農業会常務理事となって終戦を迎え、戦後は一九四七年に参議院議員となり全国農業会副会長となったが、農業団体再編問題が沸騰する一九四九年九月に自死している。享年五一歳の若さであった。彼の死後に、綿谷赳夫が中心となってまとめた東浦庄治選集刊行会編『日本農政論』農業評論社、一九五二年が刊行されている。

（3） 大内力「農業経済」、東京大学経済学部編『東京大学経済学部五十年史』東京大学出版会、一九七六年、三三一八頁。

（4） 東浦庄治に関する先行研究としては、福冨正美「東浦庄治と日本農業論」『山口経済雑誌』第十四巻第一号、一九六三年、及び拙稿「東浦庄治の日本農業論」玉真之介『日本小農論の系譜』農文協、一九九五年所収、拙稿「東浦庄治の地代学説研究草稿」『弘前大学農学部学術報告』第五四号、一九九一年を参照。

（5） 日本政府は完全に無視したが、国連は二〇一四年を「国際家族農業年」として先進国、途上国を問わず、小規模農業を支援する重要性を世界にアピールした（家族農業研究会翻訳『家族農業が世界の未来を拓く』農文協、二〇一四年参照）。また、近年の小農再評価や新しい小農論については、『農業と経済』二〇一八年一・二月合併号の特集「小さな農業に光あれ」を参照。

（6） 戦後の主流派経済学によって〝過去のもの〟とされてしまった歴史学派を改めて再評価したものとして、住谷一彦・八木紀一郎編『歴史学派の世界』日本経済評論社、一九九八年がある。

（7） 東浦庄治「小農の商品生産化と資本の小農支配」、前掲『日本農政論』、二八頁。この点に関し、宇野弘蔵も「根本は自家労働を基礎にしておるという点にある」、自家労働であるかぎりは、「商品経済が外部から関係して来る」、資本家的計算は「内部からは起こりえない」と述べている（玉真之介「宇野弘蔵の日本農業論」前掲拙著『日本小農論の系譜』、一一〇頁）。

(8) 大内力「解題」、近藤康男編『明治大正農政経済名著集13　小農保護問題』農文協、一九七六年。

(9) 高岡熊雄（一八七一～一九六一）は、札幌農学校を卒業後、ドイツに留学、帰朝後は札幌農学校教授、東北帝国大学および北海道帝国大学教授、北大総長などを歴任した。この当時は東北農科大学教授。

(10) 添田寿一（一八六四～一九二九）は、東京帝国大学を卒業後に大蔵省に入省し、イギリスとドイツに留学、大蔵省では次官まで進み、台湾銀行頭取、日本鉱業銀行総裁、中外商業新報社長、鉄道院総裁などをつとめ、晩年は貴族院議員となった。この当時は興銀総裁であった。

(11) 横井時敬（一八六〇～一九二七）は、熊本の藩校から駒場農学校に進み、卒業後に神戸、福岡農学校、福岡県勧農試験場長、農商務省などを経て、東京帝国大学農科大学講師、ついで教授となった。報告の当時は東大教授であった。

(12) 矢作栄蔵（一八七〇～一九三三）は、東京帝国大学法科大学卒業後、ドイツ、フランス、イギリスに留学、帰朝後に東大経済学部教授兼農学部教授となり、経済学部長ともなった。また、帝国農会の副会長、会長を歴任した。当時は、東大教授であった。

(13) 大内前掲稿、一八～二〇頁。

(14) イギリスを中心国として植民地農業が開発され、世界農工分業体制ができあがった一九世紀末頃より大地主が農業から撤退し、投資先を証券などに移していくのは世界的な傾向である。この点は、拙稿「小経営的生産様式と農業市場」美土路・玉・泉谷編『食料・農業市場研究の到達点と展望』筑波書房、二〇一三年を参照。

(15) 福田徳三（一八七四～一九三〇）は、東京商業学校を卒業後、ドイツに留学し、帰朝後に東京商業学校講師となり教授となる。いったんは退職し、慶應義塾大学教授となった後に東京高等商業学校教授に復職した。この当時は慶應大学教授であった。

(16) 前掲近藤編『明治大正農政経済名著集　小農保護問題』、四四頁。

(17) 同上、四五頁。

(18) 叶芳和『農業・先進国型産業論』日本経済新聞社、一九八二年、同『農業ルネッサンス』講談社、一九九〇年などを参照。

(19) 山下一仁『農業ビックバンの経済学』日本経済新聞出版社、二〇一〇年、同『日本農業は世界に勝てる』日本経済新聞出版社、二〇一五年などを参照。

(20) ガット・ウルグアイ・ラウンド交渉やTPP交渉など、政府が農産物の輸入自由化を進めるときはきまって、市場競争に委ねれば日本農業は輸出産業になるなどと主張する論者が日本経済新聞をはじめとしたマスコミでもてはやされる。

(21) 野本京子『戦前期ペザンティズムの系譜』日本経済評論社、一九九九年。

(22) この「土着的近代化」については、中村雄二郎「農本主義思想のとらえ方について」『近代日本における制度と思想』未来社、一九六七年に依拠している。

(23) 岡田温(一八七〇～一九四九)は、東京帝国大学を卒業後、愛媛県温泉郡農会技師、愛媛県農会技師を経て帝国農会幹事、後に農業経営部長となるなど系統農会で活躍した。川東竫弘『帝国農会幹事 岡田温(上)(下)』御茶の水書房、二〇一四年がある。

(24) 山崎延吉(一八七三～一九五四)は、東京帝国大学を卒業後、福岡県立農学校、大阪府農学校を経て愛知県立農林学校長となり、退任後は衆議院議員当選、その後安城女子専門学校長となった。主著として『農村自治の研究』永東書店、一九〇八年がある。

(25) 千石興太郎(一八七四～一九五〇)は、札幌農学校を卒業後、教員や官僚を経験した後、島根県農会技師・幹事として産業組合中央会主事に就任、後に会頭となったほか、全国購買組合連合会の専務理事や産業組合中央金庫の設立に関わり、一九三八年に貴族院議員に勅撰され、敗戦後の東久邇宮内閣の農商大臣、農林大臣となったが、一九四六年に公職追放となった。

(26) 古瀬伝蔵(一八八八～一九五九)は、長野県の小県養蚕学校専科終了後に南安曇野郡農学校、ついで更級農学校の教員を経て、読売新聞記者となり、その後産業組合中央会に移って『家の光』の編集や普及に関わり、大日本農政学会の理事として月刊誌『農政研究』の刊行に尽力した。また、一九二六年には財団法人農村文化協会設立の中心的役割も果たした。

(27) 野本前掲書、序章及び終章を参照。なお、野本はこうした思考様式を農本主義と区別して「ペザンティズム」と規定した。

(28) 大内力、前掲「農業経済」、三二一頁。これは、第一次大戦後の東大農学部の農業経済学者であった佐藤寛次や那須皓について述べたものであるが、小農経済論にもそのまま当てはまるだろう。

(29) ウォーラーステイン『脱=社会科学』(本多健吉・高橋章監訳)、藤原書店、一九九三年、二六三頁。

(30) 同上。

(31) 同上書、四〇三頁。

(32) 東浦『概論』二頁。以下、『概論』からの引用は、引用文の後に、頁数を示す。

(33) これらの研究者の多くが旧「土地制度史学会」に結集していた。
(34) この共通の前提に異議を唱えれば、歴史学派と同様に〝農本主義〟という評価を受け学会から無視されることは、戦後の優れた農業経済学者であった守田志郎の例を見れば明らかだろう。守田志郎『農家と語る農業論』(人間選書)農文協、二〇〇一年の拙稿「解説　死生観が問われる時代に」を参照。
(35) 中村政則「地租改正研究の現段階」『経済研究』第二〇巻第二号、一九六九年、一七一頁。もちろん、この地代範疇の議論から「半隷農主的寄生地主制」の規定を行ったのは、山田盛太郎『日本資本主義分析』岩波書店、一九三四年である。
(36) 中村前掲稿、同頁
(37) 以上の点に関しては、拙著『グローバリゼーションと日本農業の基層構造』筑波書房、二〇〇六年、第八章「『地主制』から『小経営的生産様式』へ」、並びに前掲拙稿「小経営的生産様式と農業市場」を参照。
(38) この東浦と近い認識をしていたのが宇野弘蔵である。宇野は、農地所有者の平均所有面積が一・二町にすぎず、一町以下の所有者が全体の七五パーセントを占めること、さらに一九二五年の五〇町歩以上所有地主の総土地所有が全国の総耕地面積に占める比率は六・七パーセントにすぎず、しかもその所有地の三五パーセントは北海道に集中しているとして、これをわが国における「土地所有の細分の事実」としていた。前掲拙稿「宇野弘蔵の日本農業論」、一〇一頁。
(39) ロナルド・P・ドーア、並木正吉・高木径子・蓮見音彦訳『日本の農地改革』岩波書店、一九六五年、五~七頁。
(40) 同上、三頁。
(41) この明治以降の小作料騰貴に農業人口の増加が決定的に関わっていたことを、筆者は「青森県における借地市場と小作争議」『青森県史研究』第三号、一九九九年、「人口圧と小作争議の地域性」『農業史研究』第三五号、二〇〇一年、「戦前期日本(一九〇八~一九四〇)における農家数変動の地域性」『農業経済研究』第八六巻第一号、二〇一四年、の三つの論文で実証的に論じたが、それは後述の東日本と西日本の差という地域性の問題と合わせて、未だにわが国の学会では引用・参照されることのないタブーの論点となっている。経済学では説明し難い人口増加という事実を論じることが避けられてきたからである。
(42) 原典は、マルクス『資本論』第六編第四七章「資本主義的地代の生成」第五節「分益農制と農民的分割地所有」にある一節。大月書店版では、第五巻、一〇三八頁。
(43) このような地主小作関係の特質に関する詳しい実証的研究については、拙著『主産地形成と農業団体』農文協、一九九六年の補章2「農民的小商品生産の発展と小作争議」を参照。
(44) 宇野弘蔵「未定稿Ⅱ」『宇野弘蔵著作集』別巻、岩波書店、一九七四年、四五四頁。
(45) 前掲拙稿「人口圧と小作争議の地域性」及び「青森県における借地市場と小作争議」。
(46) 中村隆英『日本経済』東京大学出版会、一九七八年、一〇四頁。
(47) 代表的なものとして、暉峻衆三『日本農業問題の展開』東京大学出版会、一九七〇年、西田美昭『近代日本農民運動史研究』東京大学出版、一九九七年などを参照。
(48) 代表的なものとして、森武麿編『近代農民運動と支配体制』柏書房、一九八五年などを参照。
(49) 東浦庄治「小作問題に関する若干の展望」『帝国農会報』第一九巻第三号、一九二九年、四六頁。
(50) 東浦庄治「『小作問題に関する若干の展望』の批評に対して」『帝国農会報』第一九巻第五号、一九二九年、一一二頁。
(51) 東浦前掲「小作問題に関する若干の展望」、四三頁。
(52) 同上、四六頁。
(53) 同上、四五頁。
(54) 同上、四八頁。
(55) 太田敏兄『農民経済の発展構造』明治大学出版、一九五八年、一一頁。
(56) 西田前掲書、第三章。
(57) 前掲拙著『主産地形成と農業団体』、第二章。
(58) 玉真之介「戦前期日本(一九〇八〜一九四〇)における農家数変動の地域性」『農業経済研究』第八六巻第一号、二〇一四年。
(59) このほか東浦庄治の小農研究については、地代学説の研究、とりわけ「リチャード・ジョーンズの小農地代」の研究が重要である。この点については、拙稿「東浦庄治の地代学説研究草稿」を参照。
(60) これは、「内面化」をキーワードに鈴木鴻一郎から侘美光彦へ引き継がれた「世界資本主義論」の資本主義認識である。侘美光彦『世界資本主義』日本評論社、一九八〇年、及び前掲拙著『日本小農論の系譜』、終章を参照。
(61) 宇沢弘文『社会的共通資本』岩波新書、二〇〇〇年、宇沢弘文・関良基編『社会的共通資本としての森』東京大学出版会、二〇一五年などを参照。

（62）バリー・C・フィールド『入門自然資源経済学』（庄子・柘植・栗山訳）日本評論社、二〇一六年、寺西俊一・石田信隆編『自然資源経済論入門』1～3、中央経済社、二〇一一～二〇一三年などを参照。
（63）前掲拙稿「『地主制』から『小経営的生産様式』へ」及び「小経営的生産様式と農業市場」を参照。
（64）拙稿「斎藤『自治村落論』と地域資源経済学」『オホーツク産業経営論集』第二六巻一・二合併号、二〇一八年を参照。

第七章　荒木光太郎——ネットワークを通じた経済学の制度化——

牧野　邦昭

第一節　はじめに

荒木光太郎《あらきみつたろう》は戦前の東京帝国大学農学部・経済学部で教授を務めた経済学者であるが、現在では同経済学部で起きた「平賀粛学」（一九三九年）前後の派閥争いの中で名前が言及される場合がある程度で、ほとんど忘れられた存在となっている。荒木の専門分野は貨幣論であるが、研究面での業績やその活動も現在ではあまり知られていない。

しかし、現在名古屋大学大学院経済学研究科附属国際経済政策研究センター資料室に所蔵されている「荒木光太郎文書」の研究を通じ、荒木の多方面にわたる活動が明らかになってきた。本章では荒木光太郎を日本における「経済学の制度化」（経済研究における共通基盤としての経済学の普及や研究組織の整備）という観点から再評価したい。

なお、本章の元となった拙稿「荒木光太郎の研究と活動」を含む『荒木光太郎文書解説目録』および「荒木光太郎文書」の主要資料は、名古屋大学大学院経済学研究科附属国際経済政策研究センター資料室ホームページ（http://

www.nul.nagoya-u.ac.jp/erc/collection/araki.html）および名古屋大学学術機関リポジトリ（http://ir.nul.nagoya-u.ac.jp/jspui/）で公開されているため、そちらもご覧いただきたい。

第二節　荒木光太郎略歴(1)

荒木光太郎は一八九四年五月一八日に日本画の大家である荒木十畝（一八七二〜一九四四）の長男として東京に生まれている。一九一六年に第一高等学校第一部甲類を卒業し、東京帝国大学法科大学で山崎覚次郎に金融を学んでいる。卒業後は大学院に進学するが、一九一九年に同年に死去した和田垣謙三の後を継ぐ形で東京帝国大学農学部助教授となる(2)。一九二一年に荘清次郎（一八六二〜一九二六、三菱合資専務理事）の五女の光子（一九〇二〜一九八六）と結婚している(3)。光子はその後、社交界など幅広い分野で活躍し、後述する荒木の「ネットワーク」が形成される上で光子の果たした役割も大きいと考えられる。なお光子の姉の慶子（戦後は随筆家として活躍）は美術評論家の福島繁太郎の妻であった。荒木は父の十畝および福島繁太郎と共に各界の名士が多く参加した「美術懇話会」に加わっており(4)、荒木の「ネットワーク」を考える上では美術界の人脈も重要であると考えられる。

図 7-1　荒木光太郎

一九二三年から夫婦で留学に出発し(5)、留学先ではケンブリッジ大学でJ・M・ケインズの講義を聴講したり、ウィーンではL・ミーゼスの私的ゼミナールに参加してH・A・ハイエクらとも親交を深めたりJ・A・シュンペーターから私的教授を受けるなど、多くの著名な経済学者と交流を持っている（後述）。またベルリンでは二四年から二五年にかけて河合栄治郎・向坂逸郎・中西寅雄・本位田祥男ら留学中の日本人経済学者とともに研究会を開いている(6)。二六年に帰国して翌年教授に昇進し、二八年からは親しかった河合栄治郎の働きかけもあり経済学部教授を兼務し、三五年に経済学部に移っている（四一年まで農学部兼勤）。なお、荒木の跡を継いで四一年から五九年まで農学部農政学・経済学第一講座を担任したのが東畑精一である(7)。

ところで東大経済学部では派閥争いが激しく、荒木は当初河合栄治郎に近かったものの、後に経済学部内の土方成美・本位田祥男ら経済統制を訴える「革新派」と接近する。三八年五月には土方・本位田・田辺忠男・中西寅雄らとともに、「経済国策」に協力することを目的とする「戦時経済研究会」を東大内で結成している(8)。しかし荒木は東大経済学部内の「革新派」とみなされるようになったものの、実際には土方と荒木との間にはやや距離があったようである(9)。三八年に日独交換教授として渡独しベルリン日本研究所代表を務め、翌年帰国する（後述）。なお三九年一～二月に平賀譲東大総長が河合栄治郎と土方成美を休職処分とする平賀粛学が起き、河合や土方のほか、河合門下の山田文雄・木村健康、革新派の本位田祥男・田辺忠男・中西寅雄らが辞職するが、荒木はドイツ滞在中だったため引き続き経済学部教授を務める(10)。なお河合栄治郎と荒木夫妻との関係は平賀粛学後も続いたと考えられる(11)。四〇年には東京帝国大学評議員となっている。

なお荒木は大蔵省をはじめとする官庁の委員会の委員を多数務めているほか、後述するように日本経済学会、日本経済政策学会、金融学会（現・日本金融学会）などの学会組織の創設と運営に携わった。この延長で荒木は金融学会の中心的存在であった石橋湛山が設立を進言し四四年一一月から活動を開始した大蔵省戦時経済特別調査室の委員となり、湛山に協力して戦後構想の研究を行っている(12)。

荒木は終戦後、四五年一一月に経済学部を辞職し、その後GHQ／SCAP（連合国軍最高司令部）の参謀第二部（G2）歴史課でC・ウィロビー少将が服部卓四郎や有末精三、河辺虎四郎、大井篤などの旧陸海軍将校を集めて行っていた太平洋戦争戦史編纂の日本側チーフ・エディターを務めている。その他、日本商工会議所専務理事、三菱信託監査役などを務めたが、五一年九月二九日に肝臓病で死去している。

八一年に没後三十年を記念して論文集『荒木光太郎教授追悼論文集』（荒木光太郎教授追悼論文集刊行会）と追悼文集『おもいで』（火曜会）が刊行されている。

第三節　海外の経済学者との交流

荒木は一九二三年からの留学において、まずイギリスでロンドン・スクール・オブ・エコノミクス（LSE）でE・キャナンの講義、そして半年後にケンブリッジ大学でケインズの講義を聴講している。[13] 特に注目に値するのはケインズとの交流である。ケインズと直接会った日本人経済学者は福田徳三、柴田敬など極めて限られているが、荒木は二三年にケインズが『貨幣改革論』を刊行した際にイギリスに滞在しており、許可を得てその講義を受講した。荒木はケインズについて「才気ある英国流紳士」「得意の時代とはいへ中々の話達者であり、同時に学生を喜ばすことを忘れない人であつた」「極めて人に対して親切である」などと高く評価している。[14] こうしたケインズへの好印象は、『雇用・利子および貨幣の一般理論』刊行直後の一九三七年にケインズに会ってすれ違いの会話しかできなかった柴田敬[15]など他の日本人のケインズ評価とは異なるものである。

その後荒木は二四年にウィーンに赴き、多くのオーストリア学派の経済学者と交流した。荒木はF・ヴィーザーをオーストリア学派の近年までの中心人物として紹介しており、実際にヴィーザーのウィーン大学における後継者だったH・マイヤーの紹介でヴィーザー夫妻と会っている。[16] 荒木はマイヤーについて「誠にウヰーザーが彼を其後任に選んだのも無理もないと思ふ様な人柄に於ても可なり多くの類似点を有する人で、学問の上では忠実なる限界効用学説の信奉者である」と評価している。[17]

また荒木は、当時オーストリア商工会議所に勤務していたミーゼスが同所で開催していた私的ゼミナールに参加した。同ゼミナールはハイエクのほかG・ハーバラー、O・モルゲンシュテルン、F・マッハルプらその後著名となる経済学者、さらに法哲学者のF・カウフマンや社会学者のA・シュッツらが参加したことで知られる。[18] 荒木はこのゼミナールの活発な議論の様子を詳細に紹介し、「此の演習は自分の楽しき経験の一つとして今なほ深く心に印して居るものである」と述べている。[19]

ハイエクは八〇年に荒木門下生の細野孝一[20]からの問い合わせに対し、荒木と光子について"He became a valued member of the Vienna group of economists, but it was the beauty and charm of Mrs. Araki who attracted great attention and made them a wellknown couple introduced into all circles of Vienna society."（原文ママ）と回想した手紙（一九八〇年四月一四日付）を寄せており、[20]『荒木光太郎教授追悼論文集』にも「経済学と技術」を寄稿している。なお、ハイエクの手紙からも妻の光子がウィーン社交界で注目を集める存在であったことがわかる。[22]

また荒木はウィーンで当時ビーダーマン銀行頭取だったシュンペーターから私的教授を受けている。これはシュンペーターがボン大学に移る（二五年秋）まで続いた。[23] シュンペーターは三一年に来日した際に東京・弥生の荒木邸を訪れている。当時小学生だった荒木夫妻の長女の明子によると、学校から帰宅すると父の光太郎から「シュンペーターという大切な方が来られている」ので部屋に入らないようにと言われたが、シュンペーターが荒木寛畝（一八三一～一九一五、日本画家、荒木十畝の義父）の大きな絵の掛った床の間に案内され、金屏風に接して興奮し、西洋間の応接室に移って日本画を荒木夫妻と興味深く鑑賞しているのを垣間見たという。[25] またシュンペーターは荒木夫妻及び東畑精一とともに鎌倉を訪れたり、[25] 荒木光子と東畑とともに箱根や熱海を訪れている。[26] さらに、東大経済学部助手時代に荒木の指導を受けた今野源八郎（のち東大教授、交通経済学）は、アメリカに留学する際[27]に荒木から当時ハーバード大学教授だったシュンペーターへの紹介状をもらい、そのおかげでシュンペーターの謦咳に接するとともにハーバード大学の有名な諸教授に紹介されたと回想している。[28]

荒木はこうした著名な経済学者の業績の日本への紹介に努めている。特に一九二九年に刊行された『墺太利学派経済学』（日本評論社）はK・メンガーの『国民経済学原理』や『社会科学、特に経済学の方法に関する研究』に主に依拠しつつメンガー以降のオーストリア学派の経済理論を紹介しており、日本におけるオーストリア学派の経済学の最初の体系的な研究書の一つである。また荒木が編纂した『動揺期の金融学説』（ダイヤモンド社、一九三八年）は門下生の崎村茂樹[29]らがケインズ、ハイエク、ハーバラー、A・アフタリオン、H・G・H・シャハトらの金融や貨幣に関する学説を概説したものである。

さらに木村健康と安井琢磨はシュンペーターの『理論経済学の本質と主要内容』（原著一九〇八年）を翻訳するにあたり「荒木光太郎先生東畑精一先生が原著者との折衝に際して仲介の労を添へられたことは訳者の深く感謝するところである」と記している。[30] また野口弘毅によるハイエクの『貨幣理論と景気循環』の翻訳（一九三五年）にあたり、荒木はハイエクに紹介の労を取っているほか、二五年にウィーンで撮影したハイエクの写真を提供している。[31] さらに荒木はミーゼスの『貨幣及び流通手段の理論』（原著一九二四年）の翻訳の許可をミーゼスから得ていたが、結局これは東米雄が荒木の援助により完訳し、荒木が実質的に運営していた経済学振興会（後述）の一連の翻訳書の一冊として四九年に刊行されている。荒木は同訳書「解説」においてミーゼスの貨幣理論の概要と翻訳の経緯について説明している。[32]

第四節　時事問題への発言

貨幣論を専攻していた荒木は金融問題についても積極的に発言している。荒木は貨幣制度の第一の条件は貨幣価値が安定することであり、国内物価の安定には外国為替相場の安定が必要であるが、国際通貨として金が重要な役割を果している以上、金本位制に優るものは存在しないという立場に立っている。[33]

したがって荒木は一九三〇年の日本の金解禁（金本位制への復帰）を基本的には支持していた。金解禁後の昭和恐慌後の物価下落に際して金輸出再禁止が主張されるようになっても、荒木は一国経済では成立しえない国際経済の時代では「貨幣は国内価値よりも漸次対外価値において重要性を帯びつゝあるのである」として、国内物価ではなく対外的な為替の価値の維持を重視すべきだとしている。そして「金本位制を是認する以上は、これを基礎として生じたる為替相場により物価が影響されるのが当然であ」り、「平価切下論者の如く、国内物価を第一の基準として、之に為替を適合せしめ、しかして本位貨の価値を決定すると云ふのは、全く正反対であつて、貨幣制度発展の過程に逆行するものである」として金輸出再禁止や平価切下げを訴える論者を批判している。[34]

イギリスおよび日本が金本位制から離脱した後も、荒木はイギリスの金本位制の停止は急激な短期資金の回収が原因であって、国際間における取引決済が金によって行われている以上、金本位制に代わるより良き通貨制度を見いだせないのであれば容易に金本位制を葬り去ることはできないとしている。[35] したがって日本や各国は将来的に金本位制への復帰を目指すべきとしているが、現状では各国において国内的政策も一定せず対外為替が変動しており復帰は難しいため、まず中間的政策として各国がケインズの提唱するManaged Currency（管理通貨）に移行し、その後金本位制に復帰するという現実的な提案をしていた。[36] 荒木は国内の通貨の価値安定のためには金本位制でなく不換紙幣でも十分であり、ケインズの管理通貨論は十分意義をもつが、貨幣の対外的価値の維持のために金本位制に意義があるとしていた。(37)

太平洋戦争勃発後、荒木は経済統制の強化によって生じた闇経済について、ドイツとの比較を通じて解説している。荒木は闇経済が起きる原因を「配給が不完全で物資の入手が困難であること、まだ闇をすることが出来るだけ物があること、インフレの存在すること」として、ドイツでは配給機構が整っているので最小限度の生活が確実に保証されており、統計が完備していて闇に流す余地がなく、また通貨を増発しても公債や税などで余剰購買力を吸収しているので余計な金が国民に無いといった条件があるため闇行為が起きにくいとしている。そして結論として、闇経済を撲滅するためにはまず経済的条件（配給機構の整備、切符制の拡大、無理な公定価格の改定）を整え、その上で法による取り締まりの強化をすべきであり、その場合でも監察制度を経た上で断固たる措置に出るという段階を踏むべきだとしている。(38)

このように、荒木の時事的な経済問題についての主張は、基本的には既存の古典的な経済理論にケインズ理論など新しい経済学を取り入れながら現実的な提言をしていく穏健なものであった。一つの経済理論に固執しないこうした荒木の立場が、さまざまな経済学の日本への導入と普及に役立ったと考えられる。

第五節　日独文化交流

荒木はナチス期の日独文化交流において大きな役割を果している。荒木は一九三八年から三九年にかけて日独交換教授として選ばれベルリン日本研究所代表を務め、三九年三月にはドイツに併合されたオーストリアのキッツビュールで第一回日独学徒大会を在独日本大使館員の法眼晋作（のち外務事務次官）や民族学者の岡正雄らと協力して実行している。[39] 帰国直前には「在独日本学生会」の結成の提唱と助言を行っている。[40]

帰国後も荒木は財団法人日独文化協会の常務理事および評議員を務め、[41] 四〇年四月に外務省・文部省の後援で河口湖畔で開催された日独学徒大会指導者となったり、[42] ナチスドイツの準公式書籍『民族社会主義国家の基礎・構成および経済体制』の翻訳『新独逸国家体系』の刊行に尽力するなど、[43] ナチス期のドイツとの文化交流に力を入れた。一九四一年には心理学者の速水滉と共にドイツ学士院会員賞を授与されている。[44]

それでは経済学者としての荒木はナチス経済をどのように評価していたのか。荒木は日独交換教授から帰国後の三九年一〇月の東洋経済新報社の財界サロン「経済倶楽部」での講演[45]で、ナチス下のドイツが活性化しているという印象を述べている。その理由として組織面での改革、そして農村問題に力を入れていること、人的要素を重視して社会施設を多く建設していること、ナチスの余暇提供組織であるＫｄＦ（歓喜力行団）などの活動を挙げ、それらを高く評価している。特に荒木が注目したのはこうした事業を行う場合に「手形」（雇用創出手形、再軍備手形など）を用いて多額の資金を調達し、にもかかわらずインフレが防止されていることであった。荒木は日本も「斯う云ふ方法は非常に参考になると考へるのであります」と述べている。[46] ナチスの資金調達が雇用創出手形やメフォ手形などの各種の手形に依存していることは当時の日本でもある程度知られていたが、その種類や手法が複雑であると同時にその実状はほとんど公表されていなかったため、[47] 日本ではあまり注目されず表面的なナチスの経済組織の再編成などに関心が集中しがちであった。貨幣論を専攻し、実際にナチス経済の実態に触れた荒木はナチスの経済政策の「本質」を掴んでいたといえる（ただ、荒木は手形を通じた資金調達の長期的な維持可能性についてはあまり懸念を示していない）。

荒木は三九年一二月に開催された日本経済学会第六回大会で「ナチス金融理論に就いて」という題目で報告しているが、「ナチスの金融政策は、その特異なる形式の巧妙なる操作によつて、しばしば大なる効果をあげえたのであるが、われわれは、いまだそこに、これを裏づけるべき、ナチスに特有なる新らしい理論を見出すことができない」「かの手形発行による信用創設の方法について観るも、それは、根本において一種の数量説的な見地をとり、貨幣の請求権としての要素を大いに活用し、その交換手段としての職能を十分に働かしめたものではあるとしても、それ自体としては、いまだ決して独自のものとはいひえない[48]」としている。荒木はナチスドイツとの文化交流に力を注ぎつつ、経済学者としてはナチス経済を好意的ではあるものの冷静に見ていた。このように同時代の風潮の中に身を置きながらもそれを客観的に見ていた荒木の立ち位置が、後述するような日本の経済学界での活動に影響しているとみられる。

第六節　日本の経済学の制度化への貢献

(一)　日本経済学会

日本では一九二四年の社会政策学会の休眠以降、経済学の学会が存在しなかったため[49]、三四年に理論経済学の学会として日本経済学会（戦後は理論経済学会、理論・計量経済学会を経て一九九七年から再び日本経済学会）が設立され、荒木は創立時の幹事であった。荒木とともに初代幹事を務めた坂本弥三郎は理事となった高田保馬、高垣寅次郎、小泉信三、土方成美とともに荒木の「奔走斡旋」により日本経済学会が創設されたとしている[50]。その後も荒木は四〇年一二月の第七回大会で理事、四一年六月の理事会では常任理事となるなど、戦前の日本経済学会の役員を長く務めている[51]。

（二）　日本経済政策学会

一九四〇年に日本経済政策学会が設立された際の発起人に荒木は赤松要、石川興二、井藤半弥、上田貞次郎、大熊信行、神戸正雄、河田嗣郎、高島佐一郎、高田保馬、谷口吉彦、東畑精一、山崎覚次郎らとともに名を連ねている。四〇年五月の創立大会で荒木は東京発起人側を代表して開会を宣言している[52]。

日本経済政策学会の設立は荒木が委員であった日本学術振興会第三常置委員会第二三（中小工業）小委員会（一九三八〜四三年）が母体となったものであった（ほかの委員は上田貞次郎、赤松要、小島昌太郎、藤田敬三、美濃口時次郎、山田文雄、山中篤太郎ら）。日本経済政策学会設立の「企画、立案、創成の実践的な仕事はこの委員会の委員を中心にして始められ、委員会の会合が事実この学会の準備の場として役立ったのであった」[53]。このため荒木は日本経済政策学会の設立にかなり関係していたものと考えられる。

（三）　通貨制度研究会・金融学会

荒木は石橋湛山が中心となって東洋経済新報社内に設立され一九三二〜三三年および四一〜四三年に活動した「通貨制度研究会」の主要委員として活動している[54]。荒木が同研究会に参加したのは恩師の山崎覚次郎が第一次通貨制度研究会の委員長だったことによるようである。

また荒木は、同研究会を発展させ四三年に経済学者と日本銀行関係者などの実務家により創立された金融学会（現・日本金融学会）の発起人および常任理事として中心的な活動を担った[55]。荒木と共に常任理事になった高垣寅次郎は、「東大からは荒木光太郎、慶應の金原賢之助――二人はわりあいに早く死にましたが、それと僕の三人がいつでも幹事役で仕事をしておった」と回想している[56]。四三年七月の第一回理事会では四つの委員会のテーマと責任者が決定され、それらのテーマと責任者は「管理通貨制度の本質並に其の将来」（荒木光太郎）、「将来に於ける日本を中心とする為替及国際金融」（高垣寅次郎）、「貯蓄の本質と資金配分計画」（金原賢之助）、「我国に於ける金融機構整備の方向に関する理論的研究」（石橋湛山）であった。[57] このように通貨制度研究会および金融学会で荒木が石橋湛山とともに長期に渡り多くの仕事をしていたことが、荒木が太平洋戦争末期に石橋湛山の提言により設置された大蔵省の「戦時経済特別調査室」の委員となっていることに関係している。

（四）　経済学振興会

荒木の日本の経済学研究への重要な貢献として、欧米の理論経済学の日本への普及を目的に設立された財団法人経済学振興会（一九四一年六月発会、九月財団法人認可）を主導したことが挙げられる。経済学振興会は実業之日本社の寄付によって作られ、実業之日本社から書籍を刊行していたが、これは同社社長の増田義一の息子の義彦（戦後同社二代目社長）が荒木ゼミ出身だったことによる。[58] 同会の役員として高田保馬（理事長）、荒木光太郎（常務理事）、中山伊知郎、高橋誠一郎らがいたが、実際に同会の運営に当たっていたのは常務理事の荒木であり、[59] 経済学振興会の事務所は荒木の自宅に置かれていた。[60]

経済学振興会は太平洋戦争中にハイエク『資本の純粋理論』、G・ミュルダール『貨幣的均衡論』、G・F・ハロッド『国際経済学』、W・オイケン『国民経済学の基本問題』、W・レプケ『経済恐慌と景気変動』などの翻訳や、J・G・K・ヴィクセル『経済学講義』（*Lectures on Political Economy*, Vol. 1 & 2）、J・R・ヒックス『価値と資本』（*Value and Capital*）などの原著リプリントを行った。理事長の高田が出版統制の一環として各出版社への用紙の割り当てを行っていた日本出版文化協会（出版文協）の設立時（四〇年）の理事であり、また用紙割り当てと関係した出版文協の図書推薦制度の推薦委員として荒木のほか高田、中山、高橋がいたことが、厳しい出版統制が敷かれ、かつ紙が不足する中でこうした出版が可能だった背景として挙げられる。

戦争中の京都帝国大学経済学部では高田や青山秀夫が経済学振興会により刊行されたヒックスの『価値と資本』リプリントを英書購読や演習で使用し、学生だった森嶋通夫はこれを読むことを毎日の仕事としていた。このように経済学振興会の活動は、海外から切り離された戦時下の日本での経済学の水準を維持し、戦後に続く理論経済学研究にかなり貢献したと考えられる。[61]

（五） 世界経済調査会と世界経済理論報告会

荒木は日本経済聯盟会対外委員会が一九四一年六月に改組して設立されたシンクタンク機関の財団法人世界経済調査会[62]の客員となり、独逸経済研究部主査を務めた。世界経済調査会は当時としては満鉄調査部や東亜研究所に次ぐ半官半民のシンクタンクであり、都留重人も太平洋戦争開戦後に交換船で帰国した後に所属していた。

世界経済調査会は四二年一一月に「世界経済理論研究の我国に於ける発展を促進する趣旨を以て」世界経済理論報告会を開催し、今野源八郎・中山伊知郎・難波田春夫による報告（今野「キール学派の世界経済新秩序論[63]」中山「世界経済理論の吟味」難波田「日本経済と世界経済」）とその後の討論を行った。討論には石橋湛山、板垣与一、宇野弘蔵、大熊信行、気賀健三、鬼頭仁三郎、酒井正三郎、塩野谷九十九ら当時の代表的な経済学者が参加している。[64] 同報告会は戦時中の「純粋経済学」（理論経済学）と「政治経済学」（統制経済を正当化する経済学）、「日本経済学」（日本独自の経済学）との対決の場として知られるが、[65]「荒木光太郎、蝋山政道両氏は当会［世界経済調査会］客員として本報告会の準備は固より当日の議場の運営に至る迄大いに助力される所があつた[66]」。報告者のうち今野は荒木門下であり、中山は荒木と日本経済学会や経済学振興会、金融学会で交流があり、難波田は東大経済学部の同僚であるため、同報告会を実質的に企画・運営したのは荒木であったと考えられる。

同報告会の感想として荒木は「研究者は常に充分、己の深く蔵する意見を開陳し同時に人よりの意見を聞き、論ずべきは論じ傾聴すべき意見は傾聴して改むるに吝ならざるは真の研究者の心境である。夫故に研究者にとりて望ましきことは、真摯なる研究者が相集りて同問題について忌憚なき意見を戦はす機会を持つことであるといへる」が、世界経済理論研究の分野においては学会が無いので、世界経済調査会が世界経済理論研究者にその意見を発表し討論する機会を作ったことは「学界に対する貢献なりと主催者側の一人たる筆者が率直に云ひ得る」としている。[67]

（六）大蔵省国家資力研究室・財団法人国家資力研究所における国民所得研究

日中戦争勃発（一九三七年）後、戦争の長期化と軍事費支出の急増によりインフレーションの危機が顕在化してきたため金融統制の必要性が生じる。これにより迫水久常（当時大蔵省理財局金融課長兼企画院書記官）によって金融新体制案の立案が進められ、財政金融基本方策要綱が四一年七月に閣議決定される。そこでは「国民経済の総生産額その他を総合的に勘案して国家資力を概定し、これを国家目的に従ひて財政、産業及び国民消費の三者に合理的に配分すべき国家資金動員計画を設定す」とされ、そのため「国家資力」（国民所得）の研究が本格的に進められることになった。四一年九月に大蔵省理財局に国家資力研究室が設置され、室長に荒木光太郎、顧問に東大経済学部教授で統計学者の中川友長が就任して国民所得算定方法の研究が行われた。[68] 同研究室には迫水の部下だった下村治（当時大蔵省事務官）のほか、吉野俊彦（日本銀行）[69] や女性マルクス経済学者の渡辺多恵子[70] らが参加した。

さらに国民所得推計の理論的・統計的研究の拡充を図るため、大蔵省総務局長となった迫水と荒木らで具体案を練り、四三年九月には財団法人国家資力研究所が設立された。理事長は山崎覚次郎であったが荒木は理事として実質的な運営にあたった。また下村治は参与、渡辺多恵子は嘱託として引き続き国家資力研究に携わった。[71] 国家資力研究所では高田保馬や森田優三などの経済学者も招かれ、国民所得推計の方法としてのW・レオンチェフの産業連関表の研究、インフレーション対策としてP・サミュエルソンの乗数・加速度原理に基づく景気循環論など、当時としては高水準の研究が進められている。下村は一九四四年七月に支出面から国民所得を考え、乗数を用いて国民所得の計算を行う方法を提唱している。(72)

国家資力研究所における研究が戦後の国民所得推計や、下村の『経済変動の乗数分析』(一九五二年)などの戦後の研究に与えた影響は今後の課題であるが、「下村理論」が池田勇人内閣の経済政策を支える思想となり、さらに池田内閣で経済企画庁長官となり国民所得倍増計画を推進したのが国家資力研究室・国家資力研究所の設立を推進した迫水久常であったように、戦後の高度成長政策を支えた思想や人物と戦時期の国民所得研究には連続面が見て取れる。そして荒木光太郎はこうした戦後につながる国民所得研究を責任者として進めたのである。

第七節　戦後の経済学ネットワークへの影響

(一)　東京大学経済学部「近代経済学」の系譜

日本における数理経済学の発展に大きく貢献した安井琢磨は、一般均衡理論を本格的に紹介した中山伊知郎を二三歳のときに訪問して大きな影響を受けることになるが、その際に中山を紹介したのは安井の恩師の河合栄治郎と親しかった荒木であった。(73) また既に述べたように安井が木村健康とともにシュンペーターの『理論経済学の本質と主要内容』の翻訳の際に仲介の労を取ったのは荒木と東畑精一であった。安井は一九三九年の平賀粛学で恩師の河合が東大経済学部を去った後も東大に残留することになるが、その後四四年に東北帝国大学に移るまで東大経済学部内で最も近い関係にあったのは荒木であったと考えられる。安井は前述のナチスドイツの準公式書籍『民族社会主義国家の基礎・構成および経済体制』の翻訳である『新独逸国家体系』の一部を担当しているが、(74) これは荒木が『新独逸国家体系』刊行会の一員であったことによるものと考えられる。また安井は荒木が責任者を務め四三年一〇月から四五年一月まで活動した金融学会第一委員会（委員長・高田保馬）に高島佐一郎、中山伊知郎、田中金司らとともに委員として加わっている。[75] さらに安井は、荒木が翻訳の許可を得て東米雄が翻訳し経済学振興会により刊行されたミーゼス『貨幣及び流通手段の理論』の訳文に一九四四年に目を通している。[76] 安井は経済学振興会による『価値と資本』原著リプリントなどの刊行について「だれがそういう本を選択したのかぼくは知らないけれども」と述べているが、[77] それとは裏腹に安井はかなりの程度経済学振興会の活動内容を知っていたと思われる。

こうした荒木と安井との関係もあり、東大経済学部で安井の演習に学んだ大石泰彦（戦後東大経済学部教授）は四三年九月に大学院特別研究生になる際、まだ助教授だった安井の示唆もあり荒木に指導教官になってもらい、荒木も大石に対して安井の教えを受けることを積極的に奨励したという。大石は荒木からの指示によりK・ヘルフェリッヒの『貨幣』を読み、一方で安井からはヒックスの『価値と資本』を学んだ。[78] さらに大石は前述の金融学会第一委員会の幹事を務めている。[79] 荒木は終戦後に東大経済学部を辞職する際に大石を激励したという。大石は戦後も荒木邸をよく訪問し、荒木の死後に荒木光子に頼まれて蔵書を整理している。[80]

このほか、戦後の東大経済学部教授で荒木と関係の深かったのが今野源八郎である。今野は三〇年から三三年まで東大経済学部助手として荒木および橋爪明男の指導を受け、[81] 前述のように助手退職後にアメリカに留学する際に荒木からシュンペーターに紹介状をもらったほか、四〇年の日独学徒大会や四二年の世界経済理論報告会などの荒木の関わった学術的な集まりで報告を行っている。

戦後マルクス経済学が主流になった東大経済学部の中で大石泰彦及び今野源八郎はいわゆる「近代経済学」の立場に立つ数少ない経済学者であり、さらに大石の門下生に浜田宏一氏や根岸隆氏らがいることを考えると、東大経済学部で「近代経済学」の系譜は荒木門下により維持されたともいえる。

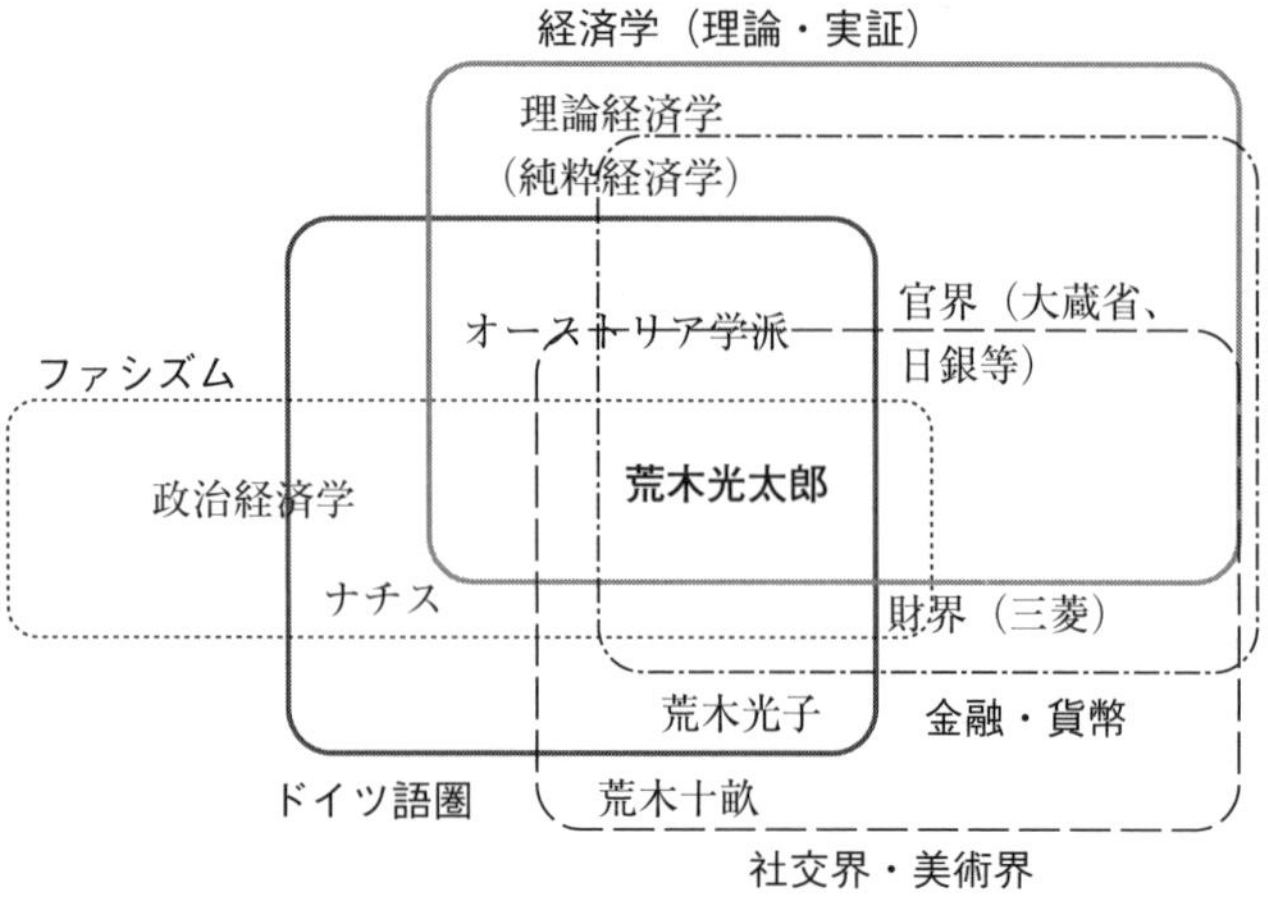

図 7-2　荒木ネットワーク

（二）　戦後における日独経済学学術交流

名古屋大学所蔵「荒木光太郎文書」は、一九五四年に城島国弘（当時名古屋大学経済学部助教授、のち同経済学部長、四日市大学学長）の仲介により名古屋大学経済学部に受け入れられたものである。城島は四二年四月～四三年一〇月に東大経済学部荒木ゼミで学び、戦後の大蔵省や名古屋大学への就職も荒木の尽力によるものであった。城島は八一年に刊行された『荒木光太郎教授追悼論文集』の編集も行っている。

城島は五四年に荒木光子の推薦により戦後第一回フンボルト留学生として西ドイツに留学している[82]。その際に親しくなったT・ダムスとの間で名古屋大学とフライブルク大学との両経済学部間の交換留学・共同研究を進め、七二年から交換留学生が派遣されるようになった。その後共通テーマの下に実質的な共同研究が七四年から始まり、その成果は一九七八年以来東洋経済新報社やドイツの名門出版社Duncker & Humboltから出版されている。ここに収録されている諸論文は両国の対外政策の違いを反映しつつも開発援助の可能性や限界を踏まえて地域開発や援助政策を検討したものであった[83]。城島はフライブルク大学との共同研究を進めるに当たりしばしば荒木光子を訪れて相談していた[84]。荒木夫妻のドイツ関係のネットワークは門下生の城島によって戦後に引き継がれ、日独の経済学における交流に貢献することになった。

なお名古屋大学とフライブルク大学との関係はその後経済学部以外にも広がり、二〇〇一年に大学間協定が結ばれ現在も密接な関係が続いている。

第八節　おわりに――ネットワークの結節点としての荒木光太郎――

荒木はナチスドイツとの交流に取り組み、また東大経済学部でで河合栄治郎と対立した革新派とともに行動するなど、戦後の価値観からは否定的に捉えられがちな行動をとっており、それが早い死と合わせて戦後の荒木への低い評価と忘却とに影響していると考えられる。他方、そうした荒木のイデオロギー的な活動の側面のみに注目すると、日本の学界において荒木の果たした役割が見えにくくなる。荒木はもともとナチスとは基本的に相いれないオーストリア学派の経済学者と多くの交流があり、理論経済学に十分な理解を持っていた。これが経済学振興会での英語圏を含む海外理論経済学書の翻訳・リプリントや世界経済理論報告会の開催といった、必ずしも同時代の風潮とは一致しない学術的活動にも力を入れた要因であると考えられる。

さらに、残された資料や著作を見る限り荒木は仕事に熱心に取り組む傾向にあり、また多くの人が荒木の温厚さを証言している。石橋湛山らリベラルな知識人との交流も、荒木がイデオロギーにとらわれない人物であったことを証明している。こうした荒木の性格が荒木をさまざまな研究会・機関の創設・運営に関わらせることになったと考えられる。これに加えて妻の光子が三菱財閥と関係がありかつ社交界など広い分野で活躍したことで、荒木は「日本と海外（特にドイツ）」、「学界と財界・官界」、「学界における様々なイデオロギー」などの異なる領域を結びつけ、特に経済学の学会の整備や経済理論書の翻訳・普及、官庁における経済学研究に重要な役割を果したといえる。荒木を中心とした「ネットワーク」を調べることで、戦間期・戦時期の日本における経済学の制度化の実態を明らかにしていくことができると考えられる。

＊荒木光太郎研究の機会を与えていただいた小堀聡氏（名古屋大学大学院経済学研究科准教授）、荒木光太郎に関する貴重な情報と資料をご提供いただいた齋藤潤氏（荒木光太郎御令孫）、名古屋大学大学院経済学研究科附属国際経済政策研究センター情報資料室職員の皆様、ほか関係者の皆様にこの場を借りてお礼申し上げる。本稿は科研費基盤研究（C）「戦時・占領期日本における経済学者の社会的活動――「荒木光太郎文書」の分析より」（課題番号15K03389）による研究成果である。

注

（1）荒木光太郎の略歴について、「荒木光太郎教授の略歴」『荒木光太郎教授追悼論文集』荒木光太郎教授追悼論文集刊行会、一九八一年所収、および「経済学部教授・助教授略歴（五十音順）」東京大学経済学部『東京大学経済学部五十年史』東京大学出版会、一九七六年所収を参照した。

（2）和田垣謙三は一八九八年に東京帝国大学法科大学から農科大学に転籍しており、これは当時の法科大学内における金井延派と松崎蔵之助派の派閥争いで金井と親しかった和田垣が追放されたためと考えられる（三島憲之「和田垣謙三と明治・大正期の経済学界（Ｉ）――和田垣の経歴と活動を中心に（２）」『東北公益文科大学総合研究論集：forum21』第五号、二〇〇三年）。和田垣の後任人事が荒木に決まったのは指導教官の山崎覚次郎が金井と親しかったことが影響していると推測される。

（3）河合栄治郎編『学生と西洋』（日本評論社、一九四一年）の「執筆者略歴」荒木光子の項による（七四五頁）。光太郎・光子の披露宴に出席した高橋誠一郎は、仲人の青木菊雄（元三菱合資専務理事）から、「荒木家に画を学ぶために出入りしておられた光子嬢と同家の御曹司光太郎氏との間には、すでに久しい以前から赤い縁の糸が結ばれていた」という挨拶を聞いたという（高橋誠一郎『経済学わが師わが友』日本評論新社、一九五六年、五九頁）。齋藤潤氏によれば、光子の兄の荘清彦（のち三菱商事社長）と荒木光太郎が東京高等師範学校附属中学校の同窓生だったので、光子は兄の勧めで光太郎と結婚したのではないかということである。また、荒木十畝と荘清次郎が同郷（現在の長崎県大村市）であることも光太郎と光子の結婚に影響していると考えられる。

（4）独立行政法人国立文化財機構東京文化財研究所「美術懇話会会員名簿」http://www.tobunken.go.jp/japanese/konwakai/meibo.html、二〇一七年九月一五日閲覧。

（5）『東京大学経済学部五十年史』の「経済学部教授・助教授略歴（五十音順）」には荒木の留学先は「独・英・米・仏」とされており（一〇四七頁）、戦前の荒木の略歴にも「英、独、仏、米各国に留学」とある（「講演者の略歴」『経済倶楽部講演　昭和一四年第三四輯』東洋経済出版部、一九三九年、六九頁）。荒木は一九二七年の随筆で「欧洲を去つて米合衆国に行けば」と書いてニューヨークでバスに乗った際の様子を述べている（荒木光太郎「車掌用語感」『法律春秋』第二巻第四号、一九二七年、五七頁）ため、ヨーロッパからの帰路にアメリカに立ち寄ったと考えられる。

（6）江上照彦『河合栄治郎教授』講談社学術文庫、一九八一年、二二一頁。

（7）東京大学百年史編集委員会編『東京大学百年史　部局史二』東京大学出版会、一九八七年、九五〇頁。

（8）「革新派教授団　研究会発会式」『読売新聞』一九三八年五月三日朝刊。

（9）土方成美は一九六〇年の『学界春秋記』（中央経済社）において、荒木を農学部から経済学部に貨幣金融論担当教授として迎え入れたことで、やはり山崎覚次郎門下で金融が専門だった橋爪明男（助教授）と荒木との間がうまくいかず、橋爪のその後の（内務省警保局嘱託となるなどの）行動に影響を与えたのではないかとしており、「この人事は後に禍根を残した」としている（一九八～一九九頁）。また土方によれば、一九三八年六月に教授会で「土方教授の校紀紊乱に関する件」が舞出長五郎学部長によって取り上げられ、河合がこれを支持し、本位田祥男や田辺忠男が土方を擁護したのに対し、荒木は「自分は近く、日独交換教授として渡欧する。何れこの事件は、その内何かの形をとって進展するであろうが、その時自分は日本にいないだろう。よって、この事件に関しては全く意見を述べたくない」と発言し、土方はこれを「まことに納得の行かない発言」と批判している（二一三～二一四頁）。

（10）平賀粛学当時にドイツに滞在していた荒木は当初は二月中旬に帰国する予定だったが、帰国を延期している。新聞では「同教授は帰朝後は従来同一行動をとり来つた革新派とは別個に行動し、残留教授に留まる模様で荒木教授のこの動向は革新派内の助教授、助手に微妙な影響を与え同教授と共に残留するものも出る模様で注目されてゐる」と報じられた（「荒木教授残留か帰朝を数ヶ月延期」『東京朝日新聞』一九三九年一月三一日朝刊）。荒木の神戸への到着は八月三一日、東京に到着しオット独大使らに出迎えられたのは九月一日であった（『東京朝日新聞』一九三九年九月二日朝刊）。

(11) 河合栄治郎の一九三九年九月八日の日記には、ドイツから帰国した荒木と会ってドイツ事情や一月の平賀粛学について話し、「自分の思うことを率直に話すと共に各々の立場を尊重することを話して別る」と記されている（『河合栄治郎全集第二三巻日記Ⅱ』社会思想社、一九六九年、一四一頁）。また荒木光子は河合が編集した前掲『学生と西洋』に「独逸の印象」という文章を載せている。

(12) 牧野邦昭・小堀聡「石橋湛山と「戦時経済特別調査室」――名古屋大学所蔵「荒木光太郎文書」より」『自由思想』第一三五号、二〇一四年。

(13) ラディスラウス・ミュルバッハ＝ゲルデルン＝エグモント伯爵「我が友　荒木教授の思い出」『おもいで』火曜会、一九八一年所収、一七頁。

(14) 荒木光太郎『現代貨幣問題』改造社、一九三五年、五六六～五六八頁。

(15) 柴田敬『新版増補　経済の法則を求めて』日本経済評論社、二〇〇九年、六四～六五頁。

(16)『現代貨幣問題』五四二～五四三頁。

(17)『現代貨幣問題』五四四頁。ミーゼスらヴィーザー後の世代のオーストリア学派の経済学者はマイヤーに厳しい評価をしていた（八木紀一郎・池田幸弘「ヴィーン大学講義目録におけるオーストリア学派」『経済論叢』第一四巻第一・二号、一九八七年）。

(18) 森元孝『アルフレート・シュッツのウィーン――社会科学の自由主義的転換の構想とその時代』新評論、一九九五年、一二九～一三三頁。

(19)『現代貨幣問題』五四七～五四八頁。

(20) 細野孝一は東大経済学部助手時代に荒木の指導を受け、その後内閣調査局専門委員、企画院調査官などを務めた。また戦後は荒木とともに日本商工会議所に勤務し、その後東京学芸大学・関東学院大学・国士舘大学で教授を務める（細野孝一「先生と私」（『おもいで』所収）および同『経済の智力直観』鹿島出版会、一九九九年の「著者略歴」参照）。細野は一九八一年に刊行された荒木の追悼文集『おもいで』を編集している。なお、細野が所蔵していた企画院などの資料は現在関東学院大学図書館に所蔵されている。
(21)『おもいで』四二頁所収。
(22)ハイエクは一九七〇年代頃に日本を訪問した際に荒木光子に会っている(齋藤潤氏談)。
(23)「我が友　荒木教授の思い出」一七頁。
(24)米川紀生氏宛の齋藤明子(荒木光太郎長女)書簡(一九九〇年一〇月一二日付)による(米川紀生「日本におけるシュンペーター」同編『人物書誌大系三九　シュンペーター』日外アソシエーツ、二〇〇八年所収、一三四、一三七頁)。
(25)この際の写真は『人物書誌大系三九　シュンペーター』口絵および吉川洋『いまこそ、ケインズとシュンペーターに学べ――有効需要とイノベーションの経済学』ダイヤモンド社、二〇〇九年、四六頁に掲載されている。
(26)東畑精一『わが師わが友わが学問』柏書房、一九八四年、一一～一二頁。
(27)今野源八郎は一九三三年から三四年にかけてアメリカに留学し、ジョージ・ワシントン大学大学院で学ぶとともにブルッキングス研究所特選研究生としてアメリカ経済政策を専攻した(『今野源八郎先生に聞く(American Studies in Japan Oral History Series Vol. 19)』東京大学アメリカ研究資料センター、一九八三年、五〇頁)。
(28)今野源八郎「想い出と教え」『おもいで』所収、九七頁。
(29)崎村茂樹については加藤哲郎「情報戦のなかの「亡命」知識人――国崎定洞から崎村茂樹まで」『Intelligence』第九号、二〇〇七年を参照。
(30)「訳者序文」シュムペーター、木村健康・安井琢磨訳『理論経済学の本質と主要内容』日本評論社、一九三六年所収、五頁
(31)エフ・ア・ハイエク、野口弘毅訳『ハイエク景気と貨幣――貨幣理論と景気理論』森山書店、一九三五年。
(32)荒木光太郎「解説」ルドウィッヒ・ミーゼス(東米雄訳)『貨幣及び流通手段の理論』実業之日本社、一九四九年所収。
(33)荒木光太郎『貨幣と物価』東洋出版社、一九三四年、四二四～四二五頁。
(34)荒木光太郎「金輸出再禁止の論拠理論上の欠陥を指摘す」『中外財界』第五巻第一〇号、一九三〇年、四四六～四四七頁。
(35)荒木光太郎「英国金本位制の停止と金本位制の将来」東洋経済新報社編『金本位制の研究』東洋経済出版部、一九三一年所収、一三九～一四〇頁。
(36)『貨幣と物価』四二六～四二七頁。

(37) 荒木光太郎『満・支幣制改革問題』改造社、一九三六年、八五頁。
(38) 「統制のうちに生抜き一分の隙なき配給　苦痛を知らぬドイツに学べ　荒木教授談」『朝日新聞』一九四三年九月七日朝刊。
(39) 法眼晋作『外交の真髄を求めて――第二次世界大戦の時代』原書房、一九八六年、七四頁。なお法眼は終戦直後に「国内啓蒙委員会」という組織を荒木の娘婿となった齋藤鎮男（のちインドネシア大使、国連大使）や曽野明（のち西ドイツ大使）らとともにに作っている（同書一九二頁）。
(40) 加藤哲郎『ワイマール期ベルリンの日本人――洋行知識人の反帝ネットワーク』岩波書店、二〇〇八年、二六二頁。
(41) 財団法人日独文化協会編・刊行『昭和十五年度事業報告』一九四一年、五〇～五一頁。
(42) 荒木光太郎編『日独文化の交流―日独学徒大会研究報告』日独文化協会、一九四一年。
(43) 荒木は横田喜三郎、宮沢俊義、上原専録、今中次麿、平野義太郎、風早八十二らを含めた『新独逸国家体系』刊行会の一員であり（「一流学徒が総出でナチ経典を翻訳出版　画期的の大計画成る」『大阪時事新報』一九三九年四月二三日）、解説も執筆している（荒木光太郎「序　ドイツ「統制経済」」『新独逸国家大系　第十二巻　経済篇四』日本評論社、一九四〇年所収）。
(44) 「両博士にドイツ学士院賞」『読売新聞』一九四一年一月二七日朝刊。
(45) 荒木光太郎「最近のドイツ雑感」『経済倶楽部講演　昭和十四年第三十四輯』東洋経済出版部、一九三九年所収。
(46) 「最近のドイツ雑感」六一頁。
(47) 『独逸の所謂「事業手形」並に類似各種政府証券に就て（欧米経済彙報第二号）』日本銀行調査局、一九四一年、五頁。
(48) 「研究報告要旨（第六回）」日本経済学会編『日本経済学会年報第一輯』日本評論社、一九四一年所収、三三四～三三六頁。
(49) 経済史分野では一九三〇年に社会経済史学会が設立されている。
(50) 坂本弥三郎「日本経済学会沿革」『日本経済学会年報第一輯』所収、三三九頁。
(51) 日本経済学会編『日本経済学会七五年史　回顧と展望』有斐閣、二〇一〇年、三七頁。
(52) 「日本経済政策学会創立大会記事」日本経済政策学会編『経済政策の諸問題』日本評論社、一九四一年所収、四八二頁。
(53) 山中篤太郎編『中小企業研究二十五年――産業構造・中小企業研究　日本学術振興会第一一八委員会二十五年史（一九三七年～一九六二年）』有斐閣、一九六三年、一二～一三頁。
(54) 金融学会編『金融学会の創立と初期の活動』東洋経済新報社、一九八四年、四九、六〇頁。

(55)『金融学会の創立と初期の活動』六七頁。
(56)『金融学会の創立と初期の活動』一五四頁。
(57)『金融学会の創立と初期の活動』七五～七六頁。
(58)杉本俊朗(語り手)、細谷新治・菊川秀男・程島俊介(聞き手)「経済学文献を語る(二・完)」『経済資料研究』第一九号、一九八六年、四二頁。当時世界経済調査会に勤務していた杉本は同会客員の荒木から経済学振興会で何かやらないかと話を持ち掛けられ、これが戦後のH・ソーントンの『紙券信用論』の翻訳の刊行(渡辺佐平・杉本俊朗訳、実業之日本社、一九四八年)につながった。
(59)高橋誠一郎『経済学わが師わが友』六一頁。
(60)「「財団法人経済学振興会」生る」『実業之日本』第四四巻第二三号、一九四一年、三一頁。
(61)牧野邦昭『戦時下の経済学者』中央公論新社、二〇一〇年、一八四～一九〇頁。
(62)世界経済調査会の設立過程については小堀聡「日中戦争期財界の外資導入工作――日本経済連盟会対外委員会」『経済論叢』第一九一巻一号、二〇一七年を参照。
(63)今野源八郎は一九三七年から一九三九年までキール大学附属世界経済研究所客員講師として日本経済論の講義を担当している(『今野源八郎先生に聞く』四八頁)。
(64)「世界経済理論報告会概況」世界経済調査会編・刊行『世界経済理論報告会記録』一九四三年、三～五頁。
(65)上久保敏「終戦時までのわが国ノン・マルクス経済学史の素描――「純粋経済学」と「政治経済学」」『大阪工業大学紀要人文社会篇』第四六巻第一号、二〇〇一年。
(66)「世界経済理論報告会概況」『世界経済理論報告会記録』四頁。
(67)荒木光太郎「世界経済理論報告会を終へて」『世界経済理論報告会記録』所収、四五頁。
(68)石倉一郎「戦時資金計画の回顧」『群馬大学教養部紀要』第一巻、一九六七年。なお石倉一郎は東大農学部荒木ゼミの出身であり、国家資力研究所にも参加している(『荒木光太郎教授追悼論集』所収の「執筆者略歴」より)。
(69)吉野俊彦『企業崩壊―私の履歴書　正・続』清流出版、一九九八年、二七五頁。
(70)藤井祐介「渡辺多恵子と国家資力研究所」経済学史学会第八一回大会報告、二〇一七年(http://jshet.net/docs/

conference/81st/wartime.pdf)。

（71）国家資力研究所研究局「会議紀要」一九四～四四年（荒木光太郎文書二二二一）、「国家資力研究所評議委員名簿」一九四三年（荒木光太郎文書二二二八）。

（72）前掲、国家資力研究所研究局「会議紀要」および『乗数理論の研究（国家資力研究所研究第一号）』一九四四年（荒木光太郎文書二二三八）、『レオンティエフの経済表について（国家資力研究所研究第二号）』一九四四年（荒木光太郎文書二四一）。

（73）安井琢磨「中山先生を思う」中山知子編『一路八十年　中山伊知郎先生追想記念文集』非売品、一九八一年所収、二六二頁。

（74）カール・リューエル、安井琢磨訳「内国商業と対外商業」『新独逸国家大系　第十巻　経済篇二　経済政策』日本評論社、一九四〇年所収。

（75）『金融学会の創立と初期の活動』九八頁。

（76）東米雄「訳者序言」『貨幣及び流通手段の理論』所収、一三頁。

（77）安井琢磨編著『近代経済学と私』木鐸社、一九八〇年、一一〇頁。

（78）大石泰彦「回想の荒木光太郎先生」『おもいで』所収、六五～六七頁。

（79）『金融学会の創立と初期の活動』九八頁。

（80）大石泰彦「回想の荒木光太郎先生」六九～七四頁。大石らが整理した荒木の旧蔵書は現在近畿大学中央図書館に所蔵されており、戦時期の日独文化交流で活躍し後に同大学学長になる景山哲夫の仲介により一九五二年に受け入れられたものと推定されている。蔵書以外の資料群が名古屋大学に受け入れられたと考えられる。近畿大学の荒木蔵書の調査にご協力いただいた中井大介氏（同大学経済学部准教授）と荒木康彦氏（同大学名誉教授）にこの場を借りてお礼申し上げる。

（81）今野源八郎「想い出と教え」『おもいで』所収、九四～九五頁。

（82）城島国弘「お礼と交流の発展を願って告解する私の交遊小史」八木紀一郎・真継隆編『社会経済学の視野と方法』ミネルヴァ書房、一九九六年所収、二七七頁。

（83）池尾愛子『日本の経済学――二〇世紀における国際化の歴史』名古屋大学出版会、二〇〇六年、二二四頁。

（84）齋藤潤氏談。

後編　帝国外辺と経済学者

第八章　両大戦間期ドイツでの在外研究——経済学者の共和国体験[1]——

八木　紀一郎

第一節　「外国留学生」から「在外研究員」へ

（一）　先進国からの学術輸入のための留学生派遣

学問後進国が進んだ学問を取り入れようとする場合、有望な若者を先進国に送って学ばせるのは、先進国から外国人教師を招聘するのと並ぶ有効な方法である。一九世紀後半以降の日本は、この二つの方法をうまく組み合わせて高等教育機関の整備をおこなった。欧米の学問研究の中心で成果をあげて帰国した留学生は、外国人教師（御雇い）に代替でき、また講座や学部・学科・学校の長にも据えることができるからである。近代日本の海外留学の歴史[2]は、明治維新直前の幕府や薩摩藩、長州藩の海外青年派遣に始まるが、明治期に入ると若者のあいだに欧米留学熱が生まれ、また新政府は官費留学生の制度を整えた。官費留学生は、学部の卒業時に専門分科別に選ばれ、帰国後は大学・専門学校の教職ないし官庁の役職につくことが予定されている選良であった。

初期には野心的な青年の冒険心が自発的な海外留学のブームを生み出したこともあったが、明治期以降の西洋学術の日本への導入において中心的な役割を果たしたのは文部省留学生であった。はじめはそれも小規模で、一八七四年度に開成学校の卒業生一一名、翌一八七五年度に一〇名を留学させているが、その後の二年は財政難から留学生を送り出せていない。この時期には、他の省庁が若い官吏を海外に送っていて、その人数の方が文部省留学生よりも多かった。しかし一八九五年には、日清戦争の勝利によって財政事情が好転して、文部省も二〇名以上の留学生を送り出せるようになった。

留学生を海外に派遣する当初の目的は、高額の招聘費用と給与を要する外国人教師たちを日本人で置き換えることにあった。後になるとそれが拡大され、大学の未来の教授、さらに、文部省の管轄下にある専門学校や高等学校の教員を養成することが目的になった。帝国大学のすべての学部で、将来の教授の候補者である講師や助教授を、教授昇進の前の数年間、海外留学させることが通常のやり方になった。新しい帝国大学の創設が準備されるごとに、文部省は将来の教師たちをまず海外で学ばせた。後に、国内・国外の通商専門家や農林業専門家の育成が文部省の管轄領域になると、それらの領域の高等専門学校の教授や講師も海外に派遣されるようになる。海外留学の機会は帝国大学に優先的に配分されてはいたものの、帝国大学では経済学は法学部（法科大学）のなかの少数勢力にすぎなかったので、経済学者（商学、経営学研究者を含む広義の経済学者）に限っていえば、商科大学ないし高等商業学校系の派遣者数が帝大系の派遣者数を上回っている。私学の研究者は文部省留学生の選考対象から除外されていたので、慶應義塾や早稲田（東京専門学校）は自前の費用でその教員を海外に派遣した。

（二）　明治期からあったドイツ人気

ドイツの大学や専門学校が日本の留学生にとって優先的な滞在先になる傾向は、すでに明治の末期に顕著になっている。とくに、医学においてそれは圧倒的で、その影響は医療関係者の用語のなかに今なおその痕を残している。国家学と当時呼ばれた政治学・行政学・財政学・経済学の領域においても、明治政府がドイツ帝国の権威主義的な体制に共感したこともあって、ドイツ人気が高かった。経済学者も、とくに帝国大学系では、その留学先を選ぶ際に、そうした大勢に従いドイツを留学先に選ぶことが多かった。

商学教育の場合は、最初の模範はドイツの大学教育ではなく、ベルギーはアントワープ高等商業学校の実際的な教育であった。初発における実務指向型の教育方針は高等商業学校（略して高商）が整備された後でも維持され、英語でおこなわれる通商実務に対応できる人材を育てることが商業教育の主要課題であった。しかし、ドイツにおいて商科大学が地位を向上させ、博士号を出せる伝統的大学に並ぶランクに位置づけられたことは、日本の高等商業学校の多くの若手教員を魅惑した。彼らが修学地としてドイツの大学を選ぶ件数が増加し、帝大系の経済学者以上に強い理論的な関心をもつものも現れた。なかには哲学の講義に出席し、経済哲学という新分野を切り拓こうとするものもあらわれた。といっても、高商系の留学生の場合は、その担当科目上の理由からイギリス、アメリカ合衆国、フランス、ベルギーなどを留学先に選んだ留学生が多数いたことを無視することはできない。ドイツでの就学を主要目的にした外国留学生も、とくに商学系の派遣留学生の場合は、通商世界の広がりを知るために往路あるいは復路で英米にも滞在することが多かった。

大正期に入ってからも明治末期の傾向が続いていて、最初の三年は、欧州における緊張の激化にもかかわらずドイツの大学が優先的な留学先になっている。ドイツの大学を修学地に選んでいた日本人学者の多くにとっては、一九一四年八月の欧州大戦勃発は意想外のできごとであった。日本とドイツは敵国どうしになったため、ドイツで数年にわたって研究を続けていた学者も到着したばかりの学者も、迅速に脱出することを余儀なくされた。たとえば、河上肇は一九一四年の四月にベルリンに到着したが、ベルリンに長期に滞在するという当初の計画を断念し、二セメスター前からベルリンにいた京都帝大での同僚河田嗣郎とともに、急遽ドイツを脱出しなければならなかった。イギリスに移った河上は同地の大学に登録することなく数か月を過ごし、予定された在外研究期間を短縮して帰国した。帰国後の『貧乏物語』に見られるように、河上はこのイギリス滞在から多くを得ているが、この国は彼にとって意図した滞在地ではなかったのである。

辻直人の整理した文部省留学生の統計でいえば、一八七五年から一九一四年までの総数七六八名の外国派遣者のうち、第一留学先にドイツを選んでいる者は四二七名、第二留学先以下でドイツを加えている者を加えると六三二名になる。それに次ぐのはイギリスで、同じく一三七名と三三〇名である。第三位はアメリカ合衆国で同じく一二二名と二五七名を数えている。(3)

しかし一九一五～一九一九年度になると、総数二六八名のうち、アメリカを第一留学先にあげた留学生が一七八名となり、次いでイギリス五六名、スイス一七名、フランス七名と激変が起こる。ドイツは一名だけである。すぐに察しがつくように、欧州大戦が勃発した影響である。敵国になったドイツに留学生を送ることはできず、また欧州の戦火がどのように拡大するか予想もつかなかった。文部省は欧州派遣をアメリカ派遣に切り替えたが、戦線が膠着状態になると英仏のような欧州内同盟国への派遣も認めるようになる。戦時においても棄て難いドイツの学術への憧憬のせいか、中立国スイスを滞在先に加える留学生も多かった。

この時期の外国留学生のなかの主立った経済学者としては、森本厚吉（東北帝大、帰国後北海道帝大）、高垣寅次郎（東京高商）、高島佐一郎（小樽高商）、土方成美（東京帝大）、高瀬壮太郎（東京高商）、丸谷喜一（神戸高商）がいる。そのうち一九一五年度と一九一六年度に派遣された森本、高垣、高島は滞在先をアメリカ一国にしていたが、一九一七年度と一九一八年度に派遣された土方、高瀬、丸谷は、米英仏スイスを滞在先にあげていた。彼らの多くが当時の英米系の経済学の知識をもとにして、戦前期日本の指導的なノン・マルクス主義経済学者となったことは興味深い。

（三）　第一次大戦後の文部省在外研究員

第一次大戦後、世界の列強に加わった日本は、臨時教育会議の一九一八年答申にもとづいて、高等教育の大規模な拡充政策に乗り出した。そのため、教員養成の手段である文部省の海外留学生派遣の規模も顕著に拡大した。一九二〇年にはその名称も「外国留学生」から「在外研究員」に変更された。その背景には、戦時期にアメリカの大学に派遣された文部省「留学生」たちが、しばしば学部学生並みに扱われたことへの不満があったようである。辻は、この制度変更を文化輸入の「直流型」から「教育・学術交流型」への変化と特徴づけているが、それは誇張であろう(4)。多くの「在外研究員」は、研究成果を国際言語で公表し、外国人研究者とわたりあう能力を十分に有していなかった。そもそも二か年に期限が切られている「在外研究」ではそのようなことは期待されているわけではなかった。

「学生」としての学修規律、あるいは学位取得の目標を欠いた「在外研究」は、多くの場合長期の海外視察にとどまった。第一次大戦前の海外留学で博士学位を取得した日本人は結構いる。たとえば、経済学の領域では、第一次大戦前のドイツで新渡戸稲造（一八九〇年ハレ大学）福田徳三（一九〇〇年ミュンヘン大学）、気賀勘重（一九〇三年ライプチヒ大学）、左右田喜一郎（一九〇九年チュービンゲン大学）らが博士学位を取得している。しかし、少なくとも本書の関心の対象である経済学分野に限っていえば、両大戦間期のドイツに多数派遣された在外研究員で、博士学位を取得した研究者はいないし、また、この時期に各国で生まれた経済学の国際学術誌に本格的な論文を掲載した例もない。この時期に研究成果を英文で公表して名前が知られるようになった例外は柴田敬であるが、彼がその欧文論文を公表したのは京都大学の欧文紀要であった。それに対して、帰国後に在外研究時に知るようになった学者の学説の紹介や著書の翻訳に精出した事例は多い。少なくとも、経済学の領域に関するかぎり、日本人研究者の「国際化」の水準は「交流型」の水準には到達していなかった。

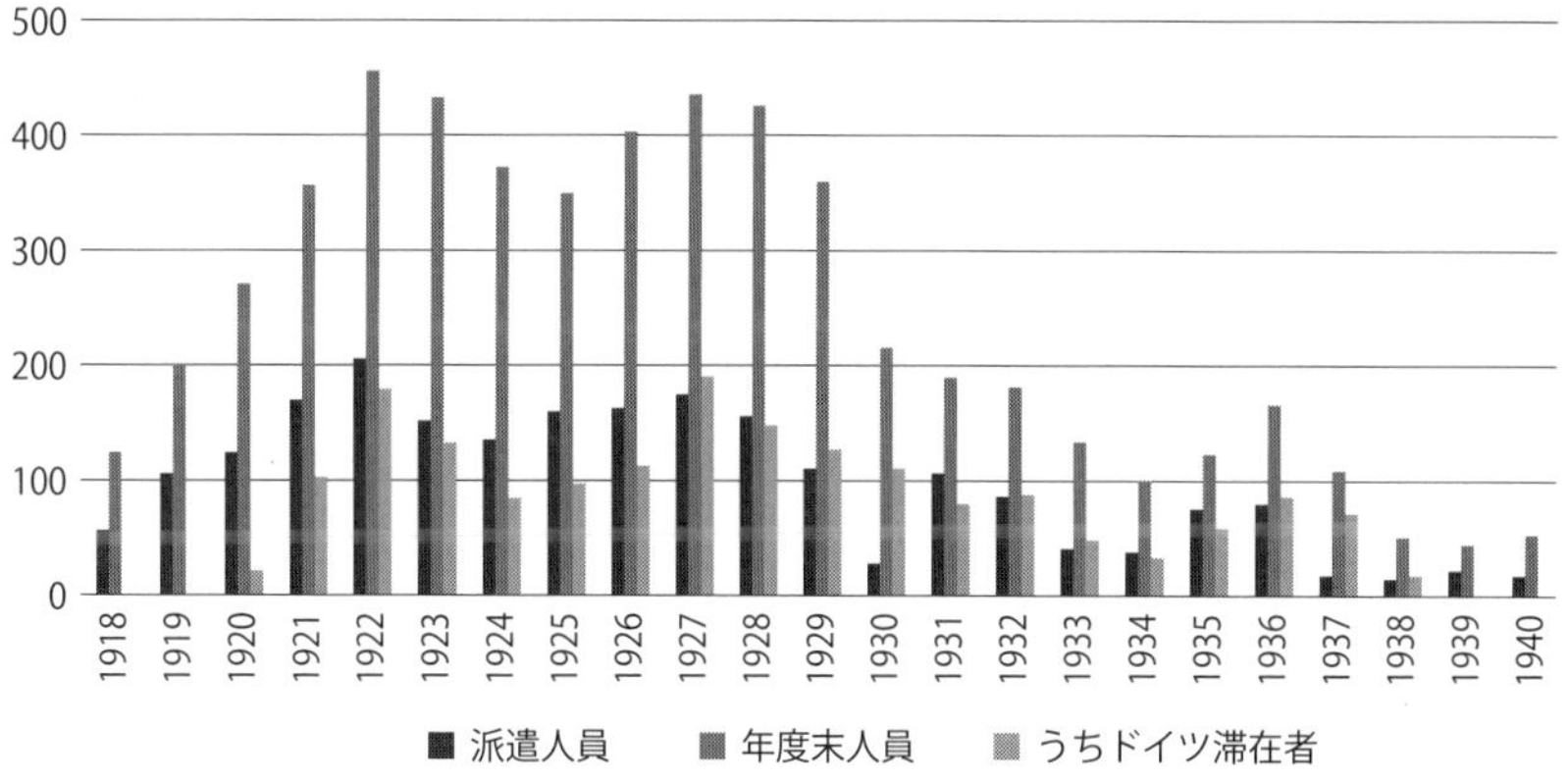

図 8-1　両大戦間期の文部省在外研究員

ともあれ、第一次大戦後から第二次大戦勃発にいたるまでの日本文部省の外国留学生（一九二〇年九月以降は文部省在外研究員）の派遣数と年度末の員数を図８―１のグラフに示しておこう。第一次大戦後は文部省が海外に派遣する留学生の数も増加し、すでに一九一八会計年度末（一九一九年三月末）には、外国滞在文部省留学生の数は第一次大戦前の最多（一九一二会計年度末一三二名）を上回る二〇四名となった。一九二一会計年度末（一九二二年三月末）には四五七名に達し、これは戦前期最大の数である。一九二四年一九二五年に減少しているのは、関東大震災の影響であろう。その後、一九二八会計年度まで新規派遣者一〇〇名以上、年度末海外滞在者三五〇人以上という高水準の派遣が維持される。世界大恐慌が起きた一九二九会計年度に新規派遣者数が急減しているが、一九三〇、一九三一の両会計年度に一時回復してはいるものの、国際緊張の高まりと軍事支出による財政難のためそれ以後は次第に規模が縮小している。一九三四、一九三五の両会計年度には新規派遣者が五〇人を超す最後の小規模な山が見られるが、その後は新規派遣者二〇人前後にまで収縮し一九四〇年度まで細々とした派遣が続いている。したがって第一次大戦後の在外研究は、それをさらに前期（一九一九〜一九二四年度派遣）、中期（一九二五〜一九三一年度派遣）、後期（一九三二〜一九四〇年度）にわけて考察するのが便利である。

第二節　両大戦間期ドイツでの在外研究の実情

両世界大戦戦間期において日本文部省が海外に派遣した在外研究員（一九一九年度の外国留学生を含む）の総数は二二五一人であるが、そのうち九六五人がドイツを第一留学先に選んでいて、第二位イギリスの六五一人、第三位アメリカの三四五人を抑えて第一位となっている。これは在外研究員（同上）総数の四割強であるが、第二留学先以下にドイツを加えていた在外研究員を加えると、この時期の文部省在外研究員の三分の二程度がドイツ滞在経験者ということになるであろう。

日本の文部省がその留学生をドイツに派遣できるようになったのは、ベルサイユ講和条約が一九二〇年一月に発効してからである。ベルリン大学の学生登録簿によれば、早くも一九二〇年の一月二三日に一高教授（ドイツ語）であった大津康が聴講生（Gasthörer）登録をおこなっている。文部省外国留学生の表では彼のもともとの派遣先はスイスになっていた。講和条約の発効は彼に就学地の追加変更を可能にしたのであろう。経済学者では一九二〇／二一年冬学期に東京商大の大塚金之助と東大の舞出長五郎が正規学生としての登録を行っている。

ドイツ滞在在外研究員の動向については、前掲図8―1に示している会計年度末のドイツ滞在在外研究員数から読み取れるであろう。ドイツは一九二〇会計年度の文部省在外研究員の留学国に再登場し、その年度末（一九二一年三月）には、総数二七三人の在外研究員のうち二一五人がドイツに滞在していた。その三年後の一九二三会計年度末（一九二四年三月末）のドイツ滞在者は、在外研究員総数四四九人中の一八六人を占めるに至った。その後、関東大震災後の在外研究派遣数の削減により、ドイツ滞在在外研究員数は一〇〇名程度に一時減少したが、その後再度一五〇名を超える山がある。世界恐慌と満州事変後の派遣抑制によってドイツ滞在在外研究員は五〇名を割り込んだが、一九三四〜三六年度には一〇〇名に近づく第三の山があらわれている。これは在外研究員全体の動向に一致した動きである。在外研究員の派遣が前期・中期・後期に分けられると先に述べたが、代表的は派遣先であるドイツの状況からみれば、前期は大戦後の混乱から復興に向かう時期、中期は安定期から経済危機の政治対立の時期、そして後期はナチス政権期に対応している。

一九三三年に後述の日独文化協会が刊行した『独逸大学案内記』によれば、一九三一年当時のドイツの登録大学生は総数一三万八〇一〇人でうち七一二四人が外国人学生であった。最大の学生を有していたのはベルリン大学（フリードリッヒ・ヴィルヘルム大学）で、一九三一年夏学期で学生数一万三五三六人（内外国人一一五九人）であった。それに次ぐのが、ミュンヘン、ライプチヒ、ボン、ケルンの大学であるが、首都ベルリンには工科大学、商科大学、農科大学などの単科大学もあったので、日本人研究者も大半がベルリンに集まっていたと考えていいだろう。(5) ベルリン大学は押し寄せる外国人留学生に対処するために、一九二二年に外国人向けの語学コースと各種の文化コースを運営する施設（Deusche Institut für Ausländer 略称ＤＩＡ）を設置している。

文部省在外研究員はドイツの大学に押し寄せた日本人の波の一部に過ぎない。慶應や早稲田のような私立大学だけでなく、日本の省庁や民間の企業・銀行も将来の幹部候補をドイツに送り出していた。それに加えて、さまざまな理由で日本の現状に不満を抱き、文化・学芸の創造的な高揚が見られたドイツで学ぼうとした若者たちが存在していた。一九二〇年から一九四五年までのベルリン大学の学生登録簿の調査をおこなったルドルフ・ハルトマンは、全体で一五〇〇件の日本人名を発見している。「そのうち正規の学生は二四〇人強、四一五人強が聴講生で、さらに一〇〇〇人程度が付設の外国人向け施設（ＤＩＡ）が開講したコースを一つないし多数受講している(6)」。

通貨価値の劇的な下落（インフレ）が起きていたドイツは、外貨で滞在費をまかなうことができた外国人にとっては、天国のような贅沢ができる国であった。文部省在外研究員は、英国ポンドで支給された滞在費で、価値ある文献を古書店で収集して立派なコレクションを形成することすらできた。

在外研究員だけでなく、多くのジャーナリスト、芸術家、省庁派遣者、民間企業在籍者も、その滞在や語学学習のためにドイツの大学で学生登録をおこなって滞在資格を得た。もちろん現地滞在の外交官もいる。ドイツの大学都市、とくに首都ベルリン内外の日本人サークルは、学者だけでない多様な活動領域の広がりを有していた。

ある在外研究員の旅行報告(7)によれば、ベルリンで組織された日本人会は早くも一九二三年にはノレンドルフ駅前に共同で利用できるホールを所有していた。この研究員はさらに、文部省在外研究員だけからなる「ベルリン文研会」が誕生し、日本食レストランで毎月の会合を開いていると伝えている。後で見るように、社会科学の分野でも、そのような日本人研究者の会合が参加者を在外研究員だけに限らず、さまざまな形で開催されることになる。

一九二六年四月には、後に精神主義右翼の学者としてならし、大日本言論報国会の事務局長となった鹿子木員信の提唱でベルリンに日本研究所(Japan-Institut)(8)が設立された。彼は第一次大戦前に米国・ドイツに留学し、一九一二年にイエナ大学で日本人の宗教性についての論文(Das Religiose. Ein philosophischer Versuch)を提出して博士号を取得し、ドイツ婦人を妻としていた。彼は第一次大戦前には慶應義塾大学の教授になっていたが、大戦後の一九二三年五月に文部省在外研究員として再度ドイツに渡航した時の身分は東京帝国大学の講師で、帰国後の九州帝国大学教授就任が約束されていた。彼は一時帰国して、ドイツ大使ゾルフ博士との親交をたよりに一九二七年四月に日本政府の支援を受けた日独文化協会を設立し、その後ベルリン大学客員教授としてドイツに戻っている。彼が企画・設立した日本研究所は伝統的文化に強く傾斜したもので当初は社会科学には縁遠かった。鹿子木を中心としたグループは日独両政府の外交チャンネルを独占していたため、ベルリン在住の日本人社会に少なからぬ影響力を有していたと言われる。しかしナチス政権期になると、日独の同盟関係を反映して、政治、経済部面における交流の組織化にも乗り出している。

第三節　経済学研究者のドイツ経験

本章末に付表として、この時期にドイツで在外研究をした経済学者を所属機関・専攻分野とともに、在外研究開始年度順に並べている。文部省以外の機関（私学・民間研究所）から派遣されたものも記載しているが、他にもいたものと思われる。文部省在外研究員は、届け出た「専攻」が経済関連分野とみなされるものだけを収録している。しかし、他分野の専攻であっても、その研究内容が経済学に関連しているとか、その活動が経済学者に影響した学者も多い。そのため、以下でこの時期のドイツでの日本人学者の動静を記述する際、彼らについても言及する場合には、その在外研究開始年度・所属・専攻を付記する。付表にあがっている学者についてはそれを略す。付表に収録した人名は一九八名が文部省在外研究員、四二名がそれ以外の派遣であるが、重複を除くと、総数二三八名である。それを在外研究開始年度別に示した図8―2からみてとれるように、ここでも前期・中期・後期に区分できるように思われる。しかし、その前にこの時期のドイツの経済学界とドイツでの生活事情について概観しておくのが適当であろう。

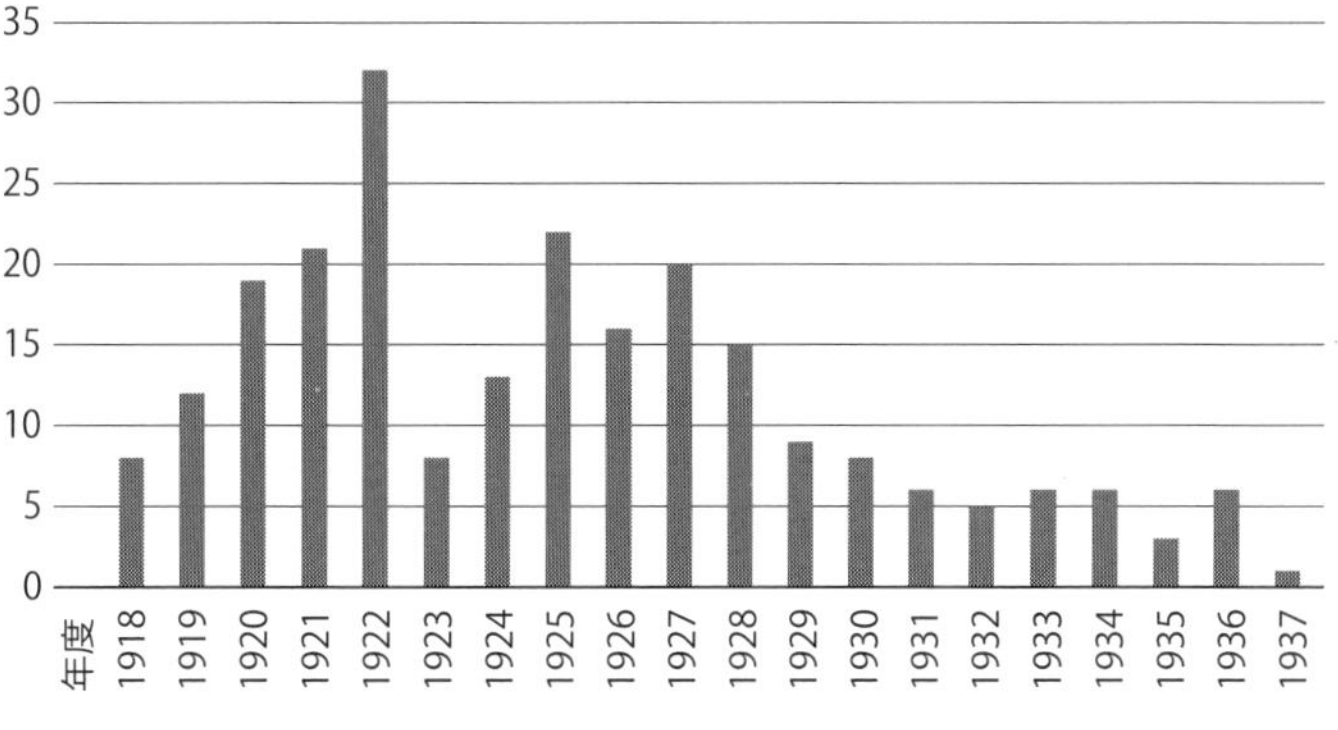

図 8-2　両大戦間期ドイツ渡航経済学者

（一）両大戦間期のドイツ経済学

第一次大戦前のドイツ帝国において、アカデミズム経済学を主導していたのは、社会政策学会に結集した歴史学派であった。しかし、その領袖グスタフ・シュモラーとアドルフ・ヴァグナーはともに、大戦中の一九一七年に亡くなっていた。社会政策学会の内部では、大戦前の価値判断論争に現れたような新旧世代の亀裂が露呈し、マックス・ヴェーバー、ヴェルナー・ゾンバルトなどの最新歴史学派が登場していた。フライブルクのロベルト・リーフマン、ハイデルベルクのアルフレート・ヴェーバーもこの学派に数えられる。首都のベルリン大学では、ハインリヒ・ヘルクナーがシュモラーの講座に座り、ヴァグナーの講座はゾンバルトに受け継がれた。社会学に関心を転じていたマックス・ヴェーバーは、『経済と社会』の膨大な原稿を残して一九二〇年に世を去った。

歴史学派の理論欠乏を補うかのように、同じドイツ語圏であるオーストリアのウィーン学派やドイツ語で著作するスウェーデン学派の理論研究が取り入れられるようになった。その影響のもとに、E・ヴァーゲマンのベルリン景気研究所、キールのB・ハルムスの世界経済研究所、ボンのA・シュピートホフのように景気問題の実証研究が取り組まれた。歴史学派が重視した実証研究の精神は生きているが、理論・思想における中心がそこにあったとはみなしにくい。ゾンバルトは次第に国家主義の傾向を強くし、一九三二年には資本主義の統制経済への転化を主張し大きな反響をよんだ。ナチスの政権掌握後には、会長職を勤めていたドイツ社会政策学会を時勢にあわせて解散させるという行動をとった。

歴史学派は解体に向かったが、社会主義と自由主義という対立しあう二潮流はどうであろうか。帝政から共和国への移行を実現した大戦後ドイツの学術状況を一変させたのは、それまでアカデミズムの外部に置かれていたマルクス主義の登場であった。社会条項を多くとりいれた憲法を有するワイマール共和国のもとで与党となった社会民主党は、ルドルフ・ヒルファーディンクを頭にして大学内外の研究者の結集をはかり、他方で、ワイマール共和国を左から攻撃する共産党およびコミンテルンは、エウゲニー・ヴァルガの指揮下に強力な世界経済分析のチームを組織していた。ダビッド・リャザノフ所長のモスクワのマルクス＝エンゲルス研究所がフランクフルトの社会研究所と協力して刊行した『マルクス＝エンゲルス全集』は、マルクス主義の創始者の理論および思想の学術的な取り扱いを可能にした。

すぐかたわらでソビエト・ロシアの共産主義計画経済の実験が実際に行われているなかでのマルクス主義の進出は、それに対抗する思想および理論の登場を促した。資本家の搾取よりも企業者の革新活動を資本主義の核心と考えたシュンペーターはボンで『経済発展の理論』の第二版を準備したが、この時期にはさらに、ミーゼスとハイエクの社会主義批判が浸透し始め、そしてゾンバルトの学会自殺的な決定に抵抗したフライブルクのフォン・ディーツェやヴァルター・オイケンの自由主義の秩序政策的な基礎づけが生まれている。

商学・経営学はドイツでは、国民経済学（Nationalökonomik）との区別で「私経済学」（Privatwirtschaftslehre）と呼ばれていたが、この時代に理論的性格を強めて「経営経済学」と称されるようになる。ベルリン商科大学のH・ニックリッシュやケルン大学のE・シュマーレンバッハが代表で、日本の商学・経営学の研究者に取り入れられた「ドイツ経営学」は、第二次大戦後も米国由来の経営学に並ぶ影響力を有していた。彼らは、一九二〇年代の超インフレーションやその終息後の経営合理化運動を理論にとりこみ、動態的な会計論や、経営共同体論を提起した。一九二八年のドイツ大学経営学者会議で、シュマーレンバッハが企業の固定資本の増大が国家的介入をよびおこすと論じたことは、ゾンバルトの「資本主義転化論」の先駆けであったとも評される。(9)

以上ごくかいつまんで紹介したドイツの学術状況のもとで在外研究した日本の経済学者たちは、両大戦間期ドイツの学術状況と政治状況を見聞するなかで、かれら自身がそれぞれの立場に分かれていった。

(二)　前期（一九一九〜一九二四年度）

この時期のドイツはまだ混乱期である。日本人留学生（在外研究員）がドイツに入国できるようになった一九二〇年には、すでにワイマール憲法が制定され共和国の政体が整っていたが、中央政府と地方政府が対立しあい、保守派の反乱、労働者の武装蜂起が次々に起こっていた。一九二三年にはフランスのルール占領とそれに対する抵抗によって、政治だけでなく経済も破綻に瀕し、天文学的なインフレーションが起きた。ドイツに安定が訪れたのは、賠償にかんするドーズ案が受諾され米国の信用供与とともに経済が好転しはじめた一九二四年後半からである。日本から来た研究者も、大学・学界だけでなく、目の前で起こる政治的・経済的激動から多くを学んだことであろう。

この時期のドイツで日本人の経済研究者が学んだ最大のものは、やはりマルクス主義とそれと結びついたマルクス経済学であったろう。政府の中心的な与党になっている社会民主党もそれを攻撃している共産党もマルクス主義を教義としていたので、政治文献がそのまま研究のよりどころになった。政治集会が頻繁に催され、街頭では労働者の示威行動が続き、学界のなかでもマルクス主義的な考えを取り入れる研究者が増えた。他方で、目の前で起きた制御不可能なインフレーションも、産業社会化の挫折のあとに進行した経営合理化運動もドイツを訪れた研究者の関心を引いた。

この時期にドイツで学んだ研究者の中から、大塚金之助、久留間鮫造、櫛田民蔵、大内兵衛、宇野弘蔵、福本和夫（一九二二年度、松江高校、法律学）、向坂逸郎、石濱知行、加田哲二、風早八十二（一九二四年度、九大、刑法）といったマルクス経済学者が生まれている。これらの顔ぶれを見るならば、日本のマルクス主義とマルクス経済学がアカデミックな水準に到達したことにかかわって、この時期のドイツ渡航者の貢献が大きいことがわかる。彼らは欧州左翼の最新の思想・理論を日本に伝えるとともに、社会主義と労働運動にかかわる大量の文献を日本にもたらした。

この時期にドイツに積極的に研究者を派遣したのは、一九一九年に篤志の事業家大原孫三郎によって設立された大原社会問題研究所である。(10) この研究所は、東大から移った高野岩三郎を所長として社会問題および労働運動の研究センターをめざして野心的な活動を開始していた。一九二〇年には、まず研究所の蔵書形成の使命を帯びて、久留間鮫造と櫛田民蔵が渡欧している。久留間は、国際的な協同組合調査で日本の実態について英文の報告書を執筆して大原社研の存在を世界に認識させたが、マルクスの著作と理論について一貫したテクスト重視型の研究によって、現在でも世界的に知られている。櫛田は、ベルリンで労働者の政治集会に出た際の感激を研究所に書き送っているが、帰国後は理論的研究に集中し、その成果は労農派マルクス主義の支柱とみなされた。二人はベルリンの古書店でリャザノフと張り合うようにして社会主義思想や労働運動に関する文献を買いあさった。

この研究所はまた、一九二〇年の東大『経済学研究』創刊号の回収騒動で休職となった森戸辰男と大内兵衛を所員に迎えて一九二一年に欧州に送っている。大内は慎重を期して最初はベルリンではなくハイデルベルクで過ごしていたが、東大に復職した一九二三年には欧州滞在のまま文部省在外研究員になっている。一九二二年には宇野弘蔵もこの研究所の助手としてドイツに留学しているが、帰国後の職も決まっていなかったので、同年に文部省在外研究員となった親友の向坂逸郎、一九二四年に帰国の同じ船にのりあわせた同じく在外研究員の福本和夫のように は、欧州での研究生活を満喫したとは言えないようである。

宇野と向坂はベルリンで誰に教わるというより、一緒に『資本論』を精読したようだが、帰国後の向坂は、日本農業の分析において封建性の残存を重視する講座派に対抗して、資本主義的な市場経済化の方向を必然とする労農派の領袖になった。宇野は帰国後就職した東北帝大で経済政策論を研究するなかで、理論を現実に直接に適用するのではなく、段階論を置かなければならないと考えるようになった。第二次大戦後に東大社会科学研究所に招かれ、そこで原理論・段階論・現状分析からなる理論体系をうちたて、戦後マルクス経済学の有力な学派を創り出した。

福本和夫（一九二二年度、松江高校）の在外研究の専攻分野は「法律学」であったが、一九二二年五月にドイツに到着すると新進マルクス主義理論家カール・コルシュにねらいをつけて、その住むイエナを拠点に研究した。コルシュに誘われて、後にフランクフルト社会研究所をつくる急進知識人グループが集まったマルクス主義研究週間（一九二三年五月）に参加した。福本はこの会合でジョルジュ・ルカーチに会い、刊行されたばかりの『歴史と階級意識』を恵投された。ドイツを去ってパリに向かった福本は、カルチェラタンの下宿で帰国後に公表する著作の原稿を書きつけ、一九二四年の帰国後、矢継ぎ早にそれを公表した。それには、コルシュ、ルカーチによって解された当時のレーニン主義（左翼急進主義）の息吹が反映している。[11] 彼は共産党の再建に動いていたグループから理論的指導者として迎えられたが、一九二七年にコミンテルンの批判によってその地位を失墜した。

ポンドで滞在費を支払われていた日本からの渡航者は、戦後インフレに悩む中欧で思う存分に書籍を収集することができた。このことは、経済史や経済学史、社会思想史を文献的基礎をもって探求することを促進したことであろう。この時期のドイツに滞在した在外研究員には、本庄榮次郎、黒正巌、上原専禄のような経済史家とともに、大塚金之助、舞出長五郎、坂本弥三郎、森戸辰男、堀経夫、石川興二などの経済学史・思想史研究者の名前が並んでいる。

人びとの物質的条件から意識を説明するマルクス主義と対極的な、理想や規範から現実に降りてこようとする観念論もその力を失っていたわけではない。社会的権利を大幅に取り入れたワイマール憲法によって共和国を形成しようとすること自体が、理想主義的な企てであった。この時期のドイツにおける共和国形成の苦闘を見たことは、政治学の南原繁（一九二二年度、東大、政治学）や法学の末川博（一九二二年度、京大、民法）、我妻栄（一九二三年度、東大、民法）、恒藤恭（一九二四年度、京大、経済哲学）などにも影響を与えたことであろう。経済学の領域でも、人格の成長を重視する社会政策を主張した河合栄治郎や、マルクス主義者の帝国主義論に賛同しながらも植民地研究において理想主義を手放そうとしなかった矢内原忠雄がこの時期のドイツで学んでいる。一九二四年春に在外研究を開始した赤松要は、ベルリンではゾンバルトの講義をのぞいていたが、翌年にはハイデルベルクで哲学研究に専心した。ヘルマン・グロックナーのゼミでおこなったネオ・ヘーゲリアン的な構想の報告は、一九二七年にドイツの哲学学術誌に独文で掲載された(12)。

一九三〇年代には昭和研究会に参加して東亜協同体論の論客となった加田哲二（一九二三年度派遣、慶應義塾）は、この時期に慶應からドイツに送られているが、留学前後の一九二〇年代はもっぱらマルクスを研究していた。慶應からは同時期に、やはり一九三〇年代の統制経済の論客になる向井鹿松がベルリンで学んでいる。同じく一九三〇年代に日本精神にもとづいた経済学を主張した石川興二もドイツで在外研究をしていた時期は、師とあおいだ河上肇流のモラリズムにとどまっていた。ナチスが台頭した時期にそれに接近したとされる東大の本位田祥男も荒木光太郎も、一九二〇年代前期におけるドイツ滞在時にはそのような方向を示していない。

本位田と荒木は一九二四年から翌年にかけて、河合栄治郎、中西寅雄、向坂逸郎と東大系の在外研究員で集まって研究会をしている(13)。マルクス経済学者の向坂も加わっているが、顔ぶれからみてその中心は河合であろう。本位田は経済史研究者としてマックス・ヴェーバーの最初の紹介者の一人であり、荒木も基本的に自由主義的な立場で貨幣・金融論を研究していた。もちろん、激動のドイツを見ながらも専門分野の研究に勤しんだ学者もいるだろう。

総じてこの時期のドイツに滞在した日本人社会科学者は、生まれたばかりのワイマール共和国を好意的にとらえていて、彼らのあいだでは、帝政復帰をねらう保守派やナチスのような差別的な民族主義への支持は表面にはあらわれていない。

(三)　中期(一九二五〜三一年度)

日本からの在外研究員の派遣は一九二四年度・一九二五年度に減少したあと一九二六年度に盛り返す。大統領は職人出身の社会主義者エーベルトから老将軍ヒンデンブルクに代わり保守派が力を回復していたが、社会民主党はなおも議会第一党の座を維持し、共和国は相対的な安定状態にあった。この時期のベルリンで在住日本人会が食堂付きの会館を有し、宗教哲学者鹿子木員信がベルリンと東京の双方に日独協会を創ったことはすでに述べたとおりである。しかし、この時期には鹿子木らの動きに対抗するかのように在独研究者による社会科学研究会が生まれている(14)。

それは一九二六年秋にベルリンに到着した東大の政治学者蝋山政道(一九二四年度、東大、行政学)の提唱を受けて、有澤廣巳、国崎定洞(一九二六年度、東大、社会衛生学)、谷口吉彦らがはじめたもので、創立期のメンバーとしては京大系の堀江邑一、山本勝市のほか、法学者の舟橋諄一(一九二六年、九大、民法)、松山貞夫(一九二七年、福島高商、法律学)も加わっている。さらにベルリンに在住していたジャーナリスト(岡上守道、鈴木東民、与謝野譲)や芸術家(千田是也、村山知義)が加わって多彩な構成になり、後からベルリンにやってきた学者や学生の参加もあり、全体ではかなりの人数になる。これまで名をあげてない参加者で経済学者は、山田勝次郎、八木芳之助、土屋喬雄、服部英太郎、蜷川虎三など、法学・政治学者としては横田喜三郎(一九二六年、東大、国際公法)、菊池勇夫(一九二六年、九大、社会法)、黒田覚(一九二七年、京大、政治学)などがいる。参加者の政治的傾向は多様であったが、ケルゼンの純粋法学を研究していた横田喜三郎が有澤を中心とした研究会の左傾化を警戒していたように、中心グループの傾向は明らかに左にあった。

この研究会の幹事役のような位置にいた国崎定洞は東大の衛生学の助教授であったが、ドイツ共産党に入党していた。左傾教授として知られていた平野義太郎(一九二七年度、東大、民法)はフランクフルトの社会研究所を滞在先にしていたが、ベルリンの研究会にもやってきた。この研究会では、共産党の理論家ヘルマン・ドゥンカーを講師によんだり、読書会でレーニン、ブハーリン、スターリンなどの左翼文献をとりあげたりしていた。

このグループの経済学者の中心とみなされていた有澤は、東大で数年教えていたエミール・レーデラーと親しかったので、レーデラーは有澤が自分のいるハイデルベルクに来るものと思っていた。有澤はベルリンにとどまった理由をE・ヴァーゲマンの景気研究所に関心があったからだと説明しているが、有澤の本来の関心は首都ベルリンでおこなわれている政治的闘争にあった。有澤は、つい数年前までドイツ革命の最大課題の一つとされていた社会化の挫折の原因を当事者から聞き出そうとした[15]。当時かなり左傾化していた有澤がその探求からどのような実践的な帰結を引き出したのかは明らかではないが、帰国後の有澤は東大の大内グループに復帰し、中堅・若手の研究者を集めた世界経済研究会で各国の集中・独占を研究して成果をあげた[16]。

ベルリンの社会科学研究会は、中心メンバーであった有澤などが帰国した後も続いているが、会の中心を担った国崎と千田がドイツ共産党の外国人党員だったこともあり、活動の中心は次第に反帝国主義の宣伝や組織活動に向かうことになる。「ベルリン反帝グループ」と呼ばれるこの時期の参加者にも、三宅鹿之助、喜多村浩、小林秀雄、野村平爾、三枝博音、大岩誠、山西英一などの研究者がいるが、全体としてはジャーナリストや、文化・社会運動参加者が多くなっている。日本への帰国命令を拒否し官職を抹消された国崎は、ナチスが政権をとるとドイツに留まれなくなり、逃れたモスクワでスターリンの粛清の犠牲となる。

もちろん、この時期のすべてのドイツ滞在者が左傾したわけではない。ベルリン社会科学研究会の参加者のなかに東京と神戸の商大系の経済学者の名前がないのは特徴的である。河上肇の弟子筋にあたる山本勝市はベルリン社会科学研究会の創立時から顔を出しているが、いちはやくマルクスを離れ、ミーゼス、ハイエクらの社会主義体制批判に同調した。谷口吉彦もマルクス主義に同調せず、帰国後の一九三〇年代には独自の有効需要論を唱えて新体制運動に参加した。一九三〇年から翌年にかけては、社会政策研究者の服部英太郎、社会学者の新明正道（一九二九年度文研、東北大、社会学）、杉本栄一、小畑茂夫（大倉高商教授）が、党を離れて独立マルクス主義者となっていたカール・コルシュのプライベイト・レクチャーを受けながら研究会をおこなっている。[17] この研究会には、マルクス経済学者の宮川實、ノンマルクスの大熊信行も参加している。この研究会で杉本栄一は、コルシュに計量経済学に科学性があるかと問いかけ、肯定的な回答を得た。帰国後の彼はそれを支えに、近代経済学の研究を続けた。

ベルリンを離れたボンでは、シュンペーターを慕って東畑精一と中山伊知郎が学んでいた。中山はシュンペーターから動態に踏み出す理論体系を学び、東畑は農業発展にも通用する「企業者」の概念を得た。

また、大熊信行もそうだが、この時期には、中川與之助、大塚一朗、油本豊吉、橋爪明男、田邊忠男といった戦時期に戦争体制の支持にまわった経済学者がドイツで在外研究をしている。

（四）後期（一九三二～一九三八年度）

ナチスがドイツの全権を握ったのは一九三三年三月の「全権委任法」によってであったが、一九三二年五月のブリューニング内閣の崩壊によってワイマール共和国の命運は尽きていた。日本も軍事行動によって「満州国」を建国させたことで国際的に孤立し、一九三三年には国際連盟から脱退した。米英仏への「在外研究員」の派遣がなくなったわけではないが、派遣においても受け入れにおいても困難が増していたことであろう。

しかし、ドイツにおいても、また後にはオーストリアにおいても、ナチスの非アーリアン排除政策によってユダヤ系学者の大部分は教授職など一切の公職から強制的に退職させられ、亡命する学者が続出していた。共産主義者あるいは社会主義者の嫌疑をかけられた学者も同様である。したがって日本からはるばるやってきた研究者が、念願の地にたどり着きながら、お目当ての学者がいなくなっていたという悲喜劇が多発していた。

ナチス支配下のドイツで在外研究したからといってナチス支持とは限らないことは、れっきとしたマルクス経済学者美濃部亮吉の例が示している。美濃部は一九三二年五月にドイツに到着してナチスの政権掌握とその後の政策を観察して帰国後『独裁制下のドイツ経済』（一九三五年）を公刊した。一九三六年に欧州に到着した高橋正雄の場合は、ドイツに在住することはさすがにはばかられて、フランスに住みながらドイツを随時訪ねるという研究スタイルをとった。それでもナチス本部を見にいくというような野次馬精神を発揮している。しかし、出国前の労農派教授団の一員としての活動によって、アメリカ合衆国経由で帰国した横浜港で船上逮捕された。

この時期にドイツで学んだ経済学者で、ナチス支配期のドイツ経済学に近いのは、ベルリン大学でゴットル・オットリリエンフェルトの講義を聴いた早稲田の酒枝義旗、統制経済の政治経済学を探求した慶應の武村忠雄であろう。ナチス支配下に優勢であったゲオポリティーク（地政学）や植民政策論が日本人学者の関心を引くことがあったかもしれない。また水谷一雄の数理経済学や森田優三の統計学、あるいは古林喜楽のドイツ経営学は直接にはナチス思想の圏外であったろうが、その機械的合理主義は柴田敬の共同的全体主義の経済論にも通底していたかもしれない。

ハンザ研究に専心した高村象平、チューネン研究からG・ミュルダールの福祉国家論に進んだ山田雄三、チャヤーノフの小農経済論とめぐりあった農業経営学の磯邊秀俊は、全体主義ドイツにありながら、学究としての在外研究を全うしたのであろう。戦争開始前の数年におけるドイツは、経済軍事化とともに失業問題も解消して、生活自体は安定化していたのである。それでも、この時期の在外研究者から、ナチス経済に批判的なハイエク理論（一谷藤一郎、気賀健三）や第二次大戦後ドイツの経済政策思想に影響を与えたヴァルター・オイケンの紹介者（大泉行雄）が現れていることも見逃せない。

この時期のドイツの経済学界の状況については、もともとはキール大学の世界経済研究所での長期滞在を望んでいた柴田敬の回想を記すのが適当であろう。

キール大学の世界経済研究所のプレデール教授に出した手紙に対しては、グライザー博士という人から返事が来た。プレデール教授は不在なので、代わってお会いするというものであった。訪ねると、グライザー博士ともう一人のひとがいた。お互いに監視しながら人に会うということになっていたようである。きわめて外交辞令的な話ばかりで、突っ込んだ話はできそうになかったが、そのうち一人が席をはずした。

そこで「ナチス治下で経済学者は気持ちよく勉強できますか」と聞くと、「教場に入ると〝ハイル・ヒトラー〟といわねばならぬ。教場にはハーケンクロイツのたれ幕が何本もたれ下がっている。大変不愉快だが、もっと不愉快なことがある。経済学なんかぜんぜん知らないと思われていたナチスのもとで、失業はなくなるわ、生産力は高くなるわで、経済学者はウソばかりついていたような格好になってしまい、大変つらい思いをしている」という話であった。(中略)

その後、当時ベルリン大学の教授になっていたキール大学の世界経済研究所の創設者であるハルムス教授にお会いしたが、ごく常識的な話だけで終わってしまった。[18]

ナチス政権が確立し日独の絆が深まってくると、日独の学術関係は「在外研究員」の派遣だけに留まらないものになってくる。かつては精神文化面での交流が中心であった独日および日独の文化協会が仲介していた両国の交換教授も、政治経済の領域にまで拡大した。このとき一九三八〜一九三九年の日独交換教授として選ばれたのが、前期のドイツ「在外研究」でドイツおよびオーストリアの学界・政界に広範なネットワークを形成していた荒木光太郎であった。彼はベルリン日本研究所の代表をつとめながら第一回日独学徒大会の開催に尽力し、この大会に各分野の日本人学者を参加させた。なかには特にそのためにドイツに渡航した学者もいた。日独の提携が全面的なものになってくると、ナチス・ドイツの経済・社会政策の視察団も編成され、その参加者の多くは経営の効率化と労働規律の高揚、そして青年団（ヒトラー・ユーゲント）の集団行動に感銘を受けた。先に引用した回想文で、当時のドイツ学界の頽落ぶりを描いた柴田も、ナチスの政策の成果と労働規律・教育規律の確立を評価していた。それが帰国後の新体制運動への参加につながるわけである。

第四節　ドイツ滞在研究者の両義性

前節のように両大戦間期のドイツでの日本人経済学者の在外研究を概観して浮かび上がってくるのは、いくつかの両義性である。

（一）マルクス主義をめぐる両義性

第一は、前期・中期・後期をつうじて大きな流れをなしているマルクス主義における両義性である。それは森戸辰男が研究したクロポトキンのような人道的社会主義や福田徳三や河合栄治郎が追求した人格主義的な社会政策と共通の社会的指向性をもちながら、それらの理想主義を観念論として拒否する思想であった。また、歴史的・統計的研究を重視する点で、ドイツ歴史学派との連続性を保ちながら、理論においては歴史学派の相対主義から断絶しようとした。いいかえれば、現実の経済関係に基礎をおいた歴史的発展の総体的な理論が存在するという確信がこの拒否・断絶を支えるものであった。しかし、この確信が揺らぐならば、理想主義あるいは相対主義に舞い戻るか、あるいは新しい総体的な理論を求めることになる。

マルクス主義の内部も分裂していた。初期にドイツに滞在した日本人研究者が見たものは、議会制共和国と結びつこうとしている社会民主主義と労働者革命の系譜をひく左翼急進主義の対立であった。左翼急進主義はさらに各国共産主義運動のボルシェビキ化によってモスクワを頂点とするコミンテルンのロシア型マルクス主義に再編成されたが、その過程で多くの異端派を生み出した。日本においても、福本イズムをモスクワへの忠誠で置き換えて成立した非合法共産党と社会民主主義的な志向を残した労農派が対立し、いわゆる「日本資本主義論争」は学界におけるその反映ともみなされる。

しかし、一九三〇年代以降の政治はドイツでも日本でもマルクス主義者を圧迫するもので、多くの学者に転向ないし偽装転向を強いるものであった。教職を追われたマルクス経済学者の多くは、経済分析や海外情報を得るための調査機関で彼らの知識・技能を生かすことで生き延びた。なかには大アジア主義を唱道した平野義太郎やその追随者のように明らかな戦時協力に走った学者も存在する。彼らは戦時中の言動は偽装転向であったとして、第二次大戦の敗戦後には再転向して、今度はソ連主導の平和運動のひな壇におさまった。

(二)　ナチズムとの関係における両義性

ドイツ滞在研究者とナチズムの関係においても、種々の色合いをもった両義性が存在する。ドイツの政治経済の研究者やドイツ語が堪能なジャーナリストには、ドイツの事情を紹介・解説する機会が多くあるが、ナチスの政権掌握後に提供されたそのような機会で批判を抑制するならば、容易にナチズム支持者とみなされかねない。批判的な文言があっても、公表時には取り去られるかもしれない。ナチスを批判するつもりで筆をとっていても、研究を深めようとするなかでミイラとりがミイラになってしまう例が多いのである。加田哲二はマルクス主義的立場から、ナチス思想を批判することから出発しながら、昭和研究会に入って以降の協同体思想を追求するなかでナチスの同調者に転化した、荒木光太郎は自由主義的な立場から日独交流の任を受けてそのような成り行きにはまりこんだ。

欧州で戦争がはじまると、同様なことが大規模かつ公然とおこなわれていた。というのは、実質的には宣伝書に近いナチス・ドイツの政策体系の日本語版『新独逸国家体系』全一二巻（一九三九〜四一年）の翻訳・出版には、左翼の学者や第二次大戦後に活躍する若手学者を含め、その当時の（ドイツ語が読める）社会科学者が総動員されたからである。しかもその「刊行会」の編集事務主任はかつての『日本資本主義発達史講座』に参加した平野義太郎と小林良正であった(19)。ロシア語のできる転向者が軍部や満鉄でのソ連研究のために使われたと同様なことが、より公然かつ大規模に行われていた。

マルクス主義は社会主義の計画経済という思想を打ち出していたが、ナチズムは私有財産を残して全体的な視点から統制を実施するという政策スタンスをとっていた。ゾンバルトやシュマーレンバッハのように資本主義的な自由主義が終焉しつつあると認識するならば、統制経済という改革が魅力的な第三の選択肢として浮上するだろう。日本でも中国大陸で宣戦布告なしの全面戦争が開始されると、私有財産を残した統制経済が取りうる唯一の道と考えられるようになった。全体という視点から管理・統率を徹底したことでナチスを称賛する動きが出てくるのは当然であった。

ドイツでナチスの経済政策の効果を肯定的に評価した柴田敬は「共同的全体主義」を唱えてナチス的な経済統制に賛同した。といっても、柴田は共同的な性質を有する日本社会は天皇という中心を有しているので、ナチスのような強圧的な全体は必要ないと考えていた。石川興二は天皇を戴く日本の共同体の名のもとに軍国主義を批判しようとした。そのようなあいまいな全体主義思想は戦時期の日本において通有であったと考えられる。

（三） 自由主義の両義性

最後に自由主義の支持および批判における両義性である。というのは、この時期のドイツの経済学界では、歴史学派にしてもマルクス主義者にしても、独占形成は歴史的必然とされ、原子論的な自由市場は想定されていなかったからである。それが新古典派的なミクロ経済学がドイツで浸透しなかった理由であるが、自由主義自体が放棄されたわけではない。シュンペーターは企業を形成するものは企業者によるイノベーションであるから、独占を破るものも新しいイノベーションであると考えた。ミーゼスとハイエクも同様で、介入主義的な政策によって人為的に維持されない限り、独占は長期にわたって存在しえないと考えた。つまり、自由主義といっても、反独占的な自由主義ではなく、独占があっても成り立つ機能的な自由主義が構想されていた。

両大戦間期ドイツの資本主義は、大戦直後の労働者による産業社会化の要求を抑圧することで成立した。大企業は企業内での労働者の活動（経営協議会）を許すことで労働運動のバランスをとった。企業内の経営協議会とむすびついた労働組合は企業内においては民主主義の拡大、企業外においては経営者団体と労働組合のあいだで「政治的賃金」を決定するという戦略を描いていた。政権をとったナチスの主要目標の一つは、この労働運動を解体して経営者専権の体制を創り出すことであった。したがって、機能主義的な自由主義の世界では、賃金決定を「政治的」決定から解放するナチスの労働政策も「自由主義的」である。

ミーゼス、ハイエクの社会主義批判をいち早く受け入れて、師河上肇のマルクス主義と決別したのは山本勝市であるが、彼はその経済的自由主義の主張を、蓑田胸喜のような精神右翼と結びついた容共派・偽装転向狩りに用いた。経済的自由主義がその政治的表現を見出せずに、精神主義的な国体論に結びつくというねじれがここにも見られる。

黒正巌はマルクス主義者ではなかったが、江戸時代の農民一揆の記録を集成し、マックス・ヴェーバーの経済史講義を翻訳した自由主義的な実証史家であった。その彼でも、ドイツに視察に出かけて労働戦線（アルバイツフロント）と青年運動の規律に感激して、日本へのその導入を望む文章を筆にしている。[20] ナチスの「労働戦線」の表面を見た程度で感激する自由主義は底が浅かったというべきであろう。

(四) 経済理論における両義性

帝政期のドイツの大学では経済学は教科書によって教えられることが多かった。経済学の総論を担当した教授は、先行する経済学説を振り返り、現在行われている標準的理論を整理して、生産・流通・分配にわたる広範な領域をカバーする講義をおこない、それを教科書にした。ベルリン大学でその任にあったA・ヴァグナーが、一九世紀半ばの代表的な教科書であったK・H・ラウの教科書を引き継ぎながら自分の著作につくりかえたのもその例である。ヴァグナーの専門は財政学であったが、教科書の著述においては英国のアルフレッド・マーシャルの『経済学原理』に媚びを呈していた。

しかし両大戦間期のドイツでは、そのような総覧的な標準的教科書が消失している。個別研究の積み重ねと統計的分析という歴史学派のアドバイスは研究方法としては意味があるにせよ、理論とは無関係であった。歴史学派が解体するなかで、経済学研究の基準となる経済理論をどこに求めるか？この時期のドイツ経済学にはこれについてのコンセンサスがあったとは言い難い。

第一の候補は、『資本論』とそれ以降のマルクス主義者によって発展させられた資本主義分析であった。ドイツの大学のなかにそれがどの程度浸透していたかは確言できないが、労働運動・社会主義運動内外の論争はドイツで自由に文献を読むことのできた在外研究員たちに影響を与えたことであろう。無教会派キリスト教徒であった矢内原ですらマルクス主義者の帝国主義分析を受け入れた。経営学者であった中西寅雄や馬場敬治はその研究領域を個別資本の循環分析としてとらえた。多くの経済学史研究者がマルクスの『資本論』『剰余価値学説史』を重要な基準として受け取ったように、マルクスの経済理論の影響は「マルクス主義」あるいは「マルクス経済学」の枠を超えて拡がっている。

第二の候補は、レオン・ワルラスによって創始された一般均衡理論を核とした、現在新古典派と言われる理論でである。この理論はシュンペーターの『理論経済学の本質と主要内容』で唯一の整合的な理論として称揚されていたが、ドイツでは発展させられることがなかった。シュンペーターはワルラスから均衡のみを取り出してそれを「静態」の理論と解し、ミーゼスは「合理的行動」のみを取り出したプラクシオロジーを生み出した。しかし、ワルラスのオリジナルな探求は理解されずに、K・ヴィクセルやG・カッセルのドイツ語著作による簡略化されたワルラス理論がおこなわれた。この時期の「在外研究員」には、ワルラス『純粋経済学要論』を翻訳した手塚寿郎も含まれているが、彼のドイツ滞在が彼のワルラス研究に資することがあったとは思われない。

第三の候補となる理論があったかどうかが問題である。ドイツには多様な貨幣理論・金融理論があり、景気変動の解明が理論的な焦点になっていた。ヴィクセルやシュンペーターの追随者やキール学派周辺にプレ・ケインズ的な理論的探求があったことが現在では知られているが、ドイツに滞在しながら日本人どうしで集まることを主としていたような学者たちにどの程度知られていたかは疑問である。現実の政策としても、大恐慌期に労働組合系のエコノミストが積極財政による雇用創出プラン（ヴォイチンスキー・プラン）を提案したことがある。それはヒルファーディンクを含む指導部によって拒否されたまま、財政・金融の魔術師H・シャハトの手によってナチスの政策となって成果をあげた[21]。

おわりに

両大戦間期のヴァイマール共和国で多数の日本人経済学者が在外研究したということはどういう経験であったのだろうか。最後に本章の代表的な登場人物であった有澤廣巳の回想を引いて結びとしたい。

ワイマール憲法は議会主義的民主政治を根本原則とする、当時としては世界で最も進んだ民主主義的憲法であった。私は一外国人としてではあるが、その憲法下のドイツで二年半の市民生活を享受した。当時の日本（昭和初期）からいきなりドイツの市民社会にとびこんだ私は、あたかも厳冬を穴の中にちぢこまっていた虫が一陽来復、暖かい春光の中に這い出て自由に手足を伸ばすがごとき自由さを覚えた。私はどんな集会にも出かけることができた。そこには私を誰何する一人の官憲もいなかった。私は全く心配なく誰をも訪ねることができ、思うことを喋ることができた。晩くなって帰宅する私は、深夜の歩道を歩いていてもついぞ一身上の不安を覚えたことがなかった。ワイマール憲法は国民にとってすばらしい憲法だなあと、私は幾度も独語した。（中略）それから僅かに五、六年後に、この立派な憲法を蹂躙して、あの憎むべき独裁制を布く奴が現われようとは、そしてその出現をドイツ人が知らず識らずのうちに許すことになろうとは、まだ若かった当時の私には全く予想外のことであった。[22]

注

（1）本稿は二〇〇八年五月二〇～二二日に「ドイツ経済思想の日本への影響」をテーマとしてベルリンで開催された「社会政策学会学史部会」での筆者のドイツ語報告 "Japanische Ökonomen in Deutschland der Zwischenkriegszeit: Eine wissenschaftssoziologische Untersuchung"（その後 *Studien zur Entwicklung der ökonomischen Theorie XXVII* (*Schriften des Vereins für Socialpolitik*, Bd. 115/XXVII, Duncker & Humblot, Berlin 2012 に収載）を倍以上に拡充したものである。筆者は、ベルリンでの報告をおこなったあと、同年六月八日に京都で開催された日本経済思想史研究会でも「大正期・昭和前期の文部省外国留学生および在外研究員と日本の経済学」と題して同テーマで研究報告をおこなったが日本語論文にはしなかった。本稿は、その後に公刊された辻直人氏、加藤哲郎氏、柳澤治氏の研究の成果を取り入れているため、旧ドイツ語版よりはるかに改善されたものになっている。

（2）石附実『近代日本の海外留学史』中央公論社（中公文庫版、一九九二年）は江戸時代末期の幕府・藩の留学生派遣から明治政府の「官費留学生」整備期にいたるまでを、渡邊實『近代日本海外留学生史』上下、講談社、一九七七年は明治期末までの海外留学をカバーしている。その後、留学史研究の範囲を大正期・昭和前期まで延長した辻直人『近代日本海外留学の目的変容―文部省留学生の派遣実態』東信堂、二〇一〇年が現れた。これは一八七五年から一九四〇年までの文部省外国留学生（一九二〇年より文部省在外研究員）三一八〇名の完全に近いリストを掲載していて、本稿ではそれに慶應義塾大学、早稲田大学、大原社会問題研究所の派遣者を加えて考察している。

（3）辻前掲書、表1―5、1―6による。

（4）辻前掲書、第6章。

（5）日獨文化協会『独逸大學案内記』日獨文化協会、一九三三年。

（6）Rudolf Hartmann, *Japanische Studenten an der Berliner Universität 1920-1945*, Mori-Ogai-Gedenkstätte der Humboldt-Universität zu Berlin, *Kleine Reihe* 22, 2003, S.3

（7）文部省専門學務局・文部大臣官房會計課『文部省在外研究員規定其他ニ関スル注意事項』（大正一五年四月代謄寫）三五頁以下。

（8）昭和二年以降に配布された前掲『注意事項』に「日独文化連絡機関」として、ベルリンの日本研究所（Japan-Institut）と「日独文化協会」の定款と活動紹介が掲載されている。また加藤哲郎『ワイマール期ベルリンの日本人――洋行知識人の反帝ネットワーク』岩波書店、二〇〇八年、四〇頁も参照。

（9）柳澤治『戦前・戦時日本の経済思想とナチズム』岩波書店、二〇〇八年、三頁。この書は本章でとりあげた思想的影響のルートについてとりあげてはいないが、本章第3節で論じた「両義性」の帰結を具体的な政策思想の形成過程のなかで示している。

（10）『大原社会問題研究所五十年史』法政大学大原社会問題研究所、一九七〇年参照。

（11）拙稿「解題　福本和夫の世界的同時性」『福本和夫著作集』第一巻、こぶし書房、二〇一〇年。

（12）池尾愛子『赤松要』日本経済評論社、二〇〇八年、二五、二八頁。これは後に赤松が「総合弁証法」と称した視点の萌芽を含んでいる。赤松はドイツを去ったあと立ち寄った米国のハーバード・ビジネス・スクールで経営分析の事例研究法の価値を発見し、帰国後、勤務先の名古屋高商に産業調査室を開設した。

（13）牧野邦昭氏の教示による。

（14）この研究会とその後の反帝グループの参加者と活動を明らかにしたのは加藤哲郎氏の貢献である。

(15) 敗戦後の日本で石炭業問題の処理にあたった有澤は、二〇年前のベルリンでのインタビュウ相手の「すべては混乱と誤謬のうちに過ぎ去った」という述懐を、彼自身共にすることになった。有澤廣巳『インフレーションと社会化』日本評論社、一九四八年、一～三頁。
(16) 『カルテル・トラスト・コンツェルン』(有澤廣巳編上巻『経済学全集』47巻上、美濃部亮吉下巻『同』下)、改造社、一九三一年。
(17) 服部文男「1930～1931年におけるカール・コルシュの講義」『季刊社会思想』第一巻三号、一九七一年。
(18) 柴田敬『新版増補　経済の法則を求めて』日本経済評論社、二〇〇九年、七五頁。
(19) 柳澤前掲書、一七六頁以下。
(20) 『黒正巌著作集』第四巻。黒正のナチス熱は直ぐに冷めたようで、戦時期においても戦争に対して積極的に支持する態度をとらなかった。
(21) A・シュトゥルムタール、神川信彦・神谷不二訳『ヨーロッパ労働運動の悲劇』岩波書店、一九五八年、第3部を参照。
(22) 有澤廣巳『ワイマール共和国物語』上、東京大学出版会、一九九四年、一五〇～一五一頁。

（付表）両大戦間期のドイツで「在外研究」した日本の経済学者

開始年度	氏名（所属：研究分野）
一九一九年（大正八年）	花戸龍蔵（神戸高商：金融論・商学）、大塚金之助（東京高商：経済学・商学）、坂本彌三郎（神戸高商：商業史・統計）、八木助市（神戸高商：一般商業学）、徳重伍介（山口高商：経済学・商学）、舞出長五郎（東大：経済学） 向井鹿松（慶應義塾：商業政策・取引所・経営経済学）、二木保幾（早稲田：経済学・金融論）
一九二〇年（大正九年）	内藤章（東京高商：商学）、金子鷹之助（東京高商：商学）、五百旗頭眞治郎（神戸高商：一般経済学）、坂田道男（五高：経済学）、矢内原忠雄（東大：植民論）、手塚壽郎（小樽高商：経済学・統計学） 高城仙次郎（慶應義塾：経済学・価格論）、末高信（早稲田：保険学・経済史・商業史）、久留間鮫造（大原社会問題研究所）、櫛田民蔵（大原社会問題研究所）、森戸辰男（大原社会問題研究所）、大内兵衛（大原社会問題研究所）
一九二一年（大正一〇年）	田中金司（神戸高商：商学）、山本芳壽（特派：商学・経済学）、井上茂（特派：保険論・経済学）、和田佐一郎（特派：経済学）、井上陽之助（特派：農業政策・農業経済学）、白柳元吉（特派：商学・経済学）、糸井靖之（東大：商学とくに商品学）、原田博治（彦根高商：商業および工業経営学・経済学）、渡邊大輔（東京商大：商学・運輸政策）、菅野和太郎（特派：経済学）、古賀行義（名古屋高商：生命保険・商業工業心理学）、前田幸太郎（山口高商：商学・商業史）、村瀬玄（小樽高商：簿記・商学）、田中保平（特派：商業経営・会計制度）、木村修三（盛岡高農：農業経済学）、木村元治（特派：商学・経済学）、橋本傳左衛門（特派：農業経済学）、平井泰太郎（神戸高商：会計制度・商学）、松崎實次（特派：商学・経済学）
一九二二年（大正一一年）	徳増榮太郎（特派：商学・経済学）、堀潮（特派：商学・経済学）、石川興二（特派：経済学）、藤田敬三（特派：経済学）、小山田小七（特派：経済学）、中野清作（特派：農業経営・農業政策）、北村五良（神戸高商：商学）、馬場誠（長崎高商：商学）、寒河保吉（七高：経済学）、石濱知行（特派：経済学）、落合泰次郎（東京外国語学校：商学・会計学）、服部邦彦（特派：商学）、井藤半弥（東京商大：商学・経済学）、向坂逸郎（九大：経済学）、河合榮治郎（東大：経済政策とくに社会政策）、内山進（彦根高商：商工心理学）、宮田喜代蔵（名古屋高商：商学）、圓谷弘（特派：経済学）、福井孝治（福島高商：経済学） 野村兼太郎（慶應義塾：日本経済史・欧州中世史）、高田慎吾（大原社会問題研究所）
一九二三年（大正一二年）	黒正巖（京大：農史）、汐見三郎（京大：財政学）、森文三郎（大分高商：統計学・殖民論）、伊藤久秋（長崎高商：商学）、岩本啓治（神戸高商：商学）、平田憲夫（京大：林業政策）、岩城忠一（和歌山高商：経済学）、渡邊竹治（大分高商：商学・商業数学）、椎名幾三郎（小樽高商：商学）、佐原貴臣（高岡高商：商学）、奥田彧（岐阜高農：農業経済学）、高須虎六（宇都宮高農：農業政策）、増地庸治郎（東京商大：会計制度・商業・工業経営）、荒木光太郎（東大：経済学）、本位田祥男（東京帝大：経済史）、加藤由作（東京商大：商学）、梅田政勝（大分高商：商学）、矢田篤（文部属・特派：商工心理学）、三村一郎（九大：財政学）、大内兵衛（東大：金融論）、大森研造（九大：経済政策、とくに貨幣・金融）、堀経夫（東北大：経済学）、久川武三（特派：海運保険・海運）、平井鎮夫（宇都宮高農：経済学・植民論）、上原専禄（高岡高商：商業史・商業政策）、水田淳亮（山口高商：商業地理・商学）、岡野鑑記（特派：経済学）、中西寅雄（東大：商学とくに商業経営）、土生秀穂（福島高商：社会学、統計学・経済心理学）、吉田良三（東京商大：費用論・会計学・公共経営） 園乾治（慶應義塾：経済学・商学）、加田哲二（慶應義塾：経済学・社会学）、宇野弘蔵（大原社会問題研究所）

一九二四年（大正一三年）	恒藤恭（京大：経済哲学）、小宮山敬保（特派：簿記・会計制度）、赤松要（名古屋高商：商学・経済学・商業政策とくに関税と倉庫）、飯田静次郎（長崎高商：商学）、寺田貞次（小樽高商：商業地理）、上原轍三郎（北大：植民論） 権田保之助（大原社会問題研究所）、奥井復太郎（慶應義塾：経済学・地域政策・社会政策）
一九二五年（大正一四年）	山口茂（東京商大：商学）、福田敬太郎（神戸高商：商学）、下田禮佐（横浜高商：商業地理）、山本勝市（和歌山高商：経済学）、西垣富治（福島高商：簿記・会計学・会計制度・商学）、佐々木道雄（東大：商学・商業数学）、糸魚川祐三郎（小樽高商：簿記・商学）、小嶋精一（九大：工業政策・社会政策）、竹内謙二（九大：経済学）、浅見信次良（彦根高商：経済史・経済学） 細川嘉六（大原社会問題研究所）、高野岩三郎（大原社会問題研究所）、金原賢之助（慶應義塾：国際金融・為替）
一九二六年（大正一五年＝昭和元年）	佐藤弘（東京商大：地理学・商品学）、野本悌之助（名古屋高商：簿記・会計制度）、谷口吉彦（京都帝大：商業経済学）、堀江邑一（高松高商：経済学）、有澤廣巳（東京帝大：統計学）、淵上正蔵（大分高商：商学・商業数学）、山田勝次郎（京大：農業政策）、高畑得四郎（長崎高商：商学）、吉田安喜雄（鹿児島高農：農業政策・農業経済学）、須藤文吉（神戸高商：簿記・商学）、二宮丁三（山口高商：商学）、杉村廣蔵（東京商大：商学・経済学）、村松恒一郎（東京商大：経済史・商学）、岡本信二郎（山形高校：法制度・経済学・ドイツ語）、国吉省三（山口高商：商学・交通政策）、大北文次郎（福島高商：商学・経済学）、増井光蔵（神戸高商：商学）、松田武雄（北大：農業経済学）、町田實秀（東京商大：一般経済学）、大槻正男（京大：農業会計学・農業制度） 村瀬忠夫（早稲田：保険論・商業経済学）、上坂酉蔵（早稲田：商品学・国際貿易）、高木寿一（慶應義塾：経済学）、町田義一郎（慶應義塾：経済学）
一九二七年（昭和二年）	杉浦徳次郎（東京商大：数学・保険数学）、八木芳之助（京都帝大：農業経済学）、中山伊知郎（東京商大：統計学・経済学）、古賀経美（和歌山高商：商品学）、土屋喬雄（東大：経済史）、田中秀作（彦根高商：商業地理・商品学）、小西茂（大阪高等外語：経済学）、藤野靖（大分高商：経済学・商業地理）、大野純一（小樽高商：商学・経済学）、渡邊輝一（横浜高商：商学・経済学）、東畑精一（東大：農業経済学）、林健二（神戸商大：簿記・会計制度） 久保田明光（早稲田：農業）、吉田忠輔（早稲田：経済史）、伊藤秀一（慶應義塾：経済地理・商品学）、楠井隆三（台北高校）
一九二八年（昭和三年）	岡崎文規（彦根高商：経済学）、蜷川虎三（京大：統計学・経済政策）、鈴木得二（名古屋高商：商業通信・商業教育）、川村豊郎（東京商大：商学・経済政策）、猪谷善一（東京商大：経済政策）、生島廣治郎（神戸商大：国際経済学）、奥田唯輔（長崎高商：貨幣・銀行）、細野日出男（高岡高商：商学）、田中薫（神戸商大：経済地理）、茂木修三（福島高商：商学・会計制度）、土岐政蔵（和歌山高商：簿記・会計制度）、宮下孝吉（神戸商大：経済史）、馬場啓治（東大：工業経営経済学）、伊藤兆司（九大：農業史・農業政策）、南亮三郎（小樽高商：経済学）、柴田銀次郎（神戸商大：統計学）、金田近二（神戸商大：殖民論）、田邊忠男（東大：運輸政策） 池田映次郎（早稲田：取引所・経営経済学）、三宅鹿之助（京城帝大）

一九二九年（昭和四年）	室谷賢治郎（小樽高商：商学・文化史）、新庄博（神戸商大：金融・抵当証券）、山枡忠好（鳥取高農：農業政策・農業経済）、山尾政治（京都高等蚕糸：農業経済学）、杉本栄一（東京商大：経済学）、半澤耕貫（東京高等外語：植民論・農業経済学）、今村有（長崎高商：船荷保険）、安彦孝次郎（福島高商：商学・経済学）、北條時重（高松高商：商業数学）、井上亀三（横浜高商：商学・経済学）、谷田義一（長崎高商：経済学・国際金融）、大熊信行（高岡高商：経済学・経済学史）、大塚一朗（京大：商業および工業政策）
	寺尾琢磨（慶應義塾：統計学）、藤林敬三（慶應義塾：経済心理学）
一九三〇年（昭和五年）	服部英太郎（東北帝大：社会政策）、宮川實（和歌山高商：統計学 金融論）、橋爪明男（東大：貨幣論・銀行論）、栗林定次郎（山口高商：会計制度・商学）、城實正治（高岡高商：経済学．工業政策）、高橋康文（盛岡高農：農業史）、野村寅三郎（神戸商大：運輸・倉庫）
	永田清（慶應義塾：金融論）、小畑茂夫（大倉高商）
一九三一年（昭和六年）	森耕二郎（九大：社会政策）、山本勝市（和歌山高商：社会運動の理論と実践）、井上鎧三（横浜高校：経済学・商学）、中川與之助（京大：国家社会政策）、郡菊之助（名古屋高商：運輸・商業統計）、榊原巌（福島高商：商業史・商工業政策）、油本豊吉（東大：商業政策）、波多野鼎（九大：経済史）
	中村佐一（早稲田：貨幣・金融）
一九三二年（昭和七年）	美濃部亮吉（東京帝大：経済学）、中村重夫（東北帝大：経済学）、深見義一（東京商大：商学）、水谷一雄（神戸商大：統計学、生命保険）穂積文雄（東亜同文書院）、武村忠雄（慶應義塾：経済学）
一九三三年（昭和八年）	河合諄太郎（東京商大：商学・商品学）、松山文二（大分高商：商品学）、鈴木美雄（東京高等蚕糸：会計経営経済学）
	時子山常三郎（早稲田：金融論・統計学）、一谷藤一郎（慶應義塾）
一九三四年（昭和九年）	塚原仁（長崎高商：簿記・会計制度・統計学）、樋田豊太郎（福岡高校：法制・経済・殊に経済法）、長尾義三（高岡高商：経済学・商学）
	酒枝義旗（早稲田：理論経済学）、小高泰雄（慶應義塾：経済政策・会計学）、高村象平（慶應義塾：経済史）
一九三五年（昭和一〇年）	松本良雄（福島高商：保険・商業地理）、大泉行雄（高松高商：商学・経済）、白杉三郎（神戸商大：保険論）、高橋正雄（九大：統計学）、高橋次郎（小樽高商：商業地理）、松本雅男（彦根高商：産業経営・費用会計）
一九三六年（昭和一一年）	望月岺（東京高農：林業経済）、柴田敬（京都帝大：国際経済学）、渡邊庸一郎（京都帝大：農業政策）
一九三七年（昭和一二年）	古林喜楽（神戸商大：経営経済学）、山田雄三（東京商大：経済学）、森田優三（横浜高商：統計学・商学）、磯辺秀俊（宇都宮高農：農業経営学・農業立地学）
	北村正次（早稲田：経済政策）、本領信治郎（早稲田：金融論）、気賀健三（慶應義塾：経済学）
一九三八年（昭和一三年）	大林良一（東京商大：保険論）

＊　四月から翌年三月までの会計年度中に在外研究を開始したもので、渡航先にドイツが含まれている研究者。
本付表は二〇〇八年に作表したものを、その後刊行された辻前掲書所収「文部省留学生一覧表」に依拠して再編したものである。利用・公表を許可された辻氏に感謝する。研究分野の収録範囲として「商学」関係の研究者を含み、さらに「農科」のうちでも、実質的に経済学・経営学に近い研究者を加えている。

第九章　外地帝国大学における経済学者たち
——鈴木武雄と楠井隆三を中心に——

山﨑　好裕

第一節　対象と目的

旧帝国大学のうち、現日本国外に置かれていた大学としては、朝鮮の京城帝国大学と台湾の台北帝国大学がある。本章では、筆者が二〇〇九年から二〇一〇年にかけて現地で行った調査と資料収集を元に、外地帝国大学における経済学研究者の姿と研究内容を明らかにしたい。

本章の分析を方法的に述べるならば、京城帝国大学と台北帝国大学という二つの外地帝国大学において、どのような経済学研究が行われていたかということを、比較史的に明らかにしていくということである。一般に学説史の記述は、理論や研究に内在的に行われていくのが中心だと思われるが、その理論がなぜその時期に現れたかということや、そもそもその理論が登場する背景を考えるということもまた必要な分析となる場合がある。そうしたとき、研究者の置かれた社会的環境や歴史的政治状況などに関する外的な記述が不可欠である場合もあるのである。そのような研究は、知識社会学などでその方法が培われてきた。

本章で中心的に取り上げるのは、京城帝国大学の鈴木武雄と台北帝国大学の楠井隆三であるが、彼らの研究を学説史的に分析する場合、こうした歴史的背景の叙述は欠かせない。具体的には、日本の帝国主義政策のなかにおける朝鮮と台湾の位置づけということであり、そのような政治的な立ち位置が、外地帝国大学における経済学研究を何らかのかたちで規定していたということが、本章で検証されるべき仮説となる(1)。

第二節　鈴木武雄と貨幣理論

(一)　京城帝国大学と鈴木武雄

京城帝国大学は大正一三(一九二四)年に設立された。経済学講座は法文学部法学科に設置されていた。経済学第一講座と第二講座が置かれていたが、第一講座担任は廃校まで朝鮮経済史研究の権威であった四方博が務めた。四方は経済史と社会法の担当教官を集めて、現地で三度に渡って朝鮮経済史の論文集を完成させている。四方の一次資料の緻密な精査に基づく人口学的研究は今日に至るまで高い評価を得ており、国書刊行会から上中下三巻本の『朝鮮社会経済史研究』として復刊されている。これに対して、第二講座担任を務めた

図 9-1　京城帝国大学全景

図 9-2　京城帝国大学法文学部

図 9-3　鈴木武雄

のが鈴木武雄であった。彼は財政学と貨幣論を専門としていたが、朝鮮経済の時局的な研究を多く発表して植民地経営の一翼を担った。

ちなみに、京城帝国大学にはライバルをベルリン大学と見なす、内地からは自主独立との気風があった。法学研究では京城学派と呼ばれる独自の学風を生み出している。研究の独自性という意味では、マルクス主義者を自認する三宅鹿之助が当初財政学を担当していた。しかし、活動家の李載裕が留置場から脱走した際、自宅官舎地下に匿ったことが発覚し、三宅は昭和九（一九三四）年五月に検挙された。三宅は一年の休職後に退官した。

京城帝国大学には、その他、鈴木、三宅の前に第二講座担任を務めた山田文雄、統計学の大内武次、社会政策の森谷克巳、商工政策の静田均、農業政策の伊藤俊夫、財政学の小田忠夫などが在職した。

鈴木武雄は明治三四（一九〇一）年四月、神戸市生田区に生まれた。大正八（一九一九）年三月、第三高等学校文科丙類卒業後、東京帝国大学法学部政治学科に進学したが、経済学に転じ、大正一四（一九二五）年四月、東京帝国大学経済学部大学院に進んだ。鈴木は大学院を昭和二（一九二七）年三月に退学しているが、翌昭和三（一九二八）年四月から京城帝国大学法文学部講師の嘱託を受け、朝鮮に渡った。その五月には助教授、昭和一〇（一九三五）年四月には教授に就任した。また、昭和一六（一九四一）四月からは理工学部で工業経済の授業も担当するようになった。

鈴木は朝鮮において行政関連の委員にも数多く就任し、植民地経営に携わった。昭和五（一九三〇）年二月からは朝鮮総督府金融制度準備調査委員、昭和一五（一九四〇）年八月からは臨時朝鮮米穀調査委員会委員、昭和一八

（一九四三）年一月からは朝鮮総督府農業計画委員会委員、同年四月には朝鮮電力評価審議委員会委員、一〇月には朝鮮総督府企業整理委員会委員に次々と任じられている。しかし、履歴上からは朝鮮銀行との直接の関係は確認できない。

終戦後は一一月に京城を引き揚げて東京に転居し、昭和二一（一九四六）年五月二八日には外地官吏に関する勅令によって退官した。その二年後、昭和二三（一九四八）年七月から明治大学で財政学を、翌年四月から東京大学経済学部で、やはり財政学を担当した。なお、東京大学では、昭和二七（一九五二）年度から特殊講義日本財政金融論および演習を担当した他、昭和二八（一九五三）年五月から大学院社会科学研究科応用経済学課程の授業を担当した。この間、昭和二四（一九四九）年四月に武蔵大学教授および経済学部長に就任している。

昭和三二（一九五七）年一一月に武蔵大学教授を辞任して、東京大学経済学部教授に就任した。担当は財政学第二講座と大学院社会科学研究科応用経済学課程であった。東京大学では、昭和三四（一九五九）年五月に大学院の同課程の主任となった後、昭和三六（一九六一）年五月に経済学博士の学位が授与された。翌昭和三七（一九六二）年三月に東京大学を定年退官して、武蔵大学教授に復職した。日本においても政府の審議会委員を数多く務めている。昭和五〇（一九七五）年四月、鈴木は武蔵大学学長に就任したが、同年一二月六日に病没している。

（二）　朝鮮銀行と円通貨圏

日本帝国主義において朝鮮はそれ自体の帝国主義的統治という問題だけでなく、満州支配や中国進出への前線基地という位置づけが強かったことは間違いない。とりわけ、朝鮮銀行を中心とした侵略地域の通貨支配の面に、その性質がよく現れている。

日本による朝鮮の通貨支配の初めは、明治三五（一九〇二）年五月に第一銀行が一覧払手形を発行したことに遡る。

明治三六（一九〇三）年三月、韓国政府はこれに対抗するため、勅令第八号により自国の手による幣制整理と中央銀行設立の準備を始めた。しかし、日露戦争勃発に伴い、日韓議定書が取り交わされて日本貨幣に韓国法貨と同様の通用力を与えることが定められた。韓国政府は貨幣整理事務を第一銀行に一任するとともに、第一銀行券の無制限な通用を約定したのである。これによって第一銀行が韓国の中央銀行として位置づけられることになる。幣制整理と並行して第一銀行は、明治三八（一九〇五）年一月、韓国政府度支部と国庫金取扱契約を結び、七月になると財政整理のための国庫証券二〇〇万円の募集引受を行った。一一月には第二次日韓協約が調印されて京城に総監府が置かれると、初代総監に伊藤博文が就任した。これに伴い、第一銀行の韓国業務も総監府の監督の下に置かれることになった。明治四二（一九〇九）年七月六日、日本の閣議は適当な時期に韓国を併合する方針を決定し、七月二六日には隆煕三年法律第二二号韓国銀行条例が交付された。一〇月二九日、第一銀行がそのまま移行するかたちで韓国銀行が設立された。明治四三（一九一〇）年八月二二日、韓国併合に関する条約が調印され、初代総督に韓国総監の寺内正毅陸軍大将が就任した。また、国号の変更に伴って韓国銀行の名称も朝鮮銀行に改められた。[2]

陸軍が満州の積極経営に乗り出したことを背景に、朝鮮銀行も満州に支店を出すことになったが、満州では既に横浜正金銀行が銀建ての銀行券を発行しており、これとの業務調整が課題となった。しかし、この調整は、現状維持を主張する正金銀行と大陸積極論の朝鮮銀行との意見の相違があり、困難なものとならざるを得なかった。大正二（一九一三）年に入り、朝鮮銀行は満州出店を政府に請願した。だが、当時、未だ朝鮮銀行の資金力は脆弱であり、満州の金券需要に十分に応じることは期待できなかった。また、独占を崩されることを恐れた正金銀行の異議申立てもあり、大蔵省は朝鮮銀行の満州進出を認める代わりに正金銀行に金券発行権を与えることで決着させた。こうして、満州では正金銀行の銀券と金券が流通するようになったが、朝銀券の満州での流通も事実上公認されていた。五年後に金券発行権は朝鮮銀行に移されることになり、朝鮮銀行と正金銀行の対立は金建て派と銀建て派の対立として再燃した。

さらに、朝鮮銀行は中国への借款にも乗り出していく。大正五（一九一六）年、奉天省長・張作霖の要請に応じ、朝鮮銀行は六月に一〇〇万円、八月に二〇〇万円の借款契約を締結した。

台湾銀行の市場調達資金が、昭和二（一九二七）年四月半ばまでの一か月間で一億八〇〇〇万円減少して資金繰りがつかなくなるという事件が発生した。四月十七日に枢密院が台湾銀行救済緊急勅令案を否決すると、若槻内閣が総辞職し、台湾島内の本支店以外の店舗が三週間の休業に入った。この影響で朝鮮銀行にも取付けの波が押し寄せた。朝鮮銀行は朝鮮と関東州で各銀行向けの支払資金の緊急貸出を行い、朝銀券の発行高は三月末の一億一〇〇〇万円から一億三八〇〇万円に急増したものの、四月末には一億一四〇〇万円に戻り取付けも沈静化した。

昭和六（一九三一）年九月一八日、奉天郊外の柳条湖で中国便衣隊の仕業に見せかけた鉄道爆破事件が起き、満州事変が勃発した。事変勃発とともに、関東軍や関東庁の国庫金を扱う朝鮮銀行は、かつてシベリア出兵でそうしたように、派遣行員が従軍して国庫事務を行い、朝銀券による軍費支払いに応じた。翌年六月一五日に満州中央銀行が設立されると、朝鮮銀行は朝銀券の流通を満州全体に広げるべく、満州国の金本位を主張した。また、朝鮮銀行は、台湾銀行と朝鮮拓殖銀行を吸収合併した東亜銀行構想を掲げ、大東亜円ブロックの盟主を目指す姿勢をも打ち出した。

昭和一二（一九三七）年七月七日に盧溝橋事件が勃発した。それまでに、華北では、朝銀天津支店が治外法権を利用して発行した朝銀券が天津、済南、青島で合わせて三〇〇〇万円ほど流通していたが、同年末にはこれに華北各支店の発行超過額三三〇〇万円、満州国と朝鮮からの持込額七〇〇〇万円を加えて四三〇〇〇万円に達した。八月に入ると中国国民政府が法幣の南方移送を強行した結果、法幣の価値上昇に反比例して朝銀券の価値下落が起こる。華北円安、華中円高の情勢により、朝銀券を華北から上海に運んで日銀券に換え、法幣に換えた上で華北に運び、下落した朝銀券に換えるという鞘取りが盛んに行われた。

これに堪りかねた日本は、日銀券を引き揚げて円貨軍票のみを使用させる工作を行ったり、朝銀上海支店の朝銀券受け入れを制限したりしたが、英米の支援を受けていた国民政府側法幣との通貨戦争で苦戦を強いられることになる。この局面を打開するため、日本は、昭和一三(一九三八)年三月、中国連合準備銀行を設立した。連銀の資本金五〇〇〇万円のうち、当初払込分二五〇〇万円は、中国側の主要銀行と日本軍が設立させた臨時政府が折半して負担した。臨時政府の出資分一二五〇万円は、全額日本側の銀行からの借款で賄うことになっていた。朝鮮銀行、日本興業銀行、正金銀行がそれぞれ三〇〇万円ずつを貸付けるとともに、日本政府が国庫保有銀から三五〇万円を朝銀に指定預金して、それを臨時政府に貸し付けた。

連銀は、この三五〇万円の現銀に加えて、朝鮮銀行、正金銀行、満州中央銀行の三行から七二〇万円の現銀を買い入れることによって、併せて一〇七〇万円の現銀準備を手に入れた。後者は、三行が中国国民政府からの引渡要求を拒否して、天津、青島に保有していたものであった。

日本側の計画は、国民政府の法幣を回収して連銀券の発行準備に充てるというものであったが、この計画は遅々として進まなかった。そこで、日本軍は朝銀券の使用を節約して、連銀券を使用する命令を出した。昭和一三(一九三八)年六月一六日、朝銀北京支店は連銀と預合い契約を締結した。華北における軍事費の支払いは連銀券に統一されていたから、軍は連銀にある朝銀口座から預金を連銀券で引き出さなければならない。このとき、朝銀北京支店にある連銀名義の日本円勘定に金額が書き込まれると同時に、連銀は自行にある朝銀名義の連銀券口座に同額を書き込むことになる。つまりは、朝銀の信用の下に連銀券を発行する仕組みが作られたのであった。連銀券は増発の一途を辿り、終戦時には八五〇億円を数えた。

日本は同じ預合い契約を、南京の汪兆銘政権の中央儲備銀行と正金銀行との間でも結ばせたが、終戦時の儲備券発行高は二兆二七〇〇億元に達した。朝銀と正金銀行を併せた預合い残高は、終戦時に華北は四四一億円で連銀券発行高の二分の一、華中は一兆五七〇〇億元で儲備券発行高の四分の三にまで上っていた。

華北の連銀券は発足時点で円元等価、華中の儲備券は一〇〇元＝一八円であったが、占領地の激しい物価高騰の結果、共に価値を急激に失っていった。これに伴い、朝銀券の発行高は加速度的に伸びていった。昭和一八（一九四三）年後半からの急増はものすごく、一〇月に一〇億円を超え、一九（一九四四）年八月に二〇億円、同年一二月には三一億円、終戦時には四八億円に達した。

日本の大陸進出を背景に、円系通貨が流通圏を拡大し、終戦時には総額五三〇〇億円が発行されていたことが確認される。すでにみたように、満州と華北における円通貨圏の形成に朝鮮銀行は積極的な役割を果たした。朝鮮銀行の円通貨が中国の日本支配地域で強制的に流通させられようとしていたことと、鈴木がクナップの貨幣国定学説を基本としてその貨幣理論を展開していたこととの間には、何らかの繋がりを見出すことができるのではないかと思われるのである。

(三) 鈴木武雄の貨幣国定説

二〇世紀初から一九三〇年代にかけて、貨幣本質論が盛んに行われていた。議論の口火を切ったのは歴史学派のクナップが一九〇五年に出版した『貨幣国定理論』であった。クナップの立場は名目主義と呼ばれ、国家の法制が貨幣の流通力を生むため、貨幣の本質を流通手段に求めるものである。これに対して、それ以前からの立場は金属主義としてまとめられる。すなわち、貨幣はそれ自体価値を持った金属素材であることが必要であり、それゆえ貨幣の本質は価値尺度というところにあるとされる。歴史学派ではクニースがこの立場に立っていた。両者の違いは銀行券や国家紙幣などの紙券の扱いによく現れる。金属主義では紙券はあくまでも貨幣の使用を節約するための代替物に過ぎないが、名目主義ではそれ等は本質的貨幣そのものである。

鈴木（一九四二）は中国貨幣制度の状況を「通貨戰爭」[3]と捉える。そして、貨幣は「經濟戰爭の有力な武器」[4]となっており、そこに「貨幣の國家的性格」[5]がよく現れているとするのである。しかし、同時に大陸における「圓ブロック」の形成は「貨幣の國際的性格」[6]を表しているため、両者の関係について考察する必要があると述べている。鈴木（一九四二）においては、クナップ学説に基づき、まず貨幣の国家的性格が検討されることになる。

クナップは貨幣の支払手段としての機能を交換手段としての機能と峻別する。そして、支払手段という概念は貨幣より高次の概念であるとされる。つまり、貨幣ではない支払手段もあるのである。このように、支払手段こそ貨幣の本質的な機能であり、歴史的に古くはこの機能を金属が担っていたが、やがて、国家が刻印した金属、そして、紙券が法制によって流通するようになる。クナップにとって、こうして成立する「物的素材から全く離れた表券的支拂手段」[7]が貨幣であるということになる。国家は、自分への支払いにおいて貨幣を受領し、自分からの払出しに貨幣を利用することによって、私人間の支払いにも貨幣を使用させるようになる。

この点について、鈴木は、クナップ説を発展させたエルスターを引きながら、振替支払を貨幣なき支払としたクナップを批判している。鈴木によれば、クナップの名目的貨幣論を一貫するならば、表券の有り無しで貨幣であるかどうかを区別する必要はないのである。鈴木は、こうして預金を貨幣に統合することで、国家貨幣ではない銀行券を貨幣に包含することが可能になるとする。むしろ、名目主義の立場に立ってこそ、不換紙幣を貨幣と見なすことが理論的にできるわけである。もちろん、預金や銀行券は私的信用に基づく貨幣であるが、先述の国家受領がこれらに国家的性格を付与することになる。

鈴木にとって、貨幣は非中立的なものであるが、これは名目主義の立場からどのように説明されるのであろうか。鈴木は、貨幣が経済に対して能動的役割を演ずる根拠をケインズの言う「金融流通」[8]に求める。金融機関の介在する、この貨幣流通では信用創造が行われ、生産手段に対する需要の拡大という形で経済に積極的役割を果たすことになる。鈴木によれば、こうしたことは金属主義から説明することはできない。

こうした名目主義からは、貨幣量もまた金準備からは本質的に独立に国家によって調整されることになる。実際にその通貨調整を実施するのは、「國家機關的性格をもつた中央發券銀行[9]」であり、「大藏當局との緊密な連絡協調の下[10]」行われる。

鈴木（一九四三）は、鈴木（一九四二）を引き継ぎ、貨幣の国際的性格を明らかにすることに充てられている。ここで、鈴木は、「國際的貨幣經濟[11]」の特質を解明せねばならないと言う。鈴木は、国際経済を「諸國民經濟の經濟的交通關係[12]」と定義している。その定義に際して、国際経済において具体的な関係を結ぶのが家計や企業という「個別經濟[13]」であって、「國民經濟[14]」が直接に関係するわけではないことに注意を払っている。そのことが意味するのは、国際経済において関係を結ぶ個別主体が、それぞれの国家の経済政策や法制の制約を受けながら、共通の法制を持たない国際舞台で関係しているという事実である。そこには名目主義で言う真正の貨幣は存在せず、当時は金属という低次の支払手段が利用されざるを得ないということなのである。

鈴木は国際経済における「貨幣的聯繋[15]」を三つに分ける。第一に通常の支払関係、第二に短期・長期の資本移動、第三に金銀の国際的移動である。これらは国際収支に表現され、国際為替相場に反映される。その国際為替相場について、名目主義の観点を持つ鈴木は金平価概念を否定する。為替市場において交換が行われる二国の通貨は、本質的に金属貨幣ではなくそれ自体に価値を有しない支払表章に過ぎない。したがって、一定の比率を想定することは意味がないのである。

このように鈴木の貨幣論では、クナップの名目主義をより徹底するかたちで行論が進められており、貨幣は表章として支払手段に使える記号であればよいという見解になっている。そうした貨幣が私人間の取引に使えるための根拠として、貨幣の国家受領が不可欠の契機であり、この点に国家の経済支配圏と貨幣流通圏が一致しなければならない理由が求められる。朝銀券ほかの円通貨が、日本の大陸侵略に伴って流通圏を広げていったこととの対応関係がここに求められるであろう。さらに、国際経済ではこうした国家的支配が及ばない領域が広がっているわけであり、当面外国為替相場が複数通貨間の抗争の場としてクローズアップされてくる。それは通貨戦争、あるいは貨幣間競争の場としての外国為替市場観であって、それに勝ち抜くための流通量の適切な管理が通貨発行主体に求められることになるであろう。この点、明示的ではないが、大陸での日本の通貨政策への若干の批判が示唆されていると読めないこともないと思われる。

第三節　楠井隆三と経済学方法論

（一）　台北帝国大学と楠井隆三

台北帝国大学は昭和三（一九二八）年に開学した。当初経済学講座は置かれておらず経済学の授業は三〇代であった小山田小七が担当していた。小山田が二年の在任で台湾を去った後に文政学部政学科に経済学第一講座と第二講座が置かれたが、両講座とも担任を楠井隆三が務めた。第一講座は金融論の北山冨久二郎、第二講座は株式市場論の今西庄次郎が担任の責務を分掌した。楠井は経済学方法論を研究していたが、教育面では現地生まれの東嘉生を育てている。台北帝国大学の他の教官として、財政学の三田村一郎と小幡清金、経済史の津下剛、農業政策の吉武昌男がいた。

自主独立をその気風とした京城帝国大学と比較して、東京帝国大学台北分校と揶揄されるように内地帝国大学との結び付きが深かった。農業政策の東畑精一、財政学の汐見三郎、社会政策の河合栄治郎など、東京帝国大学や九州帝国大学の教授陣も講義のために訪台していた。

　楠井隆三は明治三二(一八九九)年一二月一七日、和歌山県那賀郡池田村に生まれた。若いころに受洗し、クリスチャンとなった。大正一〇(一九二一)年四月に東京帝国大学経済学部経済学科に入学し、河合栄治郎と土方成美のゼミナールで学んだ。大正一三(一九二四)年四月に東京帝国大学大学院に進学し、土方から理論経済学の指導を受けた。大正一四(一九二五)年四月に大学院を修了したが、昭和二(一九二七)年七月に台湾総督府台北高等学校教授に任命されて台湾に渡った。同年八月には総督府在外研究員として、ヨーロッパ、アメリカに留学し、ベルリン大学のゾンバルトなどの講義を聴講している。

　昭和四(一九二九)年九月に留学を終えると台北帝国大学文政学部助教授に任ぜられ、経済学第二講座(経済概論)担当となった。翌年四月には教授に昇進して、経済学第一講座(経済原論ならびに経済学史)も担当するようになる。また、理農学部教授も兼任した。昭和一八(一九四三)年四月から南方人文研究所審議員になり、昭和一九(一九四四)年一一月からは台湾総督府民政官として、経済動員本部理事、金融部調査室主務を務めている。

　昭和二〇(一九四五)年一一月、台北帝国大学は中華民国に接収されて国立台湾大学に改組されたが、これに伴って文政学部

図 9-4　台北帝国大学全景

図 9-5　台北帝国大学正門

も文政学院に改称された。楠井は一二月までは文政学院に留用されることが決まった。また、同時に台湾省行政長官公署財政処経済委員にも任命され、経済建設調査委員会および税務委員会に参加するとともに、台湾五〇年財政経済史料調製にも参加している。同年一一月一六日付で慶應義塾大学から経済学博士の学位を授与されたが、提出論文は主著である『理論経済学認識論』であった。

図 9-6　楠井隆三

昭和二一（一九四六）年四月に和歌山の実家に戻り、五月三一日、台湾総督府廃庁に伴い退官となったが、それに先立って同月一五日に関西学院大学教授に任じられていた。昭和四三（一九六八）年三月に同大学を定年退職し、長崎県立国際経済大学（現長崎県立大学）教授に就任した。台湾時代から俳句をよくし、句集も三冊出版しているようである。平成三（一九九一）年に没している。

（二）　楠井隆三の経済哲学

楠井隆三の研究は左右田喜一郎の経済哲学に基づいている。左右田は新カント派の哲学を元にして、独自の経済哲学を展開した。左右田は明治三七（一九〇四）年に東京高等商業学校専攻部を卒業後、ドイツに留学し、リッケルトに指示した。リッケルトはヴィンデルバントを継承してバーデン学派を確立した。新カント学派はバーデン学派とマールブルク学派に大別される。マールブルク学派が自然科学の哲学的基礎を考察しようとしたのに対して、[16]バーデン学派は歴史学や文化科学の基礎を主に考えるという特徴がある。文化科学の中心的な問題として価値論があるが、左右田銀行頭取の子息であった左右田は、哲学と経済を繋ぐものとして価値の問題に着目したのである。

大正二（一九一三）年に帰国した左右田は大正六（一九一七）年に『経済哲学の諸問題』を出版して、その経済哲学[17]の構想を世に問うた。経済学の方法論をその研究テーマとしていた楠井隆三は、左右田哲学を吸収し、それを乗り越えることを余儀なくされることになる。

楠井隆三の主著は昭和一四（一九三九）年に有斐閣から公刊された『理論経済学認識論』である。つまり、楠井は左右田の構想した経済哲学のうち、認識論を自らの研究対象として考えていた[18]。楠井は新カント派の分類を引継ぎ、経済学を自然科学とは異なる精神科学の一つとして位置づけた上で、認識論を認識目的論、認識対象論、体系論を含む方法論に分類する[19]。楠井（一九三九）はほぼこの分類に対応して執筆される。そして、楠井は左右田の認識論が「論理主義」の立場をとっていて観念論的色彩を持つものであることを批判して、自らの立場を「現實主義」と称するのである[20]。この「現實主義」は「現實主義的・現象學的立場」とも言い換えられており、「經濟現象の現實の相に對する現象學的考察[21]」に依拠すると明記されていることから、先験的な枠組みを離れて虚心に経済現象を取り扱う姿勢が強調されているようである[22]。

経済哲学の対象を巡る議論で楠井は、貨幣概念をもっぱらの対象とする左右田には批判的であり、それを経済活動の総体とする方向性を示している[23]。楠井は、左右田が「經濟學的概念構成」の中心観念としての条件を完全に充足するものは貨幣概念を措いてはないと述べたことを指摘し[24]、それでは貨幣経済以外の経済形態を問題にできないとして批判する[25]。その上で、楠井が述べた経済学の対象は「社會生活における物質的總再生産過程」であった[26]。

楠井のこの提言は唐突なようであるが、マルクスの影響を受けていることは見やすいところであり、それは楠井自身がローザ・ルクセンブルクの著作から示唆を受けたと語っていることからも間違いないものである[27]。マルクスは、社会を基礎づける素材である労働生産過程を資本主義的生産の歴史的社会形態が掴むことで貨幣経済が成立するという経済社会観を有していた。この観点からする場合、左右田の貨幣概念は形態規定に過ぎないため、現実経済を把握するためには、むしろ、素材の側面に依拠する必要があるように見えたものと考えられる。楠井は、その上で経済学説史を振り返り、マルクス主義的傾向だけでなく「均衡論的傾向[28]」を持つ経済学においても、同様の研究対象観を持っているとして自説を傍証している。

楠井によれば、こうした対象を経済学が分析した上で、理論体系へと総合していく必要があるわけだが、その体系形成の二大準則が「具體性への志向の原理」と「全體性への編入の原理[29]」である。これらの準則に基づいて形成される体系として、楠井は、「經濟一般」、「交換經濟」、「自由主義的資本主義經濟」、「独占的資本主義經濟」、「團體經濟」、そして、「經濟生活現段階の總觀[30]」というそれが最も合理的であろうとしている。こうした体系の構成要素を個別に検討した後、楠井は狭義の方法論へと移っていくのだが、その基礎付けとして経済的価値の問題を取り上げる。ここには、経済学を文化科学に分類する楠井が左右田から受けた影響を顕著に感じることができるであろう。

楠井は、当時新カント派が論じていた「實體概念」と「機能概念[31]」（関数概念）の区別に言及している。新カント派は、自然科学について、観測できない実体、あるいは、それを仮定する必要性を否定し、機能、ないしは関数関係を科学が解明すべき対象であるとしていた。楠井は、経済学において「均衡理論」が価値実体を否定して分析を価格にとどめる点で同様の傾向の表れであることを指摘する。しかし、経済学を自然科学とは明確に区別される文化科学と捉える楠井には、価値実体を論じることは不可欠であると感じられたようである。かくして、楠井の見つけた価値の本質は「全體たる『社會的總再生産過程』のうちにおいて、財の占めてゐる重要性[32]」というものであった。これが実体概念というよりある種の関係概念であることは楠井自身も認めている。しかし、楠井にとって、これこそが経済の本体としての最も基本的な関係である価値の実体に他ならないということなのであった。

経済学における方法と体系の関係は、戦術と戦略の関係に例えられると楠井は言う。体系が方法に先立つことは、戦場において戦略が先になければ相応しい戦術が定まらないのと同様であるというのである。こうした体系の重視は、ドイツ諸科学から影響を受けた、当時の経済学における自己認識の反映と考えることができるだろう。

大部の認識論の最後に、楠井は経済学における法則が何であるかを論じている。楠井によれば、左右田のように経済学の法則を「經驗的法則」として見たのでは、法則の精密性を担保できない。楠井は精密的（抽象的）と経験的（具体的）を対立的に考えるからである。また、経済学が常にある種の均衡関係を考えることから、その法則も因果法則であることはできない。こうして、楠井による経済学的法則の規定は「社會的總再生産過程に關する函數法則」というものであった。当時既に自然科学において、法則性を方程式によって関数的に表し、一方的な因果関係に還元できない相互依存的な同時決定として捉えるのは一般的だったから、楠井の議論はその意味で同時代的なものであった。

総じて見て、楠井隆三の方法論研究は、マルクス経済学の古い見解を残しつつも、新カント派を中心とした当時の科学哲学を反映した折衷的な性格のものであったと総括できる。それよりも、楠井がこうした抽象的で実利性を欠く研究に没頭できたのは、日本の帝国主義政策のなかで台湾統治が置かれていた比較的牧歌的な状況が背後にあったという事実が滲み出ているものである。

（三）　台湾の土地制度とマルサス地代論

台湾は日本帝国主義のなかでは農業経営がその中心的な位置づけとされていた。勢い台北帝国大学の経済学者たちの関心も農業経済に集まることになる。そのなかで目立った存在が東嘉生であった。

台湾生まれの東の父親、八郎は台湾教育界では著名な人物であり、台北市内のいくつかの尋常小学校の校長を歴任した。東は昭和三（一九二八）年、設立と同時に台湾帝国大学の農学部に入学し化学科と農芸化学科で学んだが、

図9-7　東嘉生

その後、文政学部史学科に転じ、最終的に経済学を専門とした。昭和七（一九三二）年の卒業後、経済学研究所の助手を経て、昭和一二（一九三七）年に助手に就任した。昭和一八（一九四三）年には助教授に昇進するとともに南方人文研究所の兼任所員ともなったが、同年一一月二三日、初めて訪問した日本から台湾に戻る途中の客船がアメリカ軍の攻撃[33]を受け、家族全員と共に死亡した。享年三六歳であった。

日本による台湾農業経営[34]の中心となったのは、当初砂糖生産のための甘蔗栽培であった。台湾総督府が導入した含糖量の高い品種と新しい製糖方法によって糖業の発展が見られた。しかし、製糖業者保護のために打ち出した原料採集区域制度は甘蔗農家が近隣の製糖業者に原料の甘蔗を納入することを義務づけるとともに、価格を工場側が決めることにしていたので、甘蔗農家の収入は抑圧されていった。また、日本資本が大規模に製糖業に参入したことで、旧来の台湾の製糖業者は打撃を受けていった。明治三三（一九〇〇）年に資本金一〇〇〇万円で設立された台湾製糖株式会社は、日本資本のなかでも最大規模の製糖企業である。また、その後、台湾でも栽培可能な内地系品種である蓬莱米が開発されたことにより、台湾での米の生産が奨励されて、内地へと輸出されるようになった。

台湾農業の背景になっている台湾の土地制度は驚くほど複雑なものであった。それが一田多主と呼ばれる法慣習であり、大租戸と呼ばれる法的な所有権を持つ地主がいる土地が実際には小租戸と呼ばれる小地主によって管理されていた。小租戸は自分の判断で土地を処分できる一方で、大租戸に対して大租という地代を納めなければならない。清朝時代に台湾巡撫となった劉銘伝という官吏は、小租戸を実際の地主として地租納入をさせるとともに、大租を以前の六割とする改革を進めようとしたが、抵抗に遭い失敗している。

台湾総督府は、同様に大租戸を廃止して小租戸に土地所有権を一本化する改革を進めた。明治三七（一九〇四）年五月二〇日に発布された大租権整理令では、すべての大租権を強制的に買い上げることが示され、明治三八（一九〇五）年二月一五日から強制買上が始まった。総計三七七万九四七九円の保証金のうち一〇万七〇四三円は現金で、残りが公債で支給されている。

こうした地代の在り方と日本帝国主義下での改革は、台湾経済史を専門としていた東にとっても重要な関心事であった。地代理論のなかで、東の研究の対象となったのがマルサスの地代論である。マルサスの『地代論』は、東と、師である楠井隆三の共訳として、昭和一五（一九四〇）年に岩波文庫から『穀物条例論』との合本で出版されている。

東（一九三五）は、マルサスの没後一〇〇年にあたる昭和九（一九三四）年に書かれた。この論文において東はマルサスに、後年オーストリア学派によって主張された主観的経済理論の先駆者としての地位を与えている。主観的経済理論は欲望の無限性と財貨の有限性との関係を扱うが、マルサスも人口の無限性と生活資料の有限性を問題にしたからである。そして、「近代的地代論發見者としてのマルサス」[35]という表現でマルサスを称揚するのである。

マルサスにおいても、後の地代論の完成者リカードウにおいても扱われたのは差額地代であった。東は通常未完成の地代論として切って捨てられるマルサス地代論に、リカードウと異なるアプローチという積極的な評価を与えたと言える。そのことは、東が、リカードウの地代論を「乏しき生産より生ずる地代の理論[36]」と呼んでいるのに対し、マルサスのそれを「豊かなる生産より生ずる地代の理論[37]」と呼んで対等な比較対象としていることからわかるのである。

マルサス（一八一五）は、地代を、土地の全生産物の価値から農業資本家の利潤を含めて耕作に関わる一切の費用を差し引いた残差であるとしている。したがって、地代の直接の原因は農業生産物の価格が生産費を超過することであるという一般的な説明がなされる。地代を生み出す高価格の原因は、マルサスによれば三つある。第一は土地の持つ余剰な生産力、第二は農業生産物のような必需品が持つ過剰な需要の喚起力、第三は肥沃な土地の希少性ということである。第一の原因に見られるように、マルサスは地代の発生は利潤と同じく、土地という生産要素による富の創造というように考えていたから、東によれば、それは土地の豊かさが地代を生み出すという豊穣の理論ということになるわけである。

これに対して、リカードウは、初期の論考を経て、ようやく一九一七年の原理出版によってマルサスへの明確な反論を構築することができた。リカードウは地代の論理をマルサスの第三の原因へと集中させることによって、論理的に極めて明瞭なかたちで差額地代論を完成させた。リカードウの理論では地代は富の創造ではない。古典派経済学の富は付加価値のことであるが、リカードウは投下労働価値説を徹底しているため、土地は富、すなわち付加価値を生み出すにしても価値を生み出すことがないからである。また、それは地代が土地の豊かさの産物ではないということでもある。土地の生産力が地代を生み出すとしたら、最劣等地にも地代が生じてしかるべきであるが、最劣等地で生産される農産物の労働価値がすべてを規定する以上、最劣等地には利潤を含む諸費用を上回る余剰が生じようがないからである。したがって、リカードウの地代論は、東によれば、地味の豊かさの限界が地代を生み出すという欠乏の理論ということになるわけである。このため、リカードウはマルサスとは異なり、地代を富の創造ではなく価値の創造と捉え、土地の豊かさは地代と一切関わりないと考えることになる。

リカードウの地代論に対するマルサスの地代論のメリットはどこにあると東は考えるのであろうか。東はそれをマルクスの絶対地代論との関係に求める。差額地代説を論理的に純化したリカードウの地代論では、最劣等地に地代は生じようがない。東によれば、最劣等地の地代を許容するためには、土地の付加価値生産性を地代と結び付けるマルサスの地代論が必要である。リカードウは、地代があるから穀物が高価なのではなく、穀物が高価だから地代があるのであると述べたが、絶対地代は穀物価格を「最劣等地の生産価格以上に騰貴せしむる」(38)のである。東によれば、マルサスの言うように、穀物価格のなかに地代が構成部分として含まれているとしなければならない。東は、論理的に洗練されてはいるが痩せて内容に乏しいリカードウの理論よりも、歴史的現実を説明する上で役立つ豊かさを持つマルサスの理論を好んだのだと考えられる。

第四節　概観と総括

京城帝国大学の立地していた日本統治下の朝鮮は、満州国と地続きであるとともに、華北を中心とする中国大陸侵略の前線基地的な役割を持っていた。ここでは、経済学者も国策を色濃く反映した時局的な研究を行うことを余儀なくされることはやむを得なかったと言っていいだろう。京城帝国大学において、主にこうした役割を演じたのが、経済学第二講座担任の鈴木武雄であった。鈴木が残した貨幣理論は日本による円通貨圏の形成工作を明確に意識したものであったし、貨幣本質論として貨幣国定説を採用したのも、クナップ説の当時における普及という理由だけでなく、朝銀券を中心とした円系通貨の理論的根拠を跡付けたいという意思が働いたものと考えられるのである。

これに対して、台湾が日本帝国主義政策のなかで置かれていた位置はかなり異なるものであった。台湾は植民地化されて以降、砂糖や蓬莱米といった農産物の内地向け供給基地という以上の意味は持たなかったといってよい。したがって、台北帝国大学における経済学者たちにも、国策を強制するような圧力はそれほどかからなかったと言ってよいのである。経済学第一講座、第二講座の担任を兼任していた楠井隆三の研究にも、そうした牧歌的な雰囲気は反映している。楠井は経済学方法論の研究に沈潜することができたし、いささか緊張感を欠く状況は台北帝大の極度にアカデミックな学風からも来ていると思われる。楠井の弟子である東嘉生は、その短い生涯のなかで台湾経済史の深い分析を残した。その研究が現在もなお台湾経済史の基本的な文献と目されていることからも、彼らの政策から中立的な研究姿勢を伺うことができるのである。

注

(1) マートンらアメリカの社会学では、科学理論の中身に分析を進めることは避けられており、いわば「科学者の社会学」と呼ばれるものに留まっていた。これに対して、ブルアたちエディンバラ学派のアプローチは「科学知識の社会学」と呼ばれ、「科学のカルチュラル・スタディーズ」に繋がる流れを形成している。Bloor 1976, MacKenzie 1981, Shapin & Schaffer 1985 を参照されたい。

(2) 「たくしぶ」と発音し、財務省を意味する。大韓帝国の官庁であるが、韓国財政を助けるという名目でほとんど日本人によって構成されていた。

(3) 鈴木(一九四二)一頁。

(4) 同上、二頁。

(5) 同上、二頁。

(6) 同上、二頁。

(7) 同上、一八頁。

(8) 同上、二六頁。

(9) 同上、四六頁。

(10) 同上、四六頁。

(11) 鈴木(一九四三)三頁。

(12) 同上、五頁。

(13) 同上、五頁。

(14) 同上、五頁。

(15) 同上、一一〇頁。

(16) マールブルク学派には当初カルナップも所属していた。カルナップはその後ウィーン大学に職を得て論理実証主義の主要メンバーとなったが、カントが先験的な総合命題を考えるのに対して、論理実証主義が総合命題を経験的なものとのみ考える点に重要な違いがある。カルナップはさらにアメリカへ移動し、アメリカにおける科学哲学発展の基礎を作った。アメリカにおける統一科学運動の叢書からは、論理実証主義にとって鬼子ともいうべきクーンのパラダイム論が現れた。

(17) 左右田の創始した経済哲学は杉村広蔵に受け継がれたが、師同様早世した杉村と異なり戦後まで活躍した経済哲学者として梯明秀がいる。梯は西田幾多郎の流れを汲む京都学派の哲学者である。その死の前年、左右田が論文「西田哲学の方法に就いて」を発表して、西田との間に激しい応酬をしていることを考えると、この継承関係には興味深いものがある。

(18) 現代アメリカのプラグマティストであるローティは認識論の終焉を訴えている。これはクワインの指示の不可測性の理論に基づく主張である。クワインは、ある理論の中に含まれる文の対象を絶対的な意味で指示することができないのだから、いかなる場合にある文が絶対的な意味で真理であるかを問うことは無意味であると考えた。これがウィーンとプラハで論理実証主義者と接触したことのあるクワインが認識論に対して下した結論であった。プラグマティズムの真理観は、フリードマンの実証経済学の方法に顕著なように現代経済学に親和的であると考えられる。

(19) 楠井（一九三九）一二頁。

(20) 同上、四九〜五一頁。

(21) 楠井が現象学という用語で意味しているのは、物理学者のマッハが提唱した感覚要素一元論であると推定される。現象学の用語そのものはフッサールと同じであるが、フッサールは物理学的現象学が、意識の側の能動的要因である志向性概念を欠いている点を厳しく批判した。マッハの立場では現象の背後にある実在について語ることは物理学ではなくて形而上学の仕事となる。したがって、科学理論は背後にある実体と対応しているのではなく、観察可能な現象を組織化するための道具であるという道具主義の理論観が導かれる。

(22) 同上、五六〜五七頁。

(23) 同上、九七〜九八頁。

(24) 同上、一二一頁。

(25) 同上、一三一～一三二頁。
(26) 同上、一五〇頁。
(27) 比較的近年の日本のマルクス研究では、廣松渉のように物象化論から関係主義へとマルクスの体系を還元していく方向が強かったが、マルクス自身の経済観の根底に、歴史的な形態の背後に普遍的な素材が存在しているという認識があることは間違いない。ここから、「観念論」(形相主義)に対する「唯物論」(質料主義)の立場が由来している。佐々木(二〇一二)は素材の思想家としてのマルクスを学術的に復権しようとしている。
(28) 楠井(一九三九)一五五頁。
(29) 同上、二五九頁。
(30) 同上、三一五頁。
(31) 同上、四二二頁。
(32) 同上、四三八頁。
(33) 同時期、夥しい日本の客船、商船がアメリカ軍に撃沈されている。台湾南部の嘉南平野を沃野に変えた烏山頭ダムの建造で有名な八田與一も、昭和一七(一九四二)年五月、フィリピンの綿作灌漑調査のために広島の宇品港から乗船した大洋丸が、五島列島付近で潜水艦クレナディアー号に撃沈されて、部下三人と共に命を落としている。終戦後の昭和二十(一九四五)年九月一日、八田の妻、外代樹は、夫の建造した烏山頭ダムで入水自殺を遂げた。
(34) 台湾における日本の産業政策は通常三つの時期に区分される。まず、一九二〇年までは糖業を中心とした経済発展が図られた。その後、一九三〇年代までは蓬萊米の生産が促進された。しかし、一九三〇年代以降は軍需のための工業化が指向されるようになる。
(35) 東(一九三五)四頁。
(36) 同上、六四頁。
(37) 同上、六四頁。
(38) 同上、七三頁。

Bloor, D., 1976, *Knowledge and Social Imagery*, London: Routledge.

Knapp, G. F., 1905, *Staatliche Theorie des Geldes*, Leibzig: Duncker und Humblot.（宮本喜代蔵訳『貨幣国定学説』岩波書店、一九二二年）

MacKenzie, D. A., 1981, *Statistics in Britain 1865-1930: The Social Construction of Scientific Knowledge*, Edinburgh: the Edinburgh University Press.

Malthus, T. R., 1815, *An Inquiry into the Nature and Progress of Rent, and the Principles by which it is regulated*, London: John Murray.（楠井隆三・東嘉生訳『穀物条例論』所収、岩波文庫、一九四〇年）

Quine, W. V. O., 1951, 'Two Dogmas of Empiricism,' *The Philosophical Review* 60, 20-43.

Rorty, R., *Philosophy and the Mirror of Nature*, Princeton: Princeton University Press.

Shapin, S. and S. Schaffer, 1985, *Leviathan and Air-Pump: Hobbes, Boyle and the Experimental Life*, Princeton: Princeton University Press.

井上次郎「リカアドオにおける地代理論の発展」『立命館經濟學』第五巻第五号、一九五六年、五〇〇～五一九頁。

老川慶喜・須永徳武・谷ヶ城秀吉編著『植民地台湾の経済と社会』日本経済評論社、二〇一一年。

上久保敏『日本の経済学を築いた五十人　ノン・マルクス経済学者の足跡』日本評論社、二〇〇三年。

佐々木隆治『マルクスの物象化論——資本主義批判としての素材の思想』日本評論社、二〇一二年。

楠井隆三『理論経済学認識論』、有斐閣、一九三九年。

鈴木武雄「貨幣の国家的性格と国際的性格」『京城帝国大学法学会論集』第一二冊、一九四一年、一九三～二四一頁。

鈴木武雄『朝鮮の経済』日本評論社、一九四二年。

鈴木武雄「貨幣の国家的性格と国際的性格　その二」『京城帝国大学法学会論集』第一四冊、一九四三年、二九三～三五四頁。

多田井喜生『大陸に渡った円の興亡』上下巻、東洋経済新報社、一九九七年。

多田井喜生『朝鮮銀行——ある円通貨圏の興亡』ＰＨＰ研究所、二〇〇二年。

多田井喜生『昭和の迷走 「第二満州国」に憑かれて』筑摩書房、二〇一四年。

東嘉生「マルサスの地代論――地代學説史の一斷章――」『台北帝国大学文政学部政学科研究年報』第二輯、一九三五年、二八五～三六二頁。

東嘉生『台湾経済史研究』東都書籍、一九四四年。

牧野邦昭『戦時下の経済学者』中公叢書、二〇一〇年。

松田吉郎編著『日本統治時代台湾の経済と社会』晃洋書房、二〇一二年。

八木紀一郎『近代日本の社会経済学』筑摩書房、一九九九年。

山﨑好裕編著『日本統治下朝鮮・台湾の経済学研究』佐野商会、二〇一〇年。

第一〇章　卒業論文から見た台北高等商業学校の商業教育

渡辺　邦博

第一節　台北高等商業学校の歴史上の位置

高等商業学校は、一八七五（明治八）年に、この一〇年後に文部大臣となる森有礼の構想により出立された商法講習所に始まる。これは一八八四（明治一七）年文部省所管の東京商業学校を経て、一八八七（明治二〇）年に高等商業学校と改称し、本邦商業教育の先駆けとなった。それは、一九〇二（明治三五）年に第二の高商が神戸に設置されると東京高等商業学校と名を改め、一九〇五（明治三八）年に山口と長崎、一九一〇（明治四三）年には小樽に設置された高商のモデルとなった。これが中等教育修了者に専門教育、すなわち商業に関する「高等の学術技芸を教授」した専門学校である。他方、学校のような近代的な諸制度の未成熟な明治初年には、専門知識の伝授が他との連携なく各省ごとに、法学校（司法省）、工部大学校（工部省）のような省立専門学校でそれぞれに行われていた。一八七七（明治一〇）年には、そうした専門学校が東京大学に統合された。一八八六（明治一九）年には「帝国大学令」によって、「国家の須要に応ずる学術技藝を教授」し「その蘊奥を攻究する」ことが目的と定められた帝国大学となる。

そこでは、大学内法科大学政治学科で経済・商学の研究・教育が進められた。一八九七（明治三〇）年には京都に第二の帝国大学が設置されたが、京都帝大においても経済・商学は法科大学内の政治学科にとどまった。

さらに、一九〇八（明治四一）年、東京帝国大学法科大学内に経済学科が設置されたことで、東京高商をベースとした商科大学構想と競合する事態となった。この時点では、帝大内分科大学としての商科大学か、東京高商の昇格によるそれかなどに決着がつかず、一九一九（大正八）年東京と京都の帝国大学に経済学部が独立し、一九一八（大正七）年の「大学令」によって、一九二〇（大正九）年東京高商が、帝国大学以外の最初の単科大学に昇格を果たすこととなった。一九〇七（明治四〇）年には東北、一九〇九（明治四二）年には九州に帝国大学が設置され、「大学令」の公布された大正時代は高等教育機関の拡充期となり、大正の大学令の年には北海道にも帝国大学が設置されて、帝国大学を中心とした明治時代とは異なる様相を呈することとなった。この段階で見れば、官立の大学としては帝国大学五校、高等商業学校五校（一九〇一（明治三四）年に昇格した大阪市立大阪高商も含めると六校）をあげることができる。

私立大学にも触れておこう。

一八八一（明治一四）年を分岐点として、政府・帝国大学では、国家の行く末の範としてきた英米から、ドイツに舵がとられることになる。英米仏の教育は、私立の法学校や私立の専門学校に移るのに伴い、経済学や商学の普及は私学に力点が移り、現在の法政、明治、専修、立命館、関西、早稲田、慶應の各校が、貢献することになった。まだ明治末期には、これら私学は法的には「専門学校令」の管轄下にあり、「大学」となるには、上記大正の「大学令」を待たねばならなかった(1)。

帝国大学と専門学校というこの二重構造に変化が訪れるのが、大正時代である。日清日露の戦役に勝利し、植民地も含め経済社会の成熟を遂げ、専門知識を伝授する機関も拡大する必要が生じ、日本各地で数多くの高等商業学校が設置されたのであった。
一九一九（大正八）年に台湾総督府によって設置された台北高等商業学校（当初は総督府高等商業学校）は、およそ四半世紀の歴史を持つ。一九二二（大正一〇）年には、田健治郎総督のもと、文治時代に入った台湾で台湾教育令が出され、初等教育以外は内地同等との方針がとられることとなった。

内地外地を問わず、高等商業学校はその立地を反映した特色をもっていたが、この高商の場合は、南支南洋の発展に寄与する人材の育成がそれにあたる。実際、横井[2]が一連の研究で明らかにしているように、長期にわたる教員と生徒の修学旅行、台湾各地で行われた講演会・展示会など、精力的な成果が出されているが、これについては、松重の異論（二〇〇六）もあった[3]。

また、高商の人材育成の結果の評価についても、台湾島内の実業界の中堅層育成には成功したが、南方経営のそれは不十分であったとの評価（横井二〇〇二）もある。また、アジア資料の収集において他の旧制大学より大きな貢献を果たしたとの評価に対して、資料収集、教育方針ともに、その設置主旨から乖離していたとの松重の異論がある[4]。

本章では、筆者がかつて考察した（二〇一三）台北高商が公刊した雑誌から焦点を移動させる。具体的には、この学校の存続期間中に提出された卒業論文を、経済学者であった担当教員と生徒の協働の産物とみなし、卒業論文に取り扱われたテーマの特徴ならびに変遷を追跡し、台北高等商業学校を通じて、専門学校がどのような学問的方向を志向しようとしたかを追うことにする。

その前に、まず、卒業論文を指導した研究者、別言すれば台北高商のスタッフを確認する。

第二節　大正一五年の台北高等商業学校スタッフ

卒業論文は、一八九七（明治三〇）年京都に第二の帝国大学が発足するにあたり、東京の帝国大学とは異なる特色を求めて、京都における新進の教員スタッフにより導入された新機軸とされる。[5]それは帝国大学に止まらず、それ以外の高等教育研究機関でも採用され、この台北高商にも導入されたと推測されるが、この学校の学科目表に登場するのは、一九四一（昭和一六）年とそう古いことではない。当時の卒業論文は、その後社会科学院から台湾大学へと、学校の組織転換を潜り抜け、保存機関を変えてきたが、ようやく安住の地を見出したかに見える。その現物を瞥見すると、綴じられた表紙に「〇〇先生指導」と記されており、卒論の主体の一半が教員であったことが明らかである。筆者が仔細に見ることができたのは、一九九八年に作成されたとされる「卒業論文目録」であるが、その指導にあたった教員スタッフはどのような陣容であったか。ここでは、設立当初の台湾総督府高等商業学校が、台南市に別途創設された台南高等商業学校との関係で台北高等商業学校に改称した後、ある程度安定期に達したと思われる一九二六（大正一五）年を中心とする時期のものを以下に紹介する。

一九二六（大正一五）年三月二八日の学科目改定を反映した教員スタッフは次のようであった。府令第二四号による改定学科目表では、五八科目を三学年に渡り二学期制で展開することになっていた。そのための専任教員は、校長・武田英一、軍事教練の配属将校小野友三郎以外に、教授一六名、助教授四名、講師六名から構成されている。うち商学士が、校長を含めて四名、文学士一名、法学士三名、経済学士二名、BAが一名となっている。商学士比率一五パーセント、文学士比率三パーセント、法学士比率一二パーセント、経済学士比率七パーセントと算定される。ここでは教員の供給源に関する松重（二〇〇六）の言が想起されるし、また、一九一八（大正七）

年の「大学令」による帝国大学以外の大学の登場、翌一九一九（大正八）年東京と京都の帝国大学では法学部から経済学部が独立したことにより、大正末期にはそれまでの「法、医、工、理、文」、さらに「商」「学士」に「経済学士」が追加されたことを指摘しておきたい(6)。

台北高商の「埋もれた学者」(7)としては、新里栄造(8)と伊大知良太郎(9)をまず挙げるべきだろう。経済学者ではないが、中国語研究者の香坂順一(10)をも想起されるかも知れない。さらに、生徒たちの社会科学認識を育む環境の設定に努力を傾注した切田太郎(11)や、吉成鉄雄(12)を挙げるべきかも知れない。

だが、この学校を調査するに際しては、内地の高等教育機関とは異なる事情も考慮されなければならない。日本の旧植民地は、政治体制の交代によって、組織が廃止され、連続性が維持され難くなり、当該地の高等教育体系の再編成（旧所在地の徐州路キャンパスから台湾大学の一角に社会科学院として移転中）によって、戦前の遺産が継承されず(13)、教師だけでなく、そこに学んだ生徒たちもその寿命を終え、オーラルヒストリなどの手法が手詰まりとなっていることもある。ただ、筆者が二〇一二年と二〇一五年に台湾フェローシップの助成で滞在した限りでは、日本の植民地統治時代の資料の保存状態は大変良好で、閲覧に際しては訓練の行き届いた学芸員が、真摯に対応している。

以上の事情を考慮して、台北高商の経済学者を「埋もれし近代日本の経済学者」として存在意義を求めるとすれば、筆者は、高商という教育機関を場とし、生徒たちとの協働作業を通じて、経済学を中心とする社会科学の伝播・普及を担ったことに注目し、その活動の所産である卒業論文を取り上げようとするものである。

卒業論文の作成に際して、実際には、教員側からの示唆も想定されはする（事実台北高商の卒業論文には、翻訳と分類されるものも発見されている）が、その際の分析や解決の方途・方向付けを示唆する際に、何がしかの影響・形跡が垣間見れるのではないだろうか。そこで以下では、台北高等商業学校に保存された卒業論文を資料として、彼らの営為を探ってみたい。

第三節　台北高等商業学校の卒業論文

東京帝大の詰め込み式教育の弊害が指摘されるなか、京都帝大の法科大学（法学部）ではゼミナールが重視され、卒業論文も必修となった。しかしそれは、高級官僚への登竜門である高等文官試験の合格者の少なさなどが問題となって、結局は挫折を強いられることとなった。

旧社会科学院（台北高等商業学校）図書館所蔵であった資料は、現在、台湾大学のメインキャンパスの一角に新設された幸振甫先生紀念図書館 Koo Library に移転中である。その資料の中に、それまでには見ることができなかった高商生徒の卒業論文一四五八点がある。ただし、筆者の調査実施段階（二〇一二と二〇一五年）では、現物が提供されておらず、その「卒業論文目録」が閲覧できるだけであった。

その目録を検討し始めると、在学生ないしは卒業生名簿との齟齬がみつかった。台北高商の本科卒業生に限った生徒数は、少なく見積もっても一七〇〇名、ある人の証言では二〇〇〇を超える。[14] 第二部・支那科、貿易専修科、東亜経済専科からの卒業生もいたのであるから、この一四五八という数字を額面どおりに受け取るわけにはゆかない。さらに卒業生のデータを検証しようとすると、公式の卒業生名簿は一九四一（昭和一六）年で途切れてしまう。一九四二（昭和一七）年以降一九四五（昭和二〇）年までについては別途作成された「入学者名録」に基づいたと思われる資料が、台湾大学総図書館の五階に保存されている。一九四五（昭和二〇）年名簿での学生名は、それまでとは大きくなり、日本人は皆無に近い。

さらに、一四五八点の論文著者名を卒業者名簿とで逐次照合をはかると、少なくとも一九四一（昭和一六）年あたりまでは照合可能であるが、それ以降は本科卒業生が論文の著者であるとは考えにくい事態に陥る。(15)そこで、この問題はこの際棚上げして、「卒業論文目録」をそれ自体として受け取り、検討を進めることにする。

第四節　卒業論文の分析

以下の作業においては台北高商の卒論タイトルを精査し、「埋もれた」経済学はいかなるものであったかを検討したい。

卒業論文を、時間の経過による論題の変遷と、卒論総数のテーマ別の配分数を表に作成し、それから読み取れる動向を探る。

比較対象として京都帝国大学経済学部の機関誌『経済論叢』についてその分類目録に従い分類表とグラフを作成し、同様の作業を台北高商の卒業論文リストにも施す。

総数約三六四〇点の帝国大学の研究者による雑誌論文を一つの尺度とし、高商の卒論を比較した後で、特に経済理論、経済哲学、経済学説史、経済史の四分野について、卒業論文一四五八点から抜き出して検討を加える。(16)

まず、『経済論叢』であるが、その分類目録に従って、分野別の論文数をカウントし、時系列順の棒グラフにした。一九一五（大正四）年創刊から一九四五（昭和二〇）年まで、投稿した著者たちの問題関心の変遷を知る手がかりとなる。さらに同期間全体にわたり、各分野の論文数を円グラフにした。

本庄栄治郎は、雑誌『経済論叢』の特徴として、第一に「進取発展的」、第二に「一般原理的の研究はもとより盛んに行はれ、最新の学説の研究に力を尽くされている所であるが、また現実的に日本及東洋の事象を正視し且実証的に研究するの風が強かった」、さらに第三に「総力的であること」を挙げている（一九三九年七月第四九巻第一号「京

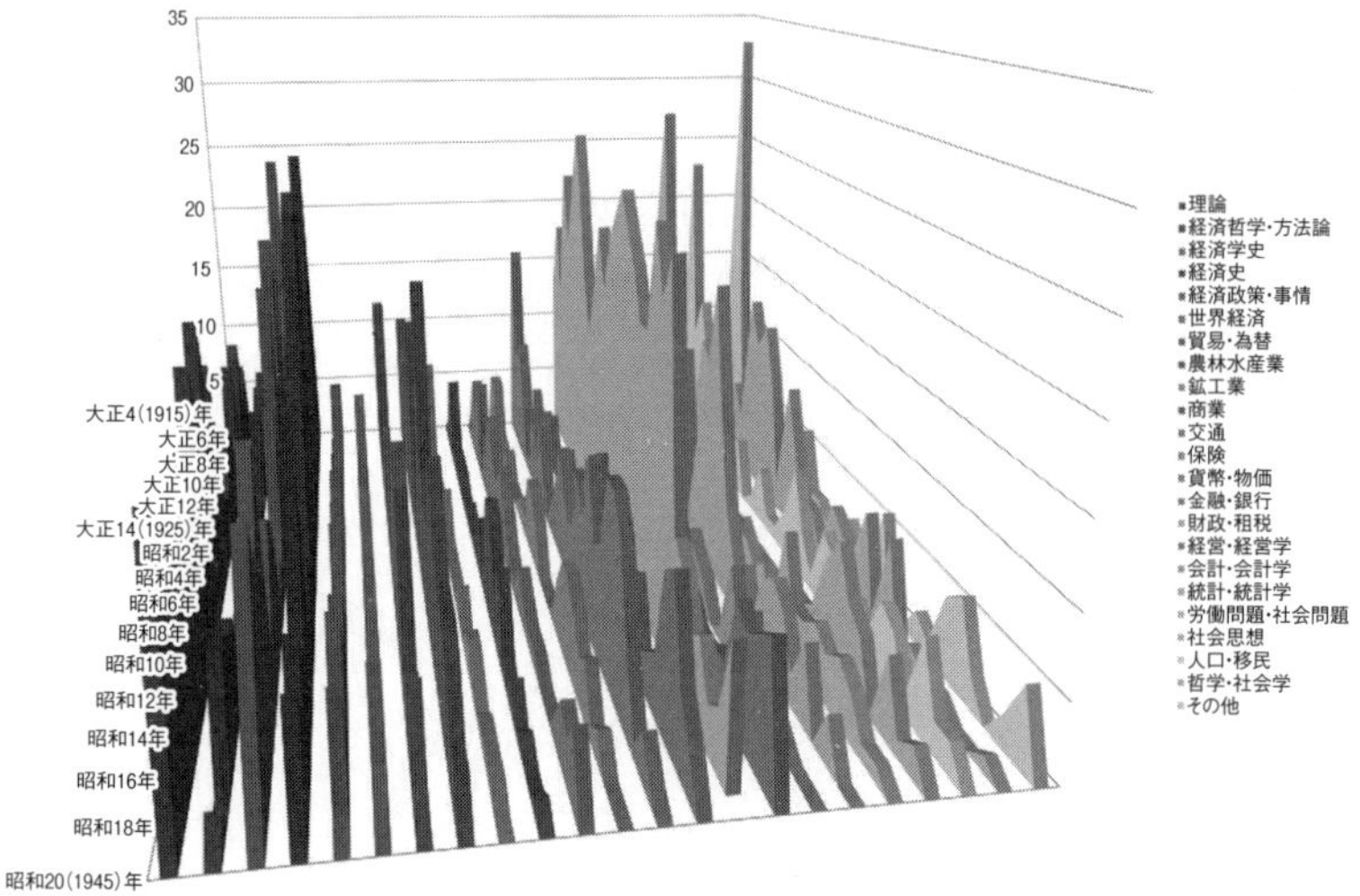

図 10-1　経済論叢大正四年から昭和二〇年までの分野別趨勢

都帝國大学経済学部創立二十周年記念論集」）。

以上の特徴は、戦後の『経済論叢』とは異次元のものとなるらしいが、私見による特徴も三点列挙しておこう。

(1) 分野全体にバランスよく論文が発表され、研究者層の厚さが円グラフから読み取れる。

(2) その中でも、上位三分野は、財政・租税、経済史と経済学史である。

(3) 一九一五（大正四）年以降の三〇年間の流れを見れば、経済史も含む理論・方法・学史部門の底の深さ、経済政策・世界経済・為替・貿易部門の重み、貨幣・物価、金融・銀行、財政・租税を合わせた堅実さ、各分野の経済活動に通底する統計ならびに経営・会計部門の存在感、などを指摘できる。つまり、日本を代表する研究スタッフを背景として、重厚かつ広範囲にわたる成果が生産されたということになろう。

その次に、台北高商の卒業論文について同種の作業を行う。台北高商の卒業論文が保存されているのは、一九二二（大正一二）年の第一回卒業生からではなく、一九二七（昭和二）年の第六回卒業生からである。したがって、京都帝国大学の論文データよりも、一〇年以上も遅れることになるが、『経

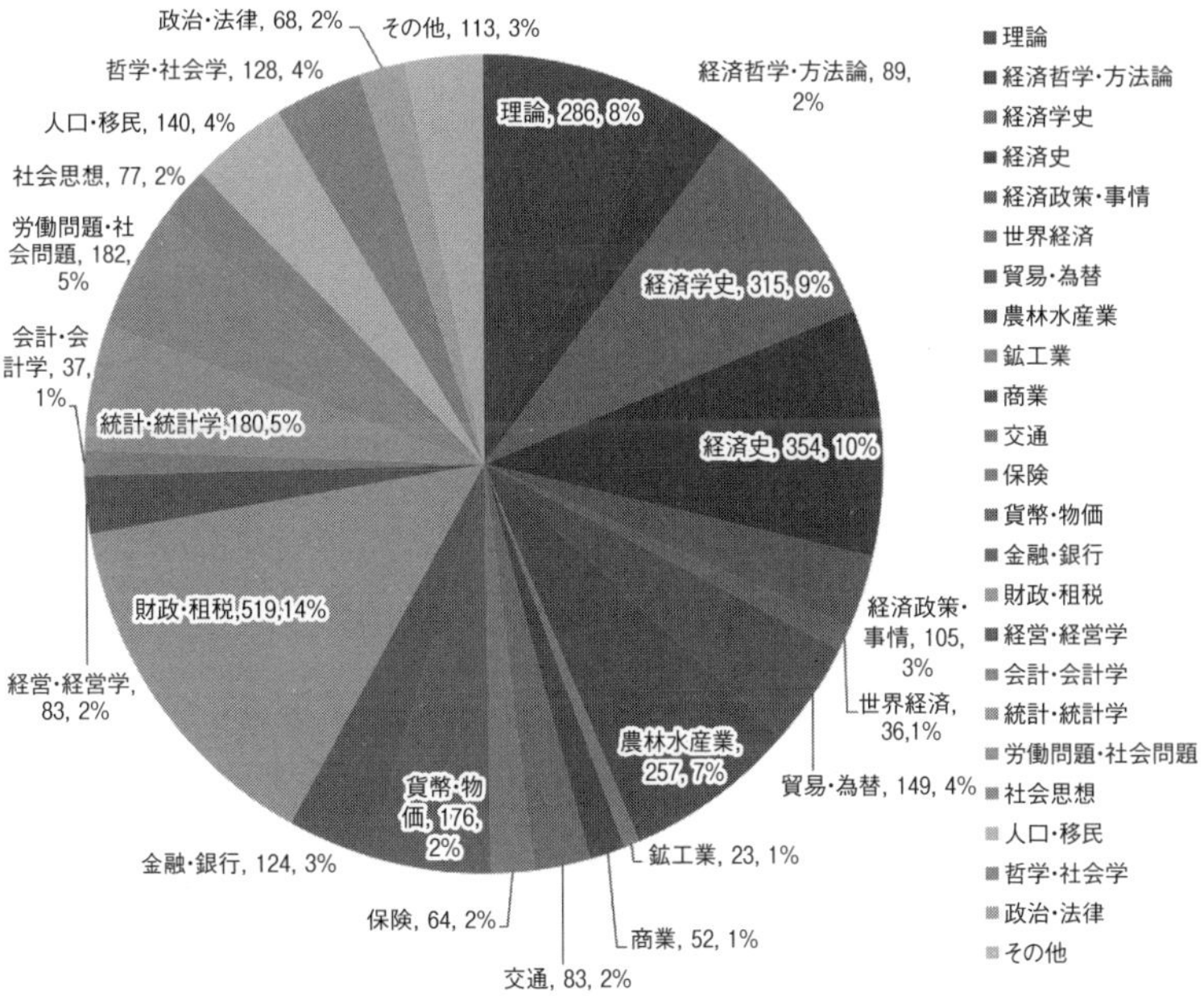

図 10-2　経済論叢・同期間の論文総数を分野別に配分

済論叢』の分類目録に従って、台北高等商業学校の卒業論文一四五八点を分類した棒グラフ、その分野別割合を占めす円グラフを作成した。

京都帝大の研究者と、台北高商の生徒を比較するのは公平でないが、一定の傾向は見えてくるだろう。また台北高商の場合、地域性のある台湾に関するテーマも、あえて農業、経済政策、経済事情などに分別したから個性が目立たないが、

(1) 分野全体にバラッキがあり、

(2) その中で上位三分野は、経済政策・事情、世界経済、農林水産業と金融銀行が同率となっており、

(3) 研究の継続期間も、京都帝大よりもほぼ一〇年短い台北高商は、経済政策・事情部分に最も特徴を示し、交通、物価・銀行、会計、労働・社会問題、社会思想、人口・移民分野が、一九四〇年代以降勃興の兆しを見せ始めた

と思われる。

以上の分析を前提に、台北高商の卒業論文をさらに、四分野について立ち入った考察を行い、若干のまとめを示して、結論にかえたい。

第五節　卒業論文の動向

前節で全体としての台北高商の卒業論文の傾向が示されたので、その中から、注（16）に示した一三四を抜き出し[18]、以下でそれについて検討を加える。

杉原四郎は、著書『日本の経済学史』（一九九二）第二部、第七章「日本経済思想史散歩」（10）「日本経済学小史」において、幕末から敗戦までの日本経済学史を(a)(b)(c)(d)(e)の五段階に分け、最後の2つを、(d)一九二五年から一九三五年までのマルクス経済学の隆盛期、(e)一九三五年から一九四五年までの日本主義流行のかげで戦後開花する理論的蓄積の時期との位置づけを行なっている[19]。

台北高商の活動期は、まさにこの(d)と(e)の時期に相応する。

大正時代の本格的学史研究を継承した(d)において、マルクス経済学の本格的な研究とその適用が見られたが、(e)になると戦局の進展とともにマルクス経済学の水面下への後退と戦後に開花する新たな兆候が出現すると整理される。

台北高商では、(d)期には、恐慌景気循環のテーマが一二点（倉田文平、西平守延、林英一郎、大迫浩、関良多、山下重夫、江藤陳吾、富田茂、高橋祐之、安屋守、鬼塚篤敬、陳鍘郷、以上は卒論執筆者名である。以下同様）、さらに日本資本主義発達史のテーマが四点（松田庄一、大森照久、吉川健夫、藤原進）、と時局とそれに対する理論的基礎をマルクスに置く

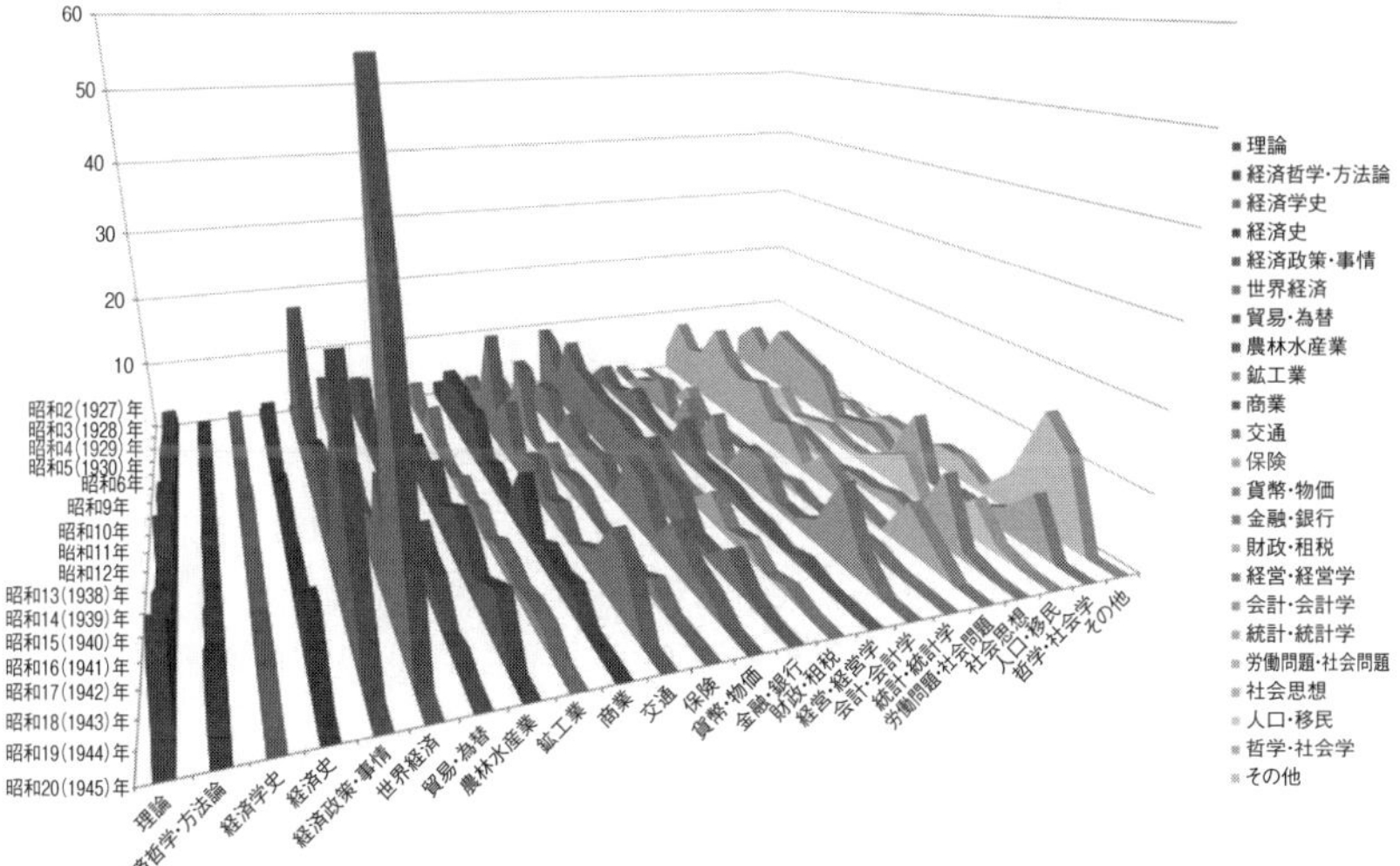

図 10-3　台北高商の卒業論文・昭和二年から昭和二〇年までの分野別趨勢

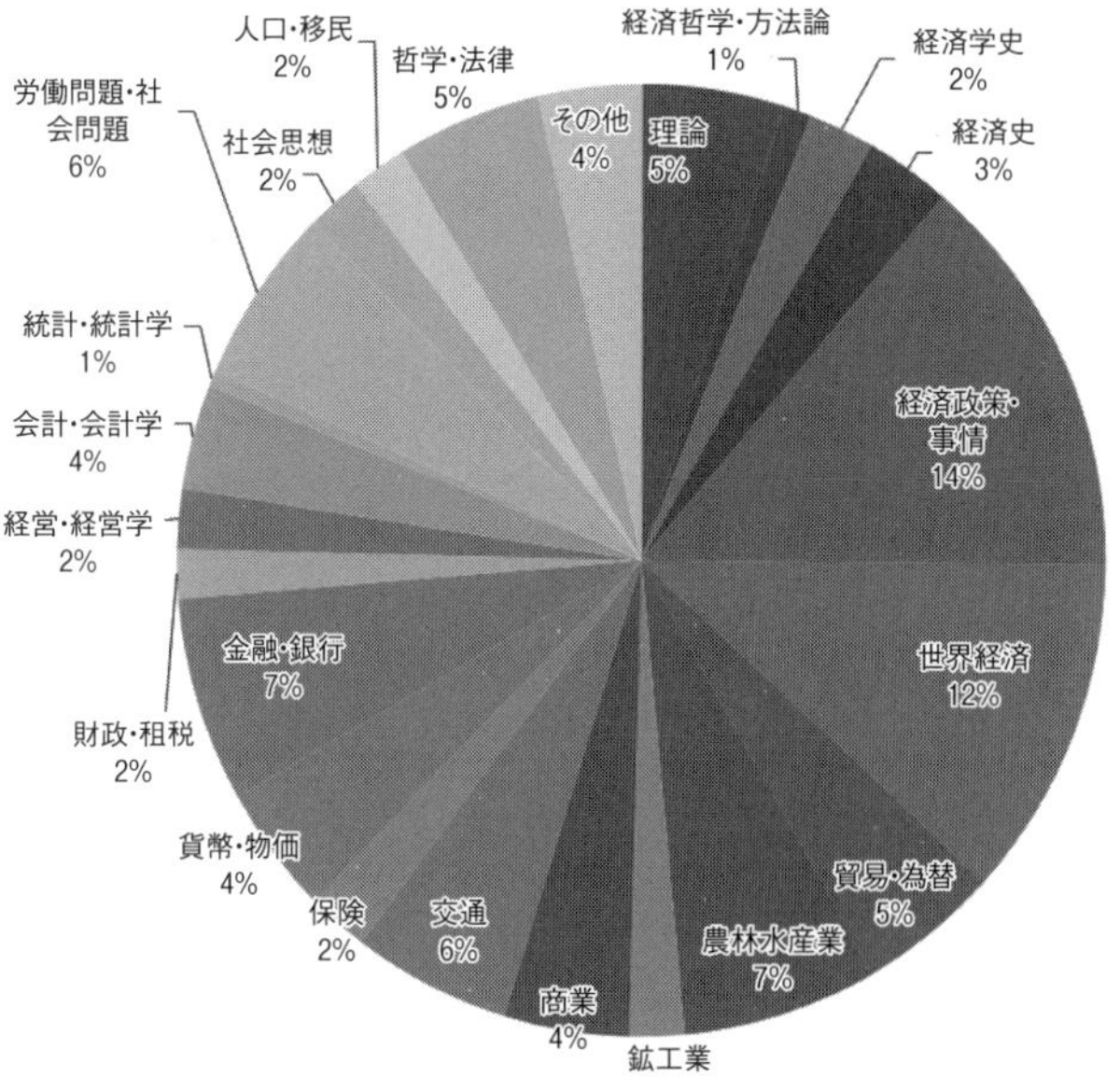

図 10-4　台北高商・同期間の卒業論文分野別配分

と目されるものが四点（後藤三男、金谷次郎、河野正治、坂元昇）ある。この点杉原の指摘が妥当する。同時に、マーシャル（丁瑞鉄）やホブソン（杉尾卓也）、需要供給消費を理論的に扱おうとするもの数点（福島保典、松田正）、またヨーロッパの貿易政策などを考察しようとするもの（福岡卓郎、池田正治、兼子閑一）も出現している。マーシャルの『原理』（大塚金之助訳）は一九二五〜六年に登場しているから、マーシャルの撮要（丁瑞鉄）はかなり早い。マーシャルの『撮要』を作成したこの学生は、一九二八（昭和三）年卒業後東京商大に進んでいる。

それに続く、(e)期には、前時期(d)からの継続とも見られるマルクス経済学の立場からとみられる恐慌と景気循環を選択した論文（本間一郎、山本洸、廣瀬秀雄、川副五雄、堀田耕一）があり、さらに独占価格も扱おうとしているもの一点（中島光）。また、日本資本主義の特徴を考察しようとするものも二点（石井秀夫、石川博）ある。石井は、『鵬翼』第一四号、廣瀬は一九号中島は二五号に投稿した生徒である。

それに対して、(d)から(e)になるにつれてニューディール（平倉一）、ケインズ（林田富美夫）、コールの計画資本主義（棚邉久）、シュンペータ経済発展論（居城久吉、真砂清、正源義一）、また父ケインズの経済学定義 *Scope & method of political economy* 1891 の紹介（西村忠利）、パレートの均衡論（副島栄次郎、新里英造の指導か？）、戦争と国民所得（陳石？）、計量経済学（櫻井三郎）、エンゲルとシュワーベによる統計法則の研究（尾中信男）、アダム・スミス（池田榮治）、スミスのドイツへの影響（濱本喜一）、古典派の地代論（森田源治）、ミルの社会経済的背景（宮地光之）、スミスとリカード（張瑞炎）、スミスとヒューム（松浦徹）、リストの回顧的展望（中辻健）など学史的な研究、産業革命の歴史（松浦秀宏、坪井保國）、英国経済史上の重商主義の考察（城戸悟、西島啓太郎、大内浩）も含まれており、時局の厳しさにもかかわらずむしろ基本に戻る論文が作成されて、次の理論的準備を彷彿とさせると言える。宮地は、『鵬翼』二二号に掲載論文がある。こうした点は、次の新たな可能性をはらむという杉原の指摘が妥当する。

台北高商の卒業論文に現れた以上のような傾向は、同校の教員スタッフの業績に重ねてみると、どうなるであろうか。

筆者が別の機会（二〇一三）に摘出しておいた[20]経済学史関係の論文を参考にして、検討すると、以下のような結論が得られる。

（1）『鵬翼』は、単純である。第一回卒業生の出た一九二二（大正一一）年に発刊されたこの同窓会誌は、階級闘争とインテリゲンチャとか、マルクスの唯物史観、場合によりマルクス主義の難点、マルクス恐慌論など、円ドルポンドや、人口問題と好不況、失業問題なども論じ、ジョン・スチュアート・ミル自伝、制度主義経済学などを論じたが、昭和一〇年代に入ると雑誌としての停滞をきたし、昭和一七年には教員スタッフによる懸賞論文制度を導入するに至った。

（2）一九二三（大正一二）年以来学生・教員双方による発刊を継続した『南史南洋研究』は、もともとアジア研究に力点がある特殊な雑誌で、一九四三（昭和一八）年まで刊行が続けられ、一九二七（昭和二）年河上肇の人口論批判、一九三〇（昭和五）年民族問題とスターリン、一九三三（昭和八）年ウェークフィールドの組織的移民論などを掲載したこともあるが、基本的に台湾を中心としたアジア研究を継続したと言える。

（3）高商の設置が一九一九（大正八）年であるから、遅まきながらと述べなければならないが、高商の教員スタッフが一九三三（昭和八）年に発刊させた『南邦経済』は、年二回の頻度で一九四三（昭和一八）年まで継続されたが、ここに杉原の仮説を適用してみると、言われるところの一九三五（昭和一〇）年あたりを境界線とする、前後の論調の変化はみられない。

この雑誌の発刊当時から、ロック（杉浦治七、執筆教員名、以下同様）、オーヴァーストン（杉浦治七）、ミルの信用論（杉浦治七）、スミスの自然的秩序（渡邊猛）、トゥックのリスト観（杉浦治七）などの古典派関係の論文が発表されており、さらに杉原の境界年以前から、パレート（新里栄造）、ミーゼス（杉浦治七）、コモンズ（鈴木源吾）、エンゲルの法則、蜘蛛の巣理論と静態経済学、支出の弾力性などのオーソドックスな論文（伊大知良太郎）が、一九四三（昭和一八）年まで掲載されるし、金本位制、ハーバラーの景気論（杉浦治七）、統制経済と計量経済学などの時局と関わる研究、シュンペーターの景気論（杉浦治七）が掲載されており、その中でも、古典派からフラートン、ヴァーグナアなどの信用論を追求する論文（杉浦）が継続的に発表されたことが注目される。

おそらくは、『鵬翼』（一二号）に「制度主義経済学の基礎理論」を載せた一九二五（大正一四）年卒で母校の教員となった鈴木源吾が、一九三六（昭和一一）年からコモンズに代表される制度学派の経済学を継続しており、本校の教員たちによる雑誌には(d)と(e)との画然とした境は、みあたらない。卒業論文には、杉原仮説があてはまるのだが、それとは一線を画している。生徒と教師、卒業論文の閉鎖性と学術雑誌の公開性との相違も考えられるが、そうした教員の研究の姿勢が、生徒の学問的関心を醸し続けたとも考えられるのである。

卒業論文や学内機関誌について、台北以外の高商はいかなる状態であったか、現在のところは不明である。全国の高商についての研究成果を待たなければならない。

セリグマン（一九五五）では、「忘れられるためには」、「覚えられている」必要がある、と記していたが、台北高等商業学校の経済学者たちは、卒業論文の指導を通じて「覚えられる」ための役割をいくほどかは果たしたとも考えられる。

注

（1）八木紀一郎『近代日本の社会経済学』、筑摩書房、一九九九年、九〜一八頁、天野郁夫『大学の誕生』中公新書、二〇〇九年、上巻、第2章、第5章を参照。

（2）「日本統治期の台湾における高等商業教育」『現代台湾研究』二三、二〇〇二年を参照。

（3）「高商の教員は、東京商科大学、または帝国大学の出身者で構成されていたから、母校の学理中心のカリキュラムの「ミニチュア版」となり、自分たちの学校を「大学」と観念することとなった。教育現場での「中堅的経営人の育成」の要請と、学理研究の両立に、高商特有の「苦悩0が生じた」。松重允浩「戦前・戦中期高等商業学校のアジア調査」廣昭責任編集『岩波講座・「帝国」日本の学知　第6巻　地域研究としてのアジア』所収、二〇〇六年を参照。確かに、台北高等商業学校が設置された大正中期には、大正七年に「大学令」が公布され、明治以来の大学政策に転換が生じ、帝国大学以外の新たな「大学」＝法的に大学と称することができる大学が登場したとはいえ、その卒業生が出るにはまだ数年を要したので、台北高商が専門学校である限り、そこでの教員資格、「学位」の如何が問題にならざるを得なかった。帝国大学以外で学位を称することができるのは、特に商学士を称することができるのは、限定された学校に限られたのだから。これに関しては、拙稿「台北高等商業学校の商業教育について」、関西学院大学『経済学論究』篠原博士退任記念号、六七巻一号、二〇一三年をも参照。

（4）筆者は、その後、台北高商単独ではなく、もっと広く旧日本における経済商業教育全体の中で、台北高商を考察する必要を感じた。高等教育、高等商業教育という制度の問題、学位、帝大、高商、私立専門学校のありように焦点を移動させている。

（5）潮木、一九八四年、特に第3章を参照。

（6）『台湾総督府台北高等商業学校一覧［自大正一五年至大正一六年］』大正一五年九月五日発行。大正一五年一二月二五日には長く病床にあった大正天皇が崩御、昭和への改元が行われた。したがって、この年九月の『学校一覧』発行に際しては、大正時代が翌年にも継続するとの想定で、「大正一六年」と記載されている。

（7）セリグマン、一九五五年、一四八頁を参照。

（8）新里栄造は、東京外国語学校仏語科卒、一九二一（大正一〇）年京都帝国大学法学部政治学科学士試験合格、同年一一月高等試験行政科合格、一九二五（大正一四）年台北高等商業学校教授、経済原論、統計学、仏語などを担当、一九四一（昭和

一六）年台湾総督府志學館、総督府文教局督学室勤務、一九四三（昭和一八）年三月州立台北商業学校兼台北第二商業学校校長、一九四七（昭和二二）年東京外事専門学校第二部フランス語科専任講師、一九四九（昭和二四）年東京外国語大学発足でフランス語科教授、一九五七（昭和三二）年東京外国語大学退官といった履歴が確認される。この項、牧野邦昭氏のご教示を受けた。また、現在日本図書センターから復刻されている『台湾人名辞典』（一九八九年刊）は、台湾新民報社から一九三七（昭和一二）年などに発行された『改訂版台湾人士鑑』などをベースにしているが、そこにも同様の記述がある。一九三五（昭和一〇）年四月台北高商に入学し、その後東京商科大学に進んだ水田正二は、「経済原論［は］伊大知良太郎教授から、スミス、リカルドの古典経済学からケインズ、シュンペーターの近代経済学までを教えられた［が］、いま一人の新里栄造教授は、京大の河上肇教授の弟子で、$G - W < \frac{Pm}{A} \cdots G'$から講義が始まった。高商三年［一九三四（昭和九）年］の頃、中央公論で笠信太郎氏と猪俣津南夫氏との「インフレーション論争」の展開に生唾を飲みこむ思いで凝視したものだった。商工経営の講義の冒頭で「経済理論のない経済政策は政策ではない」と教えられた一言は今でも頭にこびりついている」（［ ］は筆者による）と記している。「台北高商はるか」http://jfn.josuikai.net/nendokai/dec-club/12tushin/taihokumizuta.htm

筆者は、これをＷｅｂサイトに発見した折に、河上肇『自叙伝』を参照して探索を試みたが、発見できず、牧野氏にご教示をお願いしたこともある。

（9）伊大知良太郎は、『台湾人士録』昭和一八年、興南新聞社刊に、「一九〇八（明治四一）年一一月八日東京府生まれ、一九三一（昭和六）年三月東京商科大学卒業後、さらに同大学研究科に入り、統計学及保険学研究中、同九年四月台北高等商業学校助教授に任用せられ、同一二年一〇月教授に昇進、現在同校図書館長たり」とある。また、伊大知良太郎、水田洋、藤川正信編『社会科学ドキュメンテーション：その情報特性と利用』丸善、一九六八年の編者のひとりでもあるが、筆者は、研究手法の会得にお世話になった。戦後は一九五二（昭和二七）年七月から一橋大学経済研究所教授となった。この点井上琢智氏のご教示を得た。記して感謝したい。

（10）香坂順一は、一九一五（大正四）年生。一九三八（昭和一三）年三月、東京外国語学校支那語科卒、在学中中国霊南大学留学、卒業年四月から次年三月まで横浜高等商業学校嘱託、その後司法省刑事局嘱託、一九四〇（昭和一五）年大倉高等商業学校講師、兼任逓信官吏練習所嘱託、一九四一（昭和一六）年四月台北高等商業学校助教授、六月から広東省に出張、一九四四（昭和一九年）年一二月広東総合調査会嘱託、総督府外事部嘱託、戦後も台湾大学法学院継続、帰国後大阪市立大学教授、大東文化大学教授

を勤めた。『香坂順一先生追悼記念論文集編集委員会』光生館、二〇〇五年を参照。また、台湾・南投市にある台湾国史文献館には、台湾総督府総督府文書の一部が所蔵されているが、そこには香坂氏採用時の履歴書がある。

(11) 切田太郎(一九〇二(明治三五)年東京高等商業学校専門部卒)は、一九一九(大正八)年三月この高商開学時に校長事務取扱であったが、第四代小川尚義校長が依願免官で一九二四（大正一三）年一二月わずか六日在任の後退官の後、東京商科大附属商業専門部教授武田英一教授が一九二五（大正一四）年から一九三〇（昭和五）年一月まで校長を勤めた後、同年一月から一九三七（昭和一二）年まで彼（切田太郎教授）が校長を務めた。『台湾官紳年鑑』一九四二（昭和一七）年、民衆公論社、参照。学内雑誌『南邦経済』は、一九三七（昭和一二）年一二月の第五巻二号に、「切田先生と商業英語」と題する別輯を組んだが、そこに古館市太郎、小此木為二、鈴木源吾との内部スタッフとともに、東京商科大学の上田辰之助が「切田先生——教育者の勝利」を寄稿している。

(12) 吉成鉄雄は、「一八八七（明治二〇）年三月三日生、本籍栃木県、現住所台北市、現職台北高等商業学校教授三等、経歴：東京高等商業学校一九一一（明治四四）年七月卒、一九一三（大正二）年七月善隣商業学校教諭、一九一七（大正六）年五月株式会社大倉組事務員を経て、一九二〇（大正九）年六月総督府高等商業学校教授、一九二七（昭和二）年二月、六在外研究員として英、米、独、仏へ留学」とある（『台湾紳士名鑑』一九三七（昭和一二）年、新高新報社）。さらに、学内雑誌『南邦経済』第九巻二号は、急逝した吉成鉄雄の「追悼号」であって、肖像と略歴を巻頭に、八名の学内スタッフが寄稿している。『台北ヘラルド』吉成鐵雄追悼号、一九四一（昭和一六）年三月一日発行をも参照。

(13) 戦後世代の台湾の経済学者の回想記が二点ある。それぞれ台北高商で学ぶという世代よりも若いが、台北高商の教育研究が受容継承されなかったことを示している。

黄金茂は、一九二八年に生まれ、一九五〇年に国立台湾大学経済系卒業、一九六三年六月アメリカ・ハーバード大学で研究、一九五〇年から一九九四年まで国立台湾大学経済系助教・講師・副教授・教授を務め、一九七二年から一九七八年まで兼任で台湾大学法学院訓導分處主任、一九九四年には国立台湾大学名誉教授となり、一九九四年以降国立台湾大学名誉教授となった（『四分之三世紀：台大與我』『従帝大到臺大』臺大叢書1、二〇〇二年）。

孫震は、一九三四年一一月八日に生まれ、一九五六年国立台湾大学で経済学士を、一九五九年には国立台湾大学経済学碩士を、一九七〇年にはオクラハマ大学で博士取得、その後、一九六四年から一九六八年まで国立台湾大学経済系講師、一九六八年から一九七一年まで国立台湾大学経済系副教授、一九七一年から一九九五年まで国立台湾大学経済系教授、一九七三年から一九七七年まで行政院経済設計委員会副主任委員、一九七七年から一九八四年まで行政院経済建設委員会副主任委員、一九八四年から一九九三年まで国立台湾大学校長、一九九三年から一九九四年まで国防部部長、一九九四年から一九九六年まで行政院政務委員、一九九五年から二〇〇〇年まで財団法人工業技術研究院事長、一九八五年から一九八六年まで中国経済学会理事長、一九八七年中央研究院評議員、一九九二年から一九九六年までフルブライト同窓生会理事長、国立台湾大学名誉教授、「記得當時年少──台湾大入學五十年話舊」いずれも黄二〇〇二年、孫二〇〇二年による。

(14) 卒業生数は、試算によると一七〇〇名、一九三五(昭和一〇)年入学の水田正二によると二〇五八名で、確定的なことは不明だが、それに比べると一四五八点の卒業論文数は、少ないということになる。

(15) 卒業論文目録に見あたらない典型が、戦後日本社会党委員長をつとめた石橋政嗣である。石橋の略歴を、社会党員としての経歴は省略して、以下に示す。豊後明美『石橋政嗣全人像』行政問題研究所、一九八四年を参照のこと。

一九二四(大正一三)年　台湾・宜蘭に生まれる
一九三一(昭和六)年　宜蘭小学校入学
一九三七(昭和一二)年　台北一中入学
一九四二(昭和一七)年　台北高商入学
一九四四(昭和一九)年　台北経済専門学校・本科繰り上げ卒業、陸軍現役入隊、一〇月熊本予備士官学校入校
一九四五(昭和二〇)年　六月予備士官学校卒業、南九州防衛国兵団に配属。八月日本無条件降伏。

(16) 一四五八点の卒業論文から、上記の四分野に属すると思われる一三四点の卒業論文を台湾で作成されたタイトルのままで引き出すと、以下のようなものとなる。

氏名	卒論タイトル	氏名	卒論タイトル
西郷達蔵	アダム・スミスと国富論	松田庄一	日本資本主義発達史
倉田正博	恐慌の起因と其対策	中川太市	経済原論
三島文平	価値解放の理論経済学の建設	関口敏行	経済学概論
丁　瑞鉠	マーシャル経済学原理撮要	重住一美	台湾の農村問題
八木信夫	ちゃつぷまん経済原論	内山峰雄	原始の経済生活
後藤三男	資本主義経済組織の解剖	辛島　實	ユダヤ民族経済史研究
戒能　修	経済と人生	西平守延	景気変動論
兼子閑一	マーカンチリズムと印度貿易	小川誠一	我国封建制度の時代における経済史の研究
		大森照久	日本産業革命史論

福岡卓郎	第十六、十七世紀におけるオランダの商業貿易
池田正治	外国貿易政策の変遷並びにその学説を論ず
孫媽拴	ヴェニスの商業
高橋良雄	報酬逓減の法則
林英一郎	経済恐慌論
吉川健夫	日本資本主義発展の研究
國府静雄	経済学の方法論に関する小論文
大迫　浩	恐慌について（恐慌裡の日本資本主義経済解剖）
関良多	景気循環論
山下重夫	景気循環論を論じ景気の統制に及ぶ
足利繁男	ソップソンの生産増加論
江藤陳吾	景気変動の理論
金谷次郎	資本主義の研究
高橋繁男	動態経済の研究
河野正治	金融資本の研究
太田勝	労働価値学説史
福島保典	需要供給論
日高敏久	貯蓄と消費
藤岡晴信	富の生産および分配
水田敏雄	金本位とその将来
富田茂	経済的恐慌
吉村喜作	商人階級の史的考察
安部一郎	価値論入門
伊地完雄	経済学入門
川俣重克	日本貨幣史
劉啓盛	銀に関する研究
平倉一	ニューディール入門
高橋祐之	景気変動の本質ならびにその経済的諸関係
安屋守	景気理論
杉尾卓也	豊穣基金ホブソンの貨幣理論
中津三郎	ワーレンとピアソンの貨幣理論
陳長興	経済学常識
鬼塚篤敬	景気変動についての学説論
岩切正仁	マルクス価値論
松崎守夫	実践経済学
林田冨美夫	ケインズの統制経済観
池田英治	アダム・スミス
藤原進	資本主義の解剖とその批判
坂元昇	日本資本主義経済を論ず
松田正	需要と供給
櫻井三郎	計量経済原理
陳錦郷	経済恐慌の諸要素
濱本喜一	アダム・スミスの学説のドイツへ及ぼした影響
仲吉朝光	現代の経済思想
土岐雅孝	経済学者達への反駁
本間一郎	景気循環論
尾中信男	エンゲルの法則及びシュワーベの法則
童傳盛	先秦経済思想史
松崎一夫	コールの貨幣論
奥野常夫	資本主義は戦争を惹き起こすか？
山本洸	景気変動論
廣瀬秀雄	景気変動の研究
乾新夢平	シュブンにおける価値交換・価格に関する論
桃原良正	地代論とその応用
新垣長英	資本主義は戦争の原因なりや？
若松一義	経済学理論の発達
川副五雄	景気循環論
森田源治	正統学派の地代研究
石井秀夫	日本資本主義経済研究のための一試論
猪股正	経済思想批判
宮地光之	ジョン・スチュワート・ミルの経済学とその社会経済史的背景
棚邉久	計画資本主義――コールの統制経済原理中より――
津島吉衛	節約と浪費

松下修	消費の趨勢
張瑞炎	アダム・スミスとデヴィッド・リカード
和田壽	経済学に関する一研究
居城久吉	シュンペーター経済発展の研究
真砂清	シュンペーター経済発展の研究
正源義一	シュンペーター経済発展の研究
八十川宏太	Fundamental Thought in Economics
岩本新治	法幣を中心とせる支那貨幣制度
中島光	独占価格の考察
陳進旺	経済学の根本思想
小島和雄	一経済学者の弁明
板本正巳	富に関する科学
金子省吾	J.George Fredrick の資本主義に対する私感
橋本元	資本の作用と景気循環
西村忠利	翻訳：The Scope and Definition of Economics
瀧田品	価値
渡邊数則	経済学理論の原理
丸木信愛	シュパン・全体主義経済批判
花田正	賃金率・投資及び雇用
澤野慎一	古典に見出される経済記述について
吉野圭一	経済理論ト国家主義
松浦秀宏	産業革命
福岡政夫	福祉ト経済的福祉
笹木州三	経済福利
花島司郎	戦争経済学
青山正幸	あるべき経済価値と生産力
翁？銓	利潤利子並びに投資
桑畑愛一	経済学者の伝記
大津健治	価値と価格に関する試論
原田忠	経済と価値に関する試論
副島栄次郎	パレート経済均衡論
伊藤一徳	グレイに據る経済思想史序説
城戸悟	十七世紀に於ける重商主義
真栄田登	経済学に於ける理論、歴史、政策の統一に関する一考察
谷　信孝	経済発展の条件
山本保雄	経済福利
永田賢藏	富ト価値ト資本
川崎長夫	産業経済学の要素
浦山稔	経済に対する側面観
堀田耕一	戦争経済における経済循環
陳石（？）	戦争経済力と国民所得
石川博	経済統計より見たる景気変動（我が国における）
林維明	経済学における理論と政策と歴史
森正雄	経済学に対する私然面観
原田良司	経済政策史
坪井保國	産業革命史論（産業革命の歴史的考察）
三小田忠夫	経済社会に於ける人間性
西島啓太郎	英國経済史上より見たる重商主義
松浦徹	アダム・スミス、ヒューム
大内浩	重商主義に関する若干の考察
中辻健	リスト思想ノ回顧的展望
瀧口秀夫	徳川封建社会ノ特質ヲ概論す
矢住嵩	日本歴史　第1巻（肇国）
中山輝夫	顧る号泣の歴史（第1集）（日本武尊とその時代）

(17) 牧野、二〇一五年を参照。戦前は、論壇ジャーナリズムが成立しておらず、事実上『経済論叢』がその役割を演じたが、戦後は大学外にそれが存在する事態となり、大学の論集はその役割を変化させてしまった、との指摘は興味深い。

(18) 前節同様、グラフを作成するに際して使用された表は、ここでは省略したが、検討にあたり、時代背景を把握するため、中村正則他『年表昭和・平成史』岩波書店、二〇一二年、呉密察監修『台湾史小辞典』第二版、中国書店、二〇〇七年、アダム・スミスの会編『本邦アダム・スミス文献――増訂版』東京大学出版会、一九七九年を参照した。

(19) (d)と(e)について、杉原の挙げた指標は、それぞれ、東大と京大での経済学部の独立、高畠素之訳『資本論』の全訳（一九二〇―二四）、日本資本主義論争における講座派を代表する『日本資本主義発達史講座』（一九三二～三三年）と、矢内原忠雄・河合栄治郎の学界追放、近代経済学の台頭、一九三四年の日本経済学会結成、『新経済学全集』一九三九年以降、ケインズ『一般理論』の紹介と翻訳、塩野谷九十九訳、一九四一年。大内兵衛・久留間鮫造の古典研究へ沈潜、大塚久雄の経済史研究、宇野弘蔵の経済政策論、安井琢磨の一般均衡論研究、大河内一男の社会政策研究、高島善哉の学史研究であった。杉原、一九九五年、一七六～一八〇頁。

(20) 渡辺、二〇一三年の注（21）と（22）にピックアップした、『鵬翼』所載の論文と『南邦経済』所載の論文リストをも参照のこと。

参考文献

天野郁夫『大学の誕生』上下、中公新書、二〇〇四年。

天野郁夫『帝國大学』中公新書、二〇一七年。

伊大知良太郎、水田洋、藤川正信 編『社会科学ドキュメンテーション：その情報特性と利用』、丸善、一九六五年。

潮木守一『京都帝国大学の挑戦』名古屋大学出版会、一九八四年。

黄金茂「四分之三世紀：台大與我」『従帝大到臺大』臺大叢書1 二〇〇二年。

孫震「記得當時年少――台大入學五十年話舊」『従帝大到臺大』臺大叢書1 二〇〇二年。

セリグマン、平瀬巳之吉訳『忘れられた経済学者たち』社会科学ゼミナール4、未来社、一九五五年。

豊後明美『石橋政嗣全人像』行政問題研究所、一九八四年。

牧野邦昭「『経済論叢』の歴史的遺産」『経済論叢』第一八九巻第一号、二〇一五年四月。

松重允浩「戦前・戦中期高等商業学校のアジア調査」廣昭責任編集『岩波講座・「帝国」日本の学知 第六巻 地域研究としてのアジア』所収、二〇〇六年。

横井香織「日本統治期の台湾における高等商業教育」『現代台湾研究』二三　所収、二〇〇二年。

渡辺邦博「台北高等商業学校の商業教育」関西学院大学・『経済学論究』六七巻一号、二〇一三年。

――「台北高等商業学校卒業名簿作成に関する諸問題」奈良学園大学『社会科学雑誌』一二巻、二〇一五年六月。

――「大学設置基準と公私立専門学校規程」奈良学園大学『社会科学雑誌』一七巻、二〇一六年三月。

――「未完の学籍簿と卒業論文目録」桃山学院大学『経済経営論集』五八巻三号、二〇一七年一二月。

杉原四郎「日本経済思想史散歩」、同『日本の経済学史』関西大学出版部、一九九二年。

八木紀一郎『近代日本の社会経済学』筑摩書房、一九九九年。

第一一章　井筒俊彦の〈方法としてのイスラーム〉
——東亜経済調査局および回教圏研究所での事績をふまえて——

吉野　浩司

第一節　本章の課題

ポリグロットの言語学者にして東洋哲学者でもあった井筒俊彦（一九一四〜九三）は、特に晩年になって「現象学」の用語を好んで用いるようになった。フッサール（Edmund Gustav Albrecht Husserl, 1859-1938）やサルトル（Jean-Paul Charles Aymard Sartre, 1905-80）、あるいはメルロ＝ポンティ（Maurice Merleau-Ponty, 1908-61）などの著述や「本質直観」などの用語について、自著の中でたびたび言及している。

現象学が近代ヨーロッパ科学の反省から生まれてきた思考方法であることは、ここで改めていう必要はないだろう。[1] 問題は、現象学によって、井筒が何をなそうとしたのかということである。それはイスラームを含めた東洋哲学を、西洋人にとっても理解できるようなものにしたかったのではないだろうか。彼が東洋哲学によってとらえようとしたのは、日常的な出来事の中に潜んでいる存在の不思議さ、特異さ、異様さに他ならない。たとえばサルトルが小説『嘔吐』の中で描き出したような、ふとした瞬間にマロニエの根から感じ取られる、存在そのものの気持ち悪さである。[2]あるいは、それと逆のこともいえよう。すなわち、一見、異様とも思える現象の中に平凡さを見出すことである。ある種の宗教の始祖たちが語る超越的、神秘的な事象、あるいは常人では思いも及ばないような没我的、利他主義的な行為に対する、共感や理解といったものである。それらの中には、ヨーロッパの科学者や哲学者たちが特異で異質なものとみなしてきたり、キリスト教徒が異端とみなしたりしてきた事象も、当然、含まれている。「アジア的世界」や神秘主義的世界などは、その好例であるといってもいいかもしれない。それらを論理と言葉でもって、何ら奇異なものではない、ごく普通の現象として理解しようとすること。それも井筒の東洋哲学のもう一つの側面であった。

特に戦後のイスラーム研究に限っていうと、現象学その他の西洋の概念によって、イスラームをヨーロッパの人文・社会科学においても理解可能なものとすることを、井筒は目指した。こうした意味において、本章では彼の立場を、〈方法としてのイスラーム〉[3]と名づけたい。もちろん、一般的な理解では、「東洋哲学の共時的構造化」というのが、井筒自身の方法論の呼び名としては、ふさわしいのかもしれない。しかし、ここであえて〈方法としてのイスラーム〉の語を採用するのには、それなりの理由がある。それは後述するように、井筒が回教圏研究所に所属していたのと同時期に同研究所で研究活動を行っていた、竹内好（一九一〇〜七七）という中国学者を意識してのことである。竹内は、戦後、「方法としてのアジア」ということを提唱した。これは、ヨーロッパ近代が生み出した「普遍的」な価値の中に、アジアの価値をも盛り込むことによって、本当の意味での普遍的な価値を作り上げよう、とするものであった。アジアには、それができる可能性がある。そのためにアジア的主体を立ち上げよ、というのである。それは、アジア・太平洋戦争期に日本が提起した「近代の超克」[4]の問題に対する、一つの思想的回答であった。その考え方を、井筒の東洋哲学に対する考え方にあてはめるとすると、〈方法としてのイスラーム〉という言葉は、容易に連想しうるものとなるのではないだろうか。

表 11 － 1　略年譜

年代（年齢）	略歴	関連事項
1914 年（0 歳）	東京四ツ谷に生まれる	ロシア革命（1917 年）
1931 年（17 歳）	慶應義塾大学経済学部予科に入学	満州事変（1931 年）
1934 年（20 歳）	加藤守雄や池田彌三郎ともに慶應義塾大学文学部に転学部	
1937 年（23 歳）	慶應義塾大学文学部英文学科卒業。同学部助手となる	日中戦争（1937 年～1945 年）
1939 年（25 歳）	ムーサー・ジャールッラーハを知る。同時期に、大川周明の知遇を得、満鉄東亜経済調査局調査部でアラビア語文献の整理とアラビア語講義を行う。回教研究所所員となる	
1940 年（28 歳）	回教圏研究所の機関誌『回教圏』、東亜経済調査局の月刊誌『新亜細亜』に論文を投稿	
1941 年（27 歳）	第 1 稿『アラビア思想史回教神學と回教哲學』（博文館）を出版	太平洋戦争（1941 年～1945 年）
1942 年（28 歳）	慶應義塾語学研究所研究員兼任（西脇順三郎、松本信広、辻直四郎、服部四郎、福原麟太郎、市河三喜らが同僚）同助教授	
1944 年（30 歳）	このころスーフィズムへ傾倒。「回教神秘主義哲学者イブヌ・ル・アラビーの存在論」（雑誌『哲学』）、「イスラム思想史」（『西亜世界史』所収）に反映	
1948 年（34 歳）	第 2 稿「アラビヤ哲学回教哲学」光の書房編『世界哲学講座』（光の書房）を発表	
1950 年（36 歳）	『アラビア語入門』（慶應出版社）	
1954 年（40 歳）	慶應義塾大学文学部教授	
1957 年（43 歳）	『コーラン』（岩波書店）をアラビア語より邦訳（～1958 年（44 歳））	
1959 年（45 歳）	ロックフェラー財団研究員	
1961 年（47 歳）	カナダ・マギル大学客員教授	
1962 年（48 歳）	慶應義塾大学言語文化研究所教授	
1967 年（53 歳）	スイス・エラノス会議会員	
1969 年（55 歳）	カナダ・マギル大学イスラーム研究所正教授	
1975 年（61 歳）	第 3 稿『イスラーム思想史神学・神秘主義・哲学』（岩波書店）	
イラン王立研究所教授に就任		
1979 年（65 歳）	同研究所退職。帰国	イラン革命（1979 年）
1980 年（66 歳）	『イスラーム哲学の原像』（岩波書店）、「意識と本質」を『思想』誌上に連載開始	
1981 年（67 歳）	慶應義塾大学名誉教授	イラン・イラク戦争（1980 年～ 1988 年）
1982 年（68 歳）	日本学士院会員	
1983 年（69 歳）	『意識と本質』（岩波書店）を出版	
1992 年（78 歳）	就寝中の脳出血により急逝	

本章では、井筒俊彦が初期から晩年にかけて改定と増補をつづけた『イスラーム思想史』の成立から完成までの過程を、主たる対象とする。本書の成立過程を追うことで、井筒が究極において目指していたものが、〈方法としてのイスラーム〉であったということが明らかになるだろう。『イスラーム思想史』に対し井筒は、都合三度にわたる増補・改訂を試みている。第一稿の準備段階から出版、そしてそれを改定する前までの期間、井筒は東亜経済調査局と回教圏研究所という二つの研究機関で教育・研究に携わった。戦後これらの研究所は解体され、どのような研究がなされていたのかは、半ば、歴史の中に埋もれている。しかし著作として現存している『イスラーム思想史』の形成過程をさかのぼっていくことで、これら歴史に埋もれた研究所が目指していたものと井筒の思想との共通点を発見することができるはずである。すなわち、井筒が「近代の超克」を目指して提示した、もう一つの思想的回答、それが〈方法としてのイスラーム〉であった(4)。そのことを明らかにすることが、本章の課題である。

第二節　「近代の超克」の時代

それでは井筒はどのような時代を背負って生きたのであろうか。明治以来、日本にとっての西洋近代とは、政治的、経済的制度においても、また諸学問においても目標となるモデルであった。西洋化こそが日本の近代化であるとみなされた。そうした状況のもとでは、日本やアジアの伝統的な慣習や制度や文化といったものが、ときとして近代化の阻害要因と感じられることもあった。徹底した西洋化、近代化のために、脱亜入欧といったスローガンが掲げられた、日本をローマ字表記に統一しようとする文字改革（ローマ字運動）までもが、本気で叫ばれたりもした。

そうした意味での近代化には、当然、反撥をともなう。たとえば西南戦争を最後とする士族の反乱の延長線上に、「アジア主義」をとなえる大陸浪人の存在はある。あるいは保田與重郎（一九一〇～八一）の日本浪漫派や、橘孝三郎（一八九三〜一九七四）の農本主義なども、その反撥のひとつのあらわれであろう。そしてその反撥は、日本およびアジアの伝統文化の再評価、復古主義となって表面化する。(5)

いわゆる「アジア主義」を心情的に支える主張の系譜をたどるとき、フェノロサ（Ernest Francisco Fenollosa, 1853-1908）から岡倉天心（一八六三〜一九一三）、そして大川周明（一八八六〜一九五七）へという一つの流れを確認することができるだろう。フェノロサの文化史観によると、古来より日本には、アジアをはじめあらゆる国の文化の粋が流入しているということになる。そして、そうした特徴を有する日本を、次のようにフェノロサは賛美する。

日本は東西両洋をつなぐ交通の要路にあたるユニークな地位を占め、西洋に向っては東洋を、東洋に向っては西洋を解釈するに適した素質に恵まれている。ここに歴史絵巻における光輝ある一角がある。われわれはここに最高に緊張した天才的資質のひらめきを見ることができる。われわれの記録では、西洋において日本に匹敵する地位を占めるのは、わずかに一、二世紀の期間であったが、感受性に富む組織的なギリシャ人だけである。(6)

この文化史観を下敷きに、岡倉天心が日本文化論を展開していることは、彼自身の著作の次のような叙述からもうかがい知ることができる。

この［日本］民族の不思議な天才は、この民族をして、古いものを失うことなく、新しいものを歓迎する生きた不二元論の精神において、過去の諸理想のすべての面に留意させているからである。（中略）日本の芸術の歴史は、かくして、アジアの諸理想の歴史となる。（中略）つぎつぎと寄せてきた東方の思想の波が、民族の意識にぶつかって砂に波跡を残して行った浜辺となる。(7)（［　］内は筆者による。以下同様）

そして、その岡倉の議論に共鳴し、これを宗教学の立場から継承したのが、大川周明ということになるはずである。[8] 大川は次のように、岡倉からの影響を包み隠さず打ち明けている。

予は岡倉氏の名著『泰東理想論〔東洋の理想〕』及び氏が東京帝国大学に於て試みられたる「泰東巧芸史」の講義によって、最も深刻鮮明に亜細亜精神の本質を提示せられた。本書〔『日本文明史』〕の第一章は実に全部を氏の著書並に講義に負ふものである。[9]

この「本書の第一章」とは、「日本文明の意義及び価値」という章題を持っている。こうした西洋近代に対し反撥を感じる一派が、中国および欧米との全面戦争という喫緊の課題に直面することで、「近代の超克」論は現れたといえるだろう。周知のように「近代の超克」とは、一九四二（昭和一七）年に、文芸誌『文学界』において、著名な文芸評論家、歴史家、哲学者らを交えてなされた座談会である。日本が西洋近代をどうとらえるか、どう乗り越えるのかをめぐる議論であった。竹内は、この会談を次のように総括している。

「近代の超克」は、いわば日本近代史のアポリア（難関）の凝縮であった。復古と維新、尊王と攘夷、鎖国と開国、国粋と文明開化、東洋と西洋という伝統の基本軸における対抗関係が、総力戦の段階で、永久戦争の理念の解釈をせまられる思想課題を前にして、一挙に問題として爆発したのが「近代の超克」議論であった。[10]

だが、日中戦争（一九三七年～一九四五年）は解決の糸口をみいだせないまま、いたずらに長引いていた。しかも戦線は南北へと広がっていく。日本の政治的、経済的、学問的な関心が、中国から南洋へと移された時に、回教徒すなわちムスリムの問題に突き当たった。大川がイスラームに興味を持つようになったのはそのためである。[11] 大川は、自らの政治的影響力を用いて、研究所を作り、研究資料を収集し、所員に対し、後進の育成と研究を命じた。大川研究所は通称「大川塾」とも呼ばれ、戦中から戦後にかけての、東南アジアの独立運動を支えた、という一面もあった。[12] この研究所ならびに大川と井筒の関係については、次節で詳述することにしたい。

さしあたってここでは、下記のような竹内の戦後の発言に耳を傾けておきたい。それは、この言葉が、井筒が背負っている時代背景とも、大いに重なる部分があるからである。

たとえば平等と言っても、ヨーロッパの中では平等かもしれないが、アジアとかアフリカの植民地搾取を認めた上での平等であるならば、全人類的に貫徹しない。では、それをどう貫徹させるかという時に、ヨーロッパの力ではいかんともし難い限界がある、ということを感じているのがアジアだと思う。（中略）西欧的な優れた文化価値を、より大規模に実現するために、西洋をもう一度東洋によって包み直す、逆に西洋自身をこちらから変革する、この文化的な巻返し、あるいは価値の上の巻返しによって普遍性をつくり出す。東洋の力が西洋の生み出した普遍的な価値をより高めるために西洋を変革する。これが東対西の今の問題点になっている。（中略）その巻き返す時に、自分の中に独自なものがなければならない。それは何かというと、おそらくそういうものが実体としてあるとは思わない。しかし方法としては、つまり主体形成の過程としては、ありうるのではないかと思ったので、「方法としてのアジア」という題をつけた。[13]

中国学者竹内による「方法としてのアジア」という考え方は、イスラーム学者の井筒の場合であれば、それを〈方法としてのイスラーム〉と呼んでもさしつかえない内容を持っているように思われる。実際、この二人は、同時期に回教圏研究所での研究活動を行っている。

第三節　二つの研究所と二人のムスリム

そもそもイスラームへの関心の高まりは、長引く日中戦争によってもたらされた。日本の学術的ならびに政治的な関心は、中国国内あるいは周辺国に住む回教徒へと向かっていった。さらに東南アジアから西アジアまで、研究対象となる地域は拡大していく[14]。それにより東亜経済調査局は、一躍、イスラーム研究の一大拠点と位置づけられるまでになった。井筒はここのアラビア語班で働いていた。働くとはいっても、語学の教育の他は、文献調査と整理をして過ごしたという。彼はこの書庫の文献を自由に借り出して、読み漁ることを許されていた[15]。

もともと東亜経済調査局は、南満州鉄道株式会社に属しており、世界の経済状況を調査する民間のシンクタンクとして出発した。大川が同局編輯課長となった一九一九年ごろより、主たる調査地域は、東南アジアや西アジアへと広がっていく。特に一九三〇年代後半ごろからは、イスラーム研究が活発化した。当時はまだ稀少であったアラビア語の文献を使ったイスラーム文化圏の研究を、本格的に推進していった。井筒がこの研究所とかかわりを持つようになったのも、ちょうどそのころであった。井筒は大川との接点を次のように語っている。

> 大川が私に近づいてきて、私自身も彼に興味をもったのは、彼がイスラームに対して本当に主体的な興味をもった人だったからなんです。知り合いになったころ、これからの日本はイスラームをやらなきゃ話にならない、その便宜をはかるために自分は何でもするると、私にいってくれました。それで、オランダから『イスラミカ』という大叢書と、『アラビカ』という大叢書、つまり、アラビア語の基礎テクスト全部と、イスラーム研究の手に入る限りの文献は全部集めて、それをものすごいお金で買ったんです。それを、東亜経済調査局の図書館に入れておいた[16]。（傍点引用者）

「主体的」という言葉に、あえて引用者が傍点を振ったのには理由がある。ここで井筒が言いたいのは、大川が個人的関心からイスラームに向かったということではない。井筒は明らかに、「客体的」ないし「客観的」の対義語として、「主体的」という語を用いている。西洋がイスラームを取り上げるその扱い方を、仮に客観的であるとすれば、そうしたアプローチではいけない。イスラームを内側から捉えるものでなければならない。そういう意味での「主体的な興味」を持っていた大川に、井筒は共鳴しているのである。そしてそのことは、竹内が「主体形成の過程」である「方法としてのアジア」という認識とも一致しているのである。

とはいえ東亜経済調査局の関係者の中で、戦後までイスラーム研究を続けたものは、ごくわずかであった。その中で井筒は、前嶋信次（一九〇三〜八三）とともに、戦後もイスラーム研究を続け、日本のイスラーム学の発展に寄与した、数少ない研究者である。大川本人もまた、その一人に数えていいかもしれない。戦後になり大川は、ドイツ語訳からの重訳とはいえ、コーランを全訳している。また井筒の『アラビア思想史』刊行の翌年、一九四二年に出された大川の『回教概論』は、戦後ながらくイスラーム研究の基礎文献として位置づけられてきた[17]。こうした彼らの残した仕事こそ、当調査局が残した学術的な遺産であったといえるだろう。ただ残念なことに、東亜経済調査局は、日本の敗戦により解体を余儀なくされてしまう。当時集められた文献も、戦後アメリカに没収されて、散逸してしまったとのことである。

東亜経済調査局が西アジアへの関心を深めつつあったその時期に、同じく回教研究を主たる任務とする回教圏攷究所も、本格的な活動に乗り出した。大久保幸次（一八八七〜一九四七）が、長らくその所長をつとめた（一九四〇年に回教圏研究所と改称され、一九四五年五月の空襲で全焼するまで存続した）。大久保は東京外国語学校を経て東京帝国大学東洋史科専科で学んだトルコ学者である。駐トルコ特命全権大使であった徳川家正（一八八四〜九六三）の知遇を得て、彼からの資金援助により回教圏攷究所が設立された。大久保もまた、ヨーロッパ人によるイスラーム研究の紹介ではなく、日本人による直接的なイスラーム研究の必要を感じていた学者の一人であった[18]、また単なる時事的な問題を扱うのではなく、学術的な研究を重視したのも、大久保率いる回教圏研究所の特徴であった。だが、その後研究所も、善隣協会傘下に入り、占領地のイスラーム工作に資する国策研究が、強く求められるようになった。しかしそれでも大久保は、それをはねのけ、終始、学術研究にこだわったという。所員には先述の竹内の他に、蒲生礼一（一九〇一〜七七）、野原四郎（一九〇三〜八一）などがいた。大久保も、アジアの独立には日本の力が不可欠であるという観点に立ち、「大東亜戦争の目標は西洋の圧迫よりアジアを開放し、世界を覆う正しき平和を確立することに存する」と自らの雑誌に書き付けている。[19] 蒲生はペルシャ語によるイラン・イスラーム研究を戦後になるまで続けた。竹内と野原は、戦後はイスラーム研究を放棄している。ただ、竹内の場合、この研究所での志は、「方法としてのアジア」にも生きているといえるだろう。

この二つの研究機関は、互いに重なり合うテーマもあり、実際、研究所員にも兼任者がいた。たとえば井筒や前出の前嶋などもそうであった。機関誌としては『回教圏』があり、一九三八年から一九四四年まで刊行をつづけた。その他、一九四〇年代には、同じイスラーム研究機関として、大日本回教協会や西北研究所があった。特に大日本回教協会は哲学者の古在由重（一九〇一〜九〇）も籍を置いていた他、シルクロード学の岩村忍（一九〇五〜八八）や東トルキスタン研究の佐口透（一九一六〜二〇〇六）らがイスラーム研究者として活躍した。[20]

ともあれ、先の二つの研究所に出入りしている時代に、井筒は二人のムスリムと出会っている。一人目は、井筒にとってはアラビア語の最初の師匠であるイブラヒーム（Абду-Рашид Гумерович Ибрагимов, 1857-1944）[21]である。彼は帝政ロシア生まれのタタール人で、ウラマー（法学者）を務めていた。だが帝国ロシアの教育政策におけるムスリム抑圧に失望し、ロシアを後にした。その後、各国を転々とし、その間に、日本にも立ち寄ることになった。一九三八年から一九四三年までの間、東京のモスクで二代目イマーム（礼拝の指導者）を務めている。イブラヒームの偉容につき、前嶋は次のように回想している。

井筒氏と私［前嶋］とが、イブラーヒーム翁を訪れたのは昭和一六［一九四一］年の秋ごろだったかもしれない。軀幹長大で、白鬚を胸に垂れ、悠揚としてせまらぬ人物であった。（中略）かくしゃくとして生気に溢れていたから、まさか百歳に近い人だとは思わなかった。（中略）雄大なヴォルガ河畔の自然の中で育ち、巨大な勢力を相手にして民族の独立のために戦い、よく風雪に耐え、いくたびも生死一髪の間をくぐり抜けてきた老志士の晩年の姿だった。[22]

また井筒の妻豊子が描いた小説には、もう一人のムスリムとの出会いに関する興味深い記述がみられる。ある日のことイブラヒームは、自分とは比べものにならないくらいの大学者が日本に来ているから紹介してやる、と井筒にいった。それがムーサー（Муса Яруллович Бигеев, 1873-1949）であった。代々木のモスクに向かうと、彼はコーランを朗々と詠唱していた。祈りが終わると、「日本人、インド人、トルコ人、タタール人、エジプト人など、雑多な男女信徒の群は、夢から覚めたような当惑顔で、三三五五、会堂を出ていった」。ムーサーは井筒に対し、「私は古典アラビア語をターマン（完全）に知っている」と「事もなげに云い放った」。「古典アラビア語をターマンに、これは東洋学者の間では意味深長だ。回教神学、法学、文学、歴史、哲学、ギリシャ哲学、スコラ哲学など、膨大なものだ」からである。イブラヒームの後を受けて、井筒はムーサーから、引き続きアラビア語の特訓を受けた。教科書としてムーサーは、「古典アラビア語文法」である「シーバーワイヒの文法書」を指示した。本など取り寄せる必要はなく、頁から句読点まですべて、ムーサーの頭の中にしまい込まれていた。ムーサーの暗唱する字句を、ノートに書きとることからムーサーの教育は始まった。[23]

あるときムーサーは、こういうことを井筒に語ったという。「谷一つ隔てた彼方で、学問が出来ぬようでは、真のアッラーマではない。砂漠は広いよ。一生文献を背負って歩く学者は、哀れなでんでん虫だ」。また「植えられた場所で朽木になるような生涯はつまらないよ」とも語っている。[24]

この時、井筒はまだ、海外に出た経験がなかった。後に井筒は、カナダのマギル大学で講じ、エラノス会議会員として毎年のようにスイスに滞在し、イラン王立研究所において教授となり、最後にまた日本に戻ってくる。そうした人生は、二人のタタール人ムスリムの師の薫陶によるものともとれよう。『コーラン』とならぶ聖典であるムハンマドの言行録『ハディース』にも、「知識を求めよ。たとえそれがスィーン（シナ、中国）にあろうとも。なぜなら、知識を求めることは、すべての信徒に課せられた務めであるのだから」（ブハーリー「真正集」）とある。アラブ世界から見ると、中国は地の果てともいうべき異界であった。知識を得るためには、そこへ赴くことも辞さないという信者の心構えがそこで説かれているのである。

第四節　『イスラーム思想史』の構成

それではいよいよ、『イスラーム思想史』の吟味に移るとしよう。文庫版（二〇〇五年版）には、牧野信也（一九三〇～二〇一四）による「解説」が付されている。牧野は井筒の教え子の一人で、イスラーム学を引き継いだ。その影響下に数多くのイスラーム研究を出版している。[25] 晩年は第二の聖典『ハディース』を全訳するなど、日本におけるイスラーム理解に貢献した。その彼による解説は、本書の成立過程を簡潔にまとめていて、信頼にたる、すこぶる興味深い内容となっている。そこで、主としてこの「解説」を糸口に、いくどか書き改められた『イスラーム思想史』の各版の違いについてまとめみたい。

本書『イスラーム思想史』の原型をなす、『アラビア思想史』（以下、第一稿と略記）が出されたのは一九四一（昭和一六）年、それは次のような特徴を持っていた。

著者［井筒］が弱冠二十七歳の頃、『興亜全書』という叢書の一巻として書かれ、ここでは独特な意味で文字通りイスラーム思想の原点となった聖典コーランの思想を理解するために、その背景をなすアラビアの精神風土から説き起こし、コーランのことばの理性的解釈から発展した思弁神学〈カラーム〉と、やや時代が下ってイスラーム世界に流入したギリシア思想の影響を受けて展開したイスラーム哲学〈ファルサファ〉について述べられており(略)[26]。

イスラームが興る前の「無道時代」の原風景から説き起こしているのが、特徴であろう。これに対しては、批判的な見方もある。それによると砂漠の厳しい環境がイスラームを生んだとする、環境決定論(風土論)の傾きがあるというのである[27]。しかしこの批判は的外れではなかろうか。そこでは砂漠がイスラームを生んだという論理が強調されているわけではないからである。むしろ井筒が述べているのは、視覚や聴覚などによる感覚的知覚の発達についてである。イスラームの即物主義の考え方が、ここでの重要なキーワードとなっているのである。

続く『アラビヤ哲学』(以下第二稿と略記)には、次のような加筆がなされている。牧野による解説を見てみよう。

イスラーム思想史においてはイスラーム神秘主義〈タサッウフ〉の叙述が不可欠であるため、一九四八年(昭和二十三年)著者が三十四歳の時『世界哲学講座』(光の書房)に寄稿した初期イスラーム神秘主義に関する論文が、上記の思弁神学〈カラーム〉とイスラーム哲学〈ファルサファ〉の叙述の間に入れられ、補足が行われた[28]。

第一稿の翌年に出された大川周明『回教概論』には、神秘主義(スーフィズム)に関する記述は見当たらない。また井筒による、このイスラーム神秘主義に関する記述の挿入については、内容もさることながら、挿入されている位置にも注意が必要である。すなわち、神学と哲学の間に、神秘主義の章が差し挟まれている、という事実である。これについては、後に改めて触れることになるので、ここでは注記するに留めておく。

こうした書き換えを経て、ついに一九七五(昭和五〇)年に決定版『イスラーム思想史』(以下、第三稿と略記)が出される。ある一章をすべて削除するという大きな修正もあるが、何より章題や章構成に、かなりの工夫が施されている。[29]

本書を作成するにあたり、井筒は、イスラーム哲学者ならびに神学者の中から「第一級の代表的人物」を選出し、その思想をまとめる、という執筆方針をとった。しかし、そうした方針は、思想史としては独特なものではないだろうか。牧野もいうように、「厳密な意味でのイスラーム思想史ということにはならない」。なぜなら「思想の流れを時間の経過に沿って歴史的にたどるという視点が厳密な意味では欠けている」からである。したがって、現在、バランスのとれたイスラーム思想史を知ろうとするのであれば、より標準的なイスラーム思想史の著作[30]にあたった方が得策であろう。しかし、井筒の著作には、「概説的なイスラーム思想史では見落とされてしまう点がかえってはっきりと浮かび上がってくる」ところがある、と牧野は好意的に評価している。その「はっきりと浮かび上がってくる」ものとは何なのか。それについて牧野は何も語っていない。著作を読んだ読者が判断すべきことであろう。本章では、この「はっきりと浮かび上がってくる」ものこそが、〈方法としてのイスラーム〉であると考えている。

以上の大まかな各班の違いの見取り図を示すために作成したのが、次表「各稿の目次比較」である。これをもとに、第一稿から第三稿にいたるまでの、目次の変更に目を向けてみたい。

第五節　井筒イスラーム思想史の特徴

この対照表から浮かび上がってくる事実は、およそ次の三つの点であろう。第一は、「タサッウフ」すなわちスーフィズム（イスラーム神秘主義）に関する記述についてのことである。第一稿にはなかったスーフィズムに関する記述が、第二稿以降で大幅に書き込まれていることが確認できよう。第三稿にいたっては、紙幅の割合は第二稿ほどではないとしても、第二部という独立した部を設け、まるごとスーフィズムに費やしている。ここに、井筒による

表 11-2　各稿の目次比較

第１稿	第２稿	第３稿
アラビア思想史	アラビヤ哲学	イスラーム思想史
回教神学と回教哲学	回教哲学	神学・神秘主義・哲学
1941（昭和 16）年刊行	1948（昭和 23）年刊行	1975（昭和 50）年刊行
博文館	光の書房	岩波書店
全 367 頁（原著）	全 128 頁（全集版）	全 368 頁（全集版）
第一部　回教神学	序	**第一部　イスラーム神学 Kalam**
Ⅰ．古きアラビアの精神とコーラン	⇒　該当頁なし	一　アラビア沙漠の精神とコーラン
Ⅱ．回教法学の基本理念	⇒　該当頁なし	二　イスラーム法学諸派の形成とその基本概念
Ⅲ．思弁的神学の発生	１．回教思弁神学の発生	三　思弁神学の発生
Ⅳ．ムグタズィラ派出現まで	２．ムータジラ派	四　ムアタズィラ派出現まで
Ⅴ．ムグタズィラ派		五　ムアタズィラ派の合理主義
Ⅵ．アル・アシュアリーの思想	３．アシュアリー	六　アシュアリーの出現とその思想史的意義
⇒　該当頁なし	４．原子論的世界観	⇒　該当頁なし
Ⅶ．イマーム・ハラマインの体系	⇒　該当頁なし	七　イマーム・ル・ハラマインの思弁神学体系
Ⅷ．アル・ガザーリー	⇒　該当頁なし	八　ガザーリーにおける理性と信仰
⇒　該当頁なし	［下の「８　スーフィズム」に対応する］	**第二部　イスラーム神秘主義（スーフィズム）Tasawwuf** 一　スーフィズムの起源 二　初期の修道者たち 三　修業道の理論的反省 四　神秘主義的思想形成の発端 五　初期スーフィズム思想の黄金時代
第二部　回教哲学		**第三部　スコラ哲学（Falsafah）東方イスラーム哲学の発展**
Ⅰ．ギリシャ哲学の翻訳	５．ギリシャ哲学の移植	一　ギリシャ哲学の移植
		哲学の発展
Ⅱ．アル・キャンディー	⇒　該当頁なし	二　最初の哲学者キャンディー
Ⅲ．アル・ファーラービー	⇒　該当頁なし	三「第二の師」ファーラービー
⇒　該当頁なし	６．「純正同胞会」	四　純正同胞会（Ikhwan as-Safa）
Ⅳ．イブヌ・マスカワイヒの社会的倫理説	７．イブン・ミスカワイヒ	⇒　第３稿より削除
	８．スーフィズム	
	９．東方アリストテレス主義の発達	
Ⅴ．イブヌ・スィーナー（アヴィセンナ）の哲学体系	10．アヴィセンナ	五　イブン・スィーナー（Avicenna）の哲学
Ⅵ．アル・ガザーリーの哲学批判論	11．ガザーリーの哲学批判	六　ガザーリーの哲学批判
		第四部　スコラ哲学（Falsafah）西方イスラーム哲学の発展
Ⅶ．イブヌ・バーッヂアの思想	12．西方回教哲学の発展	一「孤独の哲人」イブン・バーッジア（Avenpace）
Ⅷ．イブヌ・トファイルの哲学小説	13．「独学の哲人」	二　イブン・トファイル（Abubacer）の哲学小説
Ⅸ．イブヌ・ルシド（アヴェロイス）の思想	14．アヴェロイス	三　イブン・ルシド（Averroes）の思想
⇒　該当頁なし	15．イブン・アラビー	四　イブン・アラビーの神秘哲学西方から東方へ
⇒　該当頁なし	16．十二世紀以降の動向	後記

イスラーム神秘主義への理解の深まりが感じ取られよう。その証拠として、ちょうど第一稿と第二稿の間に挟まれた一九四四年に書かれた、「イスラム思想史」という小編を取り上げてみたい。もともとこれは、世界史講座第五巻『西亜世界史』の一章に過ぎないものの、第二稿への橋渡しをしているという点で、たいへん重要な役割を果たしていることは間違いない。「イスラム思想史」と題された五〇頁にも満たない小論であるにもかかわらず、イスラーム神秘主義に関する記述が、実に一〇頁にもわたり、詳しく盛り込まれているからである。くわえて神秘主義哲学者のイブン・アラビー論が、これもまた同時期に書かれているという事実についても、やはり注目に値するだろう。[31] むろん、アラビー (Ibn Arabi, 1165-240) は第三稿の掉尾をかざる人物だからである。彼については、続く第三の特徴とも関連することがらなので、そこで改めて取り上げることにしたい。

続いて第二に、イブン・ガザーリーが論じられる位置について、着目してみたい。当然のこと、第一稿においても、第一部の終わり (Ⅳ) および第二部の中ほど (Ⅵ) に出てきてはいた。しかし第三稿になると、それぞれ第一部と第三部の末尾という決定的な場所で顔を出している。各部の末尾で出てきているということは、それだけ重要な哲学者である、との井筒の認識の表れであろう。一見、神学者ガザーリーによる哲学批判であるといって片づけうるようにも見て取れる。[32] しかし、それにとどまらない問題を含んでいることを、見落としてはならない。改めて目次に注目してみると、第一稿では第二部としてまとめて書かれていた内容が、第三稿では東方イスラーム哲学 (第三部) および西方イスラーム哲学 (第四部) という、二つの独立した部分として再構成されていることがわかる。しかもその第四部にいたっては、東方イスラーム哲学の限界が指摘されるとともに、それが西方イスラーム哲学によって乗り越えられていく様子が語られることとなる。それだけではない。さらにこんどは、その西方イスラーム哲学が、再度、東に向かって帰っていくという、思想史の大きな流れが描き出されているのである。つまるところそこでは、ガザーリーによる東方イスラーム哲学批判が、西方イスラーム哲学、わけてもイブン・アラビーの神秘哲学によって克服されるという構図が描かれようとしているのである。それが、どのように克服されるのかについては、これも第三の特徴と関係があるので、続いてそれを見ていくことにしよう。

第三の特徴として取り上げたいのは、「東方」と「西方」ないし「東洋」と「西洋」といった言葉の使い方についてである。とりわけ第三稿の、「西方」あるいは「東方」という言葉が、とりわけ目を引く。確かに旧稿とくらべてみても、その違いは歴然としていよう。第一稿では、単に、回教哲学あるいはギリシャ哲学の移植などと書かれていたものが、先ほど触れたように「東方イスラーム哲学」および「西方イスラーム哲学」として整理し直されている。あるいはイブン・アラビーの神秘哲学が「西方から東方へ」、というように、より図式的に表現し直されている。これは一面では、イスラーム独特の学問の修め方と密接に関わっているので、アラビーを例に簡単に紹介しておきたい。

イベリア半島のムルシア生まれのアラビーは、コルドバ、セビリア、チュニス、カイロ、エルサレム、マッカ、アレッポなどの街を、学問のためだけに行脚した。ムスリムの子弟にとり、学問を修めるとは、ただちに旅することを意味した。アラビア語の読み書きとクルアーンの暗唱をひととおり終えた学生は、高等教育課程に進むことになる。そこでは、誰に学んだのか、ということがとても重んじられる。そこである師についたかと思うと、さらに次の師へというように、転々と学ぶ場所を変えていく。師に紹介状をもらって、より上級の先生のいる地域に移り住み、学びを深めるのである。[33] イスラーム独特といってもいい、こうした学びの形態が、どうやらイスラーム圏、ひいては世界における思想の伝播のきっかけをつくったようである。戦前から戦後にかけて一時期、日本に移り住んだ、イブラヒームやムーサーといったムスリムたちも、そうした学問としての旅の伝統の上に立っていた、といえるのかもしれない。

さてそれでは以上の三つの論点を、『イスラーム思想史』の本論に密着して論じ直すとするならば、はたしてどのようなことがいえるのであろうか。きっとそれこそが、〈方法としてのイスラーム〉の実質的内容となるはずである。

ひとたび東方で成立したイスラームは、しだいに神学という学問体系にまで整備されていく。だが、いずれの学問でもそうであるが、そのイスラーム神学も、ついには生気のない概念操作となりはててしまう運命にあった。ガザーリーは、むろん神学者の立場からではあるが、思弁神学者や哲学者たちに向けて、厳しい批判を行っている。

神学者は思惟をこね廻して、思惟されたものと、信仰とが何とかして辻褄の合うようにしようと努力しているし、哲学者は予言によって掲示されたもの、コーランの章句を悟性的に理解し説明しようとしている。彼らのしていることは、「耳で視ようとし、目で聴こうとしている」（中略）ようなものだ。（中略）信仰とは正に悟性の彼岸にあるものに関わる事柄であるから。[34]

こうして神学は、もはや神へと近づくための手段たりえなくなったのである。では、どうすればよいというのであろうか。その回答として、井筒はガザーリーの文章を引用しつつ、さらに補足説明を自ら加えている。

「酔っ払いは、酔っ払うこととは何ぞやという定義もできはしないし、自分が酔った『根拠』を論理的に把握してもいない。それでもやっぱり彼は酔っ払っている」。（中略）人は寧ろ行為と感情と意思の力によって自らの魂を高めることを志し、そうすることによって自ら「酔っ払わ」なくてはならないのである。すなわち宗教は体験されなければならないのである。[35]

この部分には、第三節で述べた井筒が大川のイスラーム研究を評価した際の指標である、「主体的な興味」という言葉の意義が吐露されているように思われる。

イスラーム権力の世俗化を嫌った人々は、スーフィー教団に個人的信仰のよりどころを求めるようになっていった。「宗教の権威をいやが上にも強化することには成功したが、同時に宗教は社会的に固定し、個人の精神裡に育まれるみずみずしい信仰は全く影をひそめてしまった」のが、イスラーム世界の現実である。こうした、ある意味では危機的ともとれる状況を救ったのが、「タサッウフ」すなわちイスラーム神秘主義（スーフィズム）であった。スーフィズムは、神との交わりを重視する実践的思索、「酔っ払う」ことを眼目とする信仰の実践であった。スーフィズムの由来は、一説では、「羊毛（スーフ）」から来たとされる。身分が低いことを示し、軽蔑の対象となる羊毛の衣をまとっている。そのことが、そのまま「現世的生活を離れて苦行のみを選ぶことの象徴的表現」であった。最初は隠遁者の実践であったものが、思想にまで高められるためには、いくつかの契機が必要であった。

初期の行者達をして自己の体験の理論的反省に向かわせ、行を転じて知となし、次第にミスティシズムの名に値するものにまで発展させるに至った原動力は、まず何よりもアッバス朝治世時代の前期に滔々としてイスラーム思想界に流入して来た新プラトン思潮であり、更にこれを体験的にも理論的にも深化開展させて幽邃な哲学思想とし、或は優婉流麗な詩歌に開花させたものは様々の形で様々な次元で当時の中東一帯に拡がっていたグノーシス的秘儀宗教やインドの宗教哲学、仏教などの動きであった。(36)

その境地の最良のものを、井筒は、「陶酔の人」バスターミー（Bayazid Bastami, 804-874 or 848）に見出した。自分と神の合一に恍惚となるイスラーム神秘主義は、バスターミーの考え方からすると、「神秘道上の愛は初心者の側からすれば向上的、神の側からすれば同時にそれが下向的に進む」という、「矛盾的統一」として現れる。むろんこうしたスーフィズムは、あくまでも個人の実践的信仰であり、多くの人々にとって容易に近づきうる境地ではない。何より、「我は神なり」とする境地を、イスラーム神学者たちが認めるはずもない。多くのイスラーム神秘主義者たちが迫害されたのも無理からぬことであった。

スーフィズムは、シリアのネストリウス派キリスト教から影響を受けた。そのシリアは、他方において、イスラーム世界に、もう一つの影響、すなわちアリストテレス（Aristoteles, BC384-BC322）やガレーノス（Claudius Galenus, 129頃-200頃）を紹介することにも貢献した。東方イスラーム哲学は、こうした影響から、しだいに形を成していったといえよう。

アリストテレスの哲学がイスラームの哲学—たとえ純思弁的、合理主義的なスコラ哲学という形であっても—となるためには、至高最善の絶対者を存在の源としてそこから最下の物質界の形成に及ぶ整然たる段階的宇宙観にまで作りなおされなければならなかった。この重大な役割を果たしたのが新プラトン的流出論だった。(37)

しかもイスラーム哲学の新プラトン化は、シリア語で書かれた『アリストテレスの神話』という偽書によって、さらに補強された。井筒はそれを、「イスラーム哲学の発展史に想像を絶する影響を及ぼした」とまで強調している。(38)この、きわめて東方的なイスラーム哲学は、イブン・スィーナー（Avicenna＝アヴィセンナ、九八〇～一〇三七）によって、一応完成の域に達する。当然、神学者からの批判はあったが、もっとも峻烈であったのは、思弁神学批判でも登場したガザーリーによるものであった。

元来ガザーリーは、頑固な信仰家として、最初から哲学を憎んでこれを批判したのではない。彼は寧ろ自分の心に堪えかねる疑問を解決し、安心の境に入りたいとの熱烈な念願を抱いて、いわば哲学に魂の救いを求めて、その門をくぐったのである。(39)

こうした事実は、ガザーリーの哲学理解の真摯さを物語るものがある。事実、彼の哲学批判の書は、批判の部分が切り離され、哲学を要約した部分のみ翻訳されたばかりか、かえって最良の哲学概論として広く読まれるようになった。神学にも哲学にも「安心の境」を見出せなかったガザーリーは、イスラーム神秘主義に近いところにいた。にもかかわらず、それにさえも、最後まで違和感を抑えることができなかった。ガザーリーが「スーフィーズムの個人主義に最後の安住の地を見出すことはできなかった」原因は、つまるところ、「全信徒の救済を目的とするものでなければならない」という彼の宗教的立場にあった。(40)

東方イスラーム哲学に対しガザーリーは、信仰と悟性の不可避的な対立という根源的批判をつきつけた。ここでいう東方イスラーム哲学の実質的な内容は何かというと、それは「新プラトン主義的アリストテリスム」であった。アヴィセンナがその完成者である。しかし「新プラトン主義的アリストテリスム」には、「イスラムの宗教上の教えを根底から否定するもの」が含まれていた。たとえば宇宙が無始の過去から存在してきたとの主張や、肉体が復活するはずがないとの断定、あるいは自然法則が絶対不変であるとの信念などは、哲学としてはごく当たり前のものであろう。しかし他方においてそれは、イスラームの教えとは、根本的に相容れない内容だった。なぜならそれらを認めてしまえば、神の天地創造や、最後の甦りの日や、神の奇跡（神の全能性）を否定することになるからである。こうしてアヴィケンナに代表される「新プラトン主義的アリストテリスム」体系は、『哲学者の自滅』の著者イブン・ガザーリーによって、根底から覆されてしまう。イスラーム神学の大成者として登場したガザーリーが、こんどは哲学の徹底的な批判者として再び呼び出されているのである。

これをもって哲学は、完全に神学に屈してしまうことになるのだろうか。実際には、そうはならなかった。哲学に対する根底的批判に対し、反批判を行ったのは、西方イスラーム哲学であった。ここでいう西方イスラーム哲学とは、明確に、「アンダルシア（スペイン）に興ってアヴェロエスに至る」哲学を意味している。「イスラーム哲学の発展に影響するところは少なかったが、西洋に輸入されてキリスト教哲学界に大きな影響を及ぼし」、「西洋哲学の一部となって継承される」こととなったところに特徴を有している。[41] いわばこれは、徹底した近代主義、西洋主義の立場と言い換えることができるかもしれない。

それらの担い手となった哲学者が、スペインで生まれコルドバを中心に活躍した学者たちである。サラゴサ生まれのイブン・バーッジャ（Avempace＝アヴェンパーケ、一〇九五？～一一三八年）、グアディクス生まれのイブン・トゥファイル（Abubacer＝アブバーケル、一一〇五～八五）、コルドバの生まれのイブン・ルシド（Averroes＝アヴェロエス、一一二六～九八）、ムルシアの生まれのイブン・アラビー、彼らはみなコルドバで学問の研鑽に励んだ。

「東方」あるいは「東洋」という語はアヴィセンナにおいて深い象徴的意味をもっていた。「東方」の原アラビア語mashriqは「光のほとばしり出る源」を意味する。太陽は毎日東から昇る。暁の空に燦然と輝き出す太陽は、精神の照明体験の象徴であり、同時にそのような人間の神秘的体験の源となる叡智的存在者の地平の象徴でもある。これに反して「西方」は原語でmaghribという。マグリブとは「太陽の沈む処」の意である。それは事物が光を奪われて、暗影の中に沈んで行く次元であり、魂の暗夜、精神的喜びのない、陰惨な暗闇の世界である。[42]

以上のように見てみると、井筒は「西方」および「東方」という語を、実に、象徴的な意味で用いていることがわかるだろう。こうしたイスラーム思想の歴史を、日本において語るということは、そのまま東洋による西洋近代の超克という構図に合致するのではないだろうか。〈方法としてのイスラーム〉は、いかにして東方と西方の根源的対立を乗り越えるのであろうか。次節ではそのことを「近代の超克」の観点から整理しなおすことにしたい。

第六節　近代を超克する〈方法としてのイスラーム〉

『イスラーム思想史』では、思想の出発点として、アラビア半島に生まれたイスラームが語られる。それが神学として整備され、さらに神秘主義を経て、東方イスラーム哲学として結実する。「東方」という言葉が用いられたのは、そうすることがイスラーム思想史研究の伝統に即したものだからである。イスラーム世界が、西へ西へと拡大し、ついにイベリア半島南部にまでその領域を広げた世界から見た「東」と「西」を区分するためである。したがって、ここでいう東方イスラーム哲学とは、ギリシャ哲学がアラビア半島に流入したことによる、イスラーム哲学の体系化を意味するものであろう。ギリシャは西洋思想の源でもあるとともに、イスラーム哲学の源流でもあるということである。ただし、その東方哲学は、いまだイスラームとアリストテレス哲学の折衷的段階に留まっていた。それが西方イスラーム哲学になると、しだいに神学とは切り離されて、徹底的な訓詁学的アリストテレス解釈となった。イブン・ルシドは、アリストテレスの注釈書を書くという、その大きな仕事であった。そのため彼は、中世哲学史上、アヴェロエスという西洋風の名前で記憶されている。ある意味でそれは、アヴィケンナの折衷的なアリストテレス哲学を排除し、アリストテレスの原典に即した忠実な解釈を示した、ともいえる。しかし、他面では、東方イスラーム哲学にあったイスラーム的要素をすっかりと抜き去ってしまったといえるかもしれない。それがためにアヴェロエスの思想は、西洋中世史哲学でのあつかいとは対照的に、イスラーム哲学史の中では継承するものがなかった。

こうしたことから、第四部の掉尾を飾るアラビー論は、その極限にまで行きついた西洋主義的イスラーム哲学を、再度、東方へと引き戻そうとする、復古的な意味を持っていた、といえるかもしれない。旧稿では存在しなかったが、第三稿で初めてアラビー論の一章が加筆されているのは、井筒のイスラーム思想史の実質的な完成を物語っている。念のためその章題を確認しておくと、「イブン・アラビーの神秘哲学――西方から東方へ」である。イスラームが神学と神秘主義と哲学によって鍛え上げられ、ようやく神秘哲学として完結するというような意味においてである。地理的に見ても、それの流れは、まずは東から西へ往き、西端にたどり着いたら、翻って東へと帰っていく。そういう道をたどっている。

イブン・アラビーは、スペインのムルシアに生を受けた。あるとき彼は「東に向かって旅立て」という神のお告げを聞く。シリアに居を構えて、死ぬまでスペインには帰らなかった。著述もすべて東方で書かれたものである。

西方から東方へ――彼は身をもってこのイスラーム哲学史の運命を生きた人であった。事実彼の思想的遺産は蒙古侵入後の新しく更生したイスラームにあって特にペルシャのシーア的精神クリマに開花し、哲学者ばかりでなく多くの文人、詩人に霊感を与え、極めて特異なペルシャ精神主義の潮流となって発展して行くのである。また彼の思想は、彼と同時代の薄倖の天才、「光の哲学者」スフラワルディー（中略）の思想と並びつつ、時代と共にそれと混じて、中期イスラーム思想史を特徴づける神秘哲学の原点としての役割を果たすに至る。(43)

文中のスフラワルディーは、彼の『イスラーム思想史』の後に続く、重要な仕事であった。(44)井筒は「東洋哲学全般を見渡すような哲学」を作ることを畢生の課題とした。それに対し、司馬遼太郎は「その東洋は、インドから東でしょうか」と問う。もはや井筒は、インドはおろか西アジア以東とも答えなかった。上に論じてきたことから判断すると、井筒が「ギリシア以東」という広大な領域を指して「東洋」であると答えたとしても、何ら驚くに値しないであろう。

東洋という言葉の意味領域にギリシアを組み入れるのは常識からはずれるように思われるかもしれませんが、元来「東洋」というのは一つの理念であって、べつにそんなものが世界のどこかに客観的に存在しているわけじゃない。こちらがどう理念的に措定するかという問題です。そこで私は、ギリシアから中近東、インド、中国、日本までを一つの理念的単位として措定して、それを「東洋」と呼んでいるわけなんです。(45)

「客観的」に東洋を眺めるのではなく、東洋自身であるところの「こちら」が主体的に自らを解釈する。そのためには、中国ではなく、中国やインドを越えて、はるかギリシャに及ぶような領域も視野に収めなければならない。そう井筒はいうのである。東と西とは、地理的概念というよりは、精神的な概念、光と闇の対立を際立たせるための概念である。そうした観点から、彼の後の著作における東西観について、最後に触れておくとしよう。取り上げたいのは彼の主著『意識と本質』の副題である。雑誌『思想』に連載されていた当初は、「東洋哲学の共時的構造化のために」という副題が付いていた。しかし、この初出論稿が単行本として刊行された時に、副題が「精神的東洋を索めて」に改められている。他の論文を含めているためであろうか。同じく、文庫版でもこの副題が踏襲されている。ところが、井筒の最晩年に刊行された著作集の扉の頁には、副題として新たに「東洋的思惟の構造的整合性を索めて」が採用されている。そして最終的には、最近出された全集で「東洋哲学の共時的構造化のために」と元の副題にもどされている。論文「意識と本質」の副題は「東洋哲学の共時的構造化のために」であるが、単行本『意識と本質』の副題は「精神的東洋を索めて」もしくは「東洋的思惟の構造的整合性を索めて」ということなのであろうか。

ここに東洋哲学ないし東洋的思惟への井筒の矜持が感じ取れよう。アヴィケンナからアラビーへと受け継がれた東洋哲学の完成へ向けた努力を、自らが引き受けるという矜持である。これまで、この副題の表記のゆらぎについて触れられた文章はない。この微妙な違いには、実のところ、重要な意味が隠されているように思われてならない。

特に単行本の「精神的東洋を索めて」についていうと、東洋的精神ではなく「精神的東洋」であることに、井筒の執着が感じられる。単に措辞をひねっただけではない、何か重要な意味が隠されているのではないか。

この疑問を解く鍵は、もう一つの著作のなかに表れている。イランから日本に帰国した後、最初に出された『イスラーム哲学の原像』が、それである。小編ながら本書は、『イスラーム思想史』と同様に井筒がイスラム中世哲学を扱ったもので、いわば『イスラーム思想史』の続編とでもいうべきものである。『イスラーム哲学の原像』には、「精神的東洋」の語釈がなされている所がある。「スーフィズム独特の象徴言語では、東洋とか東方＝マシュリクとは神秘主義的地理学における精神の黎明の場所、精神イルミナチオ（照明）の場所」。「マグリブ（maghris）＝西洋、西方というのは、文字どおり太陽の没するところ、つまり太陽の光が闇に消える質量的暗黒の領域」を意味すると。(46)

ここでも繰り返されているように、井筒のいう西方（マグリブ）が精神的な地理であるということについては、注意が必要であろう。一般的な呼称としてのマグリブとは、アラブ世界から見た西方を意味している。すなわち紅海以西ないしエジプト以西の地域を指している。実際、現在でも、モロッコ、アルジェリア、チュニジアの三国をマグリブと呼んでいる。しかし井筒がいう西方とは、それらとは違う。彼は「西方」という言葉を、明確に「アンダルシア（スペイン）」、とりわけグラナダやコルドバを意味している。その意味で『イスラーム思想史』における西方イスラーム哲学とは、グラナダやコルドバで生まれた、ムスリムのスコラ哲学者ということになる。そして彼ら西方イスラーム哲学者が、極限にまで行き着いた際に、いわば復古的あるいは回帰的に目指されたのが、「精神的東洋」だったのである。

意識と精神が立ち現れるところ、無明のこころに光が差し込んでくるところ、そのような場所に、井筒は「精神的東洋」と名付けたのである。それはギリシャの哲学者プラトンの洞窟の比喩を思わせるものがある。人間が眺めている現象世界は、実は、光に投影された影絵に過ぎない。洞窟の中で縛られた人間は、その影を見ているが、光源の存在に思いを馳せることもなければ、そもそも気づきさえもしない。哲学者こそその光源に目を向けなければならない、とプラトンはいうのである。この部分を強調し、光の哲学を構想する一派が、新プラトン主義者である。イスラームに入ったファルサファ（哲学）は、この新プラトン主義の傾向を多分に含んだ哲学である。

西洋との対話が可能な形で東洋を論じること、それは日本近代が負わされた課題であり宿命であった。ギリシャをアジアの中に組み入れて論じる語り口は、何も井筒が初めてではない。ギリシャから東洋を眺める視点は、フェノロサや岡倉天心なども論じてきた美術史にまで、遡りうるものであろう。法隆寺五重塔にギリシャの起源を見出すこともできる。あるいは正倉院の宝物の中に、ギリシャから伝来した宝物を見つけることもできる。思想史の場合も同様である。ギリシャとインドの交流については、しばしば論じられるところである[47]。井筒のイスラーム思想史の場合もそうであった。井筒はギリシャを東洋に組み入れることができる、「思想構造上の理由」があるのだという。すなわち「古代ギリシアの思想を持ち込んでくると、実にはっきり解明されるところが東洋思想には多々ある」。「歴史的に影響があったかなかったかには全然関係なく、思想構造的に必然的な相互照明」が確認できるところがある。一例として井筒が挙げているのが、空海の真言密教とプラトニズムの類縁性である。「真言密教の金剛界マンダラの成身会の「不生無礙常瑜伽」的存在地平の構造なんか、プラトンのイデア哲学やピタゴラスの世界像などを持ってくることによって初めてその独自の構造的整合性の成立が哲学的に可能になる[48]」。

第七節　むすび

牧野が「概説的なイスラーム思想史では見落とされてしまう点がかえってはっきりと浮かび上がってくる」といっ

た、その中身はいかなるものであろうか。それに対する答えは、ようやく導き出すことができるのではないだろうか。すなわち『イスラーム思想史』以降の井筒の仕事は、もはや思想史ではなく、あらゆる思想の構造的特性を、歴史的連関を離れて並置させることで見えてくるものを探求した。それを「共時的構造化」と読んでも差し支えないだろう。しかし、それは東洋のさまざまな思想を、ただ平板に並べただけのものではない。それは、東西の思想に影響を受け、あるいは与えたイスラームを思考のよりどころとしたことで、開けてきた視座であったはずである。そのことを約言するなら、井筒にとっての「近代の超克」としての〈方法としてのイスラーム〉であった、ということになるだろう。

ひところと比べると、タイトルや副題に井筒の名を掲げた論文も書かれることが多くなった[49]。彼に関するモノグラフや特集雑誌も、毎年にように出されるようになった。井筒をテーマとする研究プロジェクトも立ち上げられている。妻井筒豊子から聞き取った井筒の横顔をまとめた著作も出されている[50]。おまけに全集も完結し、外国語による著作の翻訳著作集も刊行中である。その意味ではもはや「埋もれた」学者ではないのかもしれない。ただ、これだけ豊富な研究が積み重ねられつつあるだけに、かえって見落とされるところも出てくるのではないだろうか。全集や著作集に収録されるのは、基本的には定本となったもののみである。上記のような全集・著作集の刊行の次に控えているのは、本書で取り組んだような、旧版と新版を比較対照するといったような、より精緻な読解・解釈作業となるであろう。これが少なくとも、今後、井筒東洋哲学をより深く理解しようとする際の、逸することのできない一つの重要な課題となるはずである。

注

（1）現象学の方法は、哲学はもちろん、さまざまな学問分野で用いられていることから、これに一義的な語釈を加えることは難しい。さしあたりここでは、下記のような意味でとらえておく。すなわち、目の前に厳然と存在しているかに見える物理的現象や社会現象といったものは、実際のところ、あるのかどうかさえ疑わしいものである。したがって物理的、社会的な現象の存在証明はひとまずわきに置いておく（エポケー）。そのかわりに、まずは確実性の高い主体の側、すなわち見たり、感じたり、認識したりする側の意識の方の分析にとりかかる。そうすることで、存在や社会現象の分析の基礎固めにしようというのである。木田元『現象学』岩波書店、一九七〇年。

（2）井筒俊彦『意識と本質』（全集第六巻）、慶應義塾大学出版会、二〇一四年、一二頁。以下、井筒の著作については、二〇一三年から二〇一六年に慶應義塾大学出版会より刊行された『井筒俊彦全集』より引用を行う。本全集からの引用に限っては、巻数と頁数のみを記すことにする。たとえば本章注（2）の場合であれば、「全集第六巻、一二頁」と略記。

（3）竹内好『日本とアジア』筑摩書房、一九九三、四六九頁。「方法としてのアジア」とは、「西欧的な優れた文化価値を、より大規模に実現する」、「本当の『普遍性』を作り出す」、「西洋自身をこちら［アジア］から変革する」、ための方法論である。また、拙著、二〇一一、「『亜細亜』という地域の枠組みについて――竹内好を継承する視点」『東アジア評論』第三号、二〇一一～二一四頁も参照のこと。

（4）「近代の超克」そのものに対する議論の蓄積もそうとうのものがある。最近の包括的なまとめとしては、さしあたり鈴木貞美『「近代の超克」――その戦前・戦中・戦後』作品社、二〇一五年を参照。

（5）松本健一『思想としての右翼』論創社、二〇〇七年。

（6）フェノロサ『東洋美術史綱〈上〉』東京美術、一九七八年、一一三頁。なおフェノロサが行った研究の概観を知るには、村形明子編著『アーネスト・F・フェノロサ文書集成――翻刻・翻訳と研究（上・下）』京都大学出版会、二〇〇〇～二〇〇一年が便利である。

（7）岡倉天心『岡倉天心全集　第一巻』平凡社、「東洋の理想」、第一章「理想の領域」長県

（8）「明治四十三［一九一〇］年四月からの一学期間、大川は、岡倉天心の講義「泰東巧芸史」を受講し、東洋美術史の研究で培

われた独自のアジア文明論の影響を受けた。この講義の期間に、大川はイスラム神秘主義にも関心を強めていた。以来、彼は一貫してイスラムへの関心を維持した」。大塚健洋『大川周明』中央公論社、一九九五年、六一頁。

(9) 大川周明『日本文明史』大鐙閣、一九二一年、七頁。

(10) 竹内好「近代の超克」冨山房、一九七九年、三三八頁。

(11) 元来、大川は、インド哲学をはじめとする、世界の宗教を対象とする宗教学者であった。大川が、深く時局にかかわる政治活動の必要性を感じるようになったのは、イギリスによるインドの植民地支配の苛酷さを知ったことがきっかけである。のちにウルトラナショナリストとまで評されるようになった右翼思想家、実践家の相貌はこの時からのものである。大塚、前掲書、六六～七二頁。

(12) 玉居子精宏『大川周明―アジア独立の夢』平凡社、二〇一二年。

(13) 竹内「方法としてのアジア」、四六九～四七〇頁。

(14) 中国を研究対象にしている東洋学者にしてみると、対象が中央アジアや中近東まで広がることは、何ら不思議なことではない。先述の前嶋はもともと中国史に興味を持っていた。『アジア史概説』の著書をもつ宮崎などは、一九四四年に実際に西アジアへ旅行し、その見聞録を『菩薩蛮記』として出版している。「私〔宮崎〕は中国史を専攻するに拘わらず、西アジア地域に異常な親近感を覚え、研究対象外というような気が全くしない」とまで述べている。宮崎市定『西アジア遊記』、中央公論社、一九八六年、二五八頁。なお宮崎による東洋史の書き換え作業は、井筒の『イスラーム思想史』の書き換え作業と、かなり似通った時代背景、問題意識を持っている。拙稿「歴史社会学者としての宮崎市定――東洋史からアジア史そして世界史へ」『東アジア評論』第五号、二〇一三年、一四七～一六九頁を参照のこと。

(15) ライデンのブリル書店を通じ、モーリッツ（Bernhard Moritz, 1859-1939）やフェラン（Paul Gabriel Joseph Ferrand, 1864-1935）などの、西欧のイスラーム研究者の旧蔵書を一括購入するなどした。前嶋信次『アラビア学への道』日本放送出版協会、一九八二年、六〇頁。

(16) 井筒「二十世紀末の闇と光〔司馬遼太郎との対談〕」全集第一〇巻、六一五頁。傍点については、特に断りがない限り、本章の著者のものである。

(17) 中村廣治郎「解説」、大川周明『回教概論』、二〇〇八年、二二六～二五三頁。

(18) こうした意識は、やや時代をさかのぼると、東洋学の白鳥庫吉(一八六五〜一九四二)による朝鮮ならびに満州に関する研究にもあてはまるところがある。白鳥は伝記の中で、次のように語っている。欧米の研究者は、「満州と朝鮮の研究には手をつけてゐなかつた」。「欧米人の出来ない満州、朝鮮の歴史地理の研究を我々日本人の手に依り完成しなければならないと思つた」と自らの研究動機を語っている。一九〇四(明治三七)年前後のことでる。白鳥庫吉「満鮮史研究の三十年」『白鳥庫吉全集第一〇巻』岩波書店、一九三四年、四〇三〜四〇四頁参照。

(19) 大久保幸次「大東亜戦争と回教圏」『回教圏』六号一巻、一九四一年。なお回教圏研究所および大久保の事績については、田村愛理「回教圏研究所をめぐって——その人と時代」『学習院史学』第二五号、一九八七年、一六〜三五頁、柳瀬善治「戦前期における〈回教〉をめぐる言説・研究序説——同時代の「文学者」との接点を軸に」『近代文学試論』第四〇号、二〇〇二年、一五六〜一六七頁、大澤広嗣、「昭和前期におけるイスラーム研究——回教圏研究所と大久保幸次」『宗教研究』(日本宗教学会)第七八巻第二号、二〇〇四年、四九三〜五一六頁、野原四郎「回教圏研究所の思い出」『アジアの歴史と思想』弘文堂、一九六六年、臼杵陽「戦前日本の「回教徒問題」研究——回教圏研究所を中心として」、岸本美緒編『岩波講座「帝国」日本の学知 三 東洋学の磁場』岩波書店、二〇〇六年、二一五〜二五一頁、所収などに詳しい。

(20) 大澤広嗣「戦時下の哲学者がみた宗教政策——古在由重と大日本回教協会」『大正大学大学院研究論集』第二九号、二〇〇五年、一二五〜一三七頁。

(21) 彼に関する研究資料としては、小松久男『イブラヒム、日本への旅』刀水書房、二〇〇八年がある。またイブラヒーム自身による日本見聞録も邦訳されている。アブデュルレシト・イブラヒム『ジャポンヤ——イブラヒムの明治日本探訪記』小松香織ほか訳、岩波書店、二〇一三年。

(22) 前嶋前掲書、九二〜九三頁。

(23) 井筒豊子「バフルンヌール物語」『白磁盒子』中央公論社、一九九三年、四三〜四九頁。

(24) 同上書、四九頁。

(25) 牧野信也『イスラームとコーラン』講談社、一九八七年、および同『コーランの世界観——イスラーム研究序説』講談社、一九九一年など。

(26) 牧野信也「解説」、井筒俊彦『イスラーム思想史』中央公論新社、二〇〇五年所収、四九七頁。なお、引用文中にある『興亜全書』

の監修者は、回教圏研究所所長である大久保幸次であった。また同全書には、前述の前嶋も寺田穎男との共著『中央アジアの過去と現在』博文館、一九四一年を出している。

(27) 塩尻和子「『イスラーム思想史』――沙漠の思想か共生の思想か」、坂本勉・松原秀一『井筒俊彦とイスラーム――回想と書評』所収、慶應義塾大学出版会、二〇一二年、三五三〜三五五頁。なお塩尻は、ダンカン・マクドナルド（Duncan Black MacDonald, 1863-1943）の著書 *Development of Muslim Theology* の記述のなかに、井筒が引き写したと思われる文章が見受けられるとの指摘も行っている。同書、三五二頁。

(28) 牧野前掲解説、四九七〜四九八頁

(29) なお、中央公論社の文庫版として出版されるに際して、井筒最晩年の研究である、インド・イスラームを扱った、「TAT TVAM ASI（汝はそれなり）――バーヤジード・バスターミーにおけるペルソナ転換の思想」が加えられている。このバスターミー論は全集第一〇巻に所収される。

(30) たとえば、ムハンマド・バーキルッ＝サドル『イスラーム哲学』未知谷、一九九四年、アンリ・コルバン『イスラーム哲学史』岩波書店、一九七四年、S・H・ナスル『イスラームの哲学者たち』岩波書店、一九七五年、W・モンゴメリ・ワット『イスラームの神学と哲学』紀伊国屋書店、一九七六年など。

(31) 井筒「イスラム思想史」、足利惇氏他『西亜世界史』（世界史講座第五巻）所収、弘文堂書房、一九四四年、および同「回教神秘主義哲学者――イブヌ・ル・アラビーの存在論」『哲学』（三田哲学会）第二五・二六輯、一九四四年。いずれも全集第一巻に所収。

(32) 一般に、イスラーム世界における学問は、「アラブの学問」と「アジャム（外来）の学問」に大別される。佐藤次高『イスラーム――知の営み』山川出版社、二〇〇九年。「アラブの学問」には、法学、神学、文法学、書記学、詩学と韻律学、歴史学の六分野がある。この「アラブの学問」の中に、哲学は含まれていない。アラブの学問から見ると一段下に属する、外国から来た学問の中に、哲学は組み入れられている。「外来の学問」すなわち「アシャムの学問」とは、哲学、論理学、医学、数学、幾何学、天文学、音楽、機械工学、錬金術の九分野である。ここにイスラーム世界における、アラブ固有の思想と外来思想との峻厳な区別があり、さらにいうならイスラーム思想史は、それらの相克と対立の歴史であったといえるのではないだろうか。

(33) 谷口淳一『聖なる学問、俗なる人生――中世のイスラーム学者』山川出版社、二〇一一年。

(34) 全集第四巻、三一二〜三一三頁。
(35) 同上書、三一三〜三一四頁。
(36) 同上書、三四〇頁。
(37) 同上書、三八七頁。
(38) 本偽書および『原因論』という、もう一冊の偽書もイスラーム哲学の新プラトン主義化に寄与した。同上書、三八八頁。
(39) 同上書、四五四頁。
(40) 同上書、四五六頁。
(41) 同上書、四七九頁。
(42) 同上書、四五一頁。
(43) 同上書、五四四頁。
(44) 井筒のスフラワルディーへの傾倒については、ザキプール・バフマン「井筒俊彦の東洋哲学とスフラワルディー哲学」『宗教哲学研究』第三三巻、二〇一六年、八二〜八九頁を参照のこと。
(45) 井筒「二十世紀末の闇と光〔司馬遼太郎との対談〕」全集第一〇巻、六三四頁。
(46) 井筒『イスラーム哲学』、全集第五巻、四四九頁。
(47) 中村元『インドと西洋の思想交流』(中村元選集第一九巻) 春秋社、一九九八年。
(48) 井筒「二十世紀末の闇と光〔司馬遼太郎との対談〕」全集第一〇巻、六三四頁。
(49) 本章で取り上げたもの以外にも、安藤礼二、若松英輔編『井筒俊彦――言語の根源と哲学の発生〈増補新版〉』河出書房新社、二〇一七年、若松英輔『叡知の詩学――小林秀雄と井筒俊彦』慶應義塾大学出版会、二〇一五年、若松英輔『井筒俊彦――叡智の哲学』慶應義塾大学出版会、二〇一一年などが、著作としてまとめられている。
(50) 井筒豊子『井筒俊彦の学問遍路――同行二人半』慶應義塾大学出版会、二〇一七年。

■執筆者紹介（執筆順）

瀬戸口 龍一（せとぐち りゅういち）
専修大学総務部次長兼大学史資料課長
主な業績：『専修大学の歴史』（共著）平凡社　2009年、「日本における財政学の導入・構築と田尻稲次郎」（『専修大学史紀要　第3号』2012年）

谷澤 毅（たにざわ たけし）
長崎県立大学経営学部教授、経済学博士（早稲田大学）
主な業績：『世界流通史』昭和堂、2017年、『北欧商業史の研究——世界経済の形成とハンザ商業』知泉書館、2011年

上久保 敏（かみくぼ さとし）
大阪工業大学工学部総合人間学系教室教授
主な業績：『下村治——「日本経済学」の実践者』日本経済評論社、2008年、『日本の経済学を築いた五十人——ノン・マルクス経済学者の足跡』日本評論社、2003年

藪内 武司（やぶうち たけし）
岐阜経済大学名誉教授、経済学博士（京都大学）
主な業績：『日本統計発達史研究』法律文化社、1995年、『統計学総論』昭和堂、1994年

玉 真之介（たま しんのすけ）
徳島大学生物資源産業学部教授、農学博士（北海道大学）
主な業績：『総力戦体制下の満洲農業移民』吉川弘文館、2016年、『近現代日本の米穀市場と食糧政策』筑波書房、2013年、『グローバリゼーションと日本農業の基層構造』筑波書房、2006年

牧野 邦昭（まきの くにあき）
摂南大学経済学部准教授、経済学博士（京都大学）
主な業績：『柴田敬——資本主義の超克を目指して〈評伝　日本の経済思想〉』日本経済評論社、2015年、『戦時下の経済学者』中央公論新社、2010年（第32回石橋湛山賞受賞）

山﨑 好裕（やまざき よしひろ）
福岡大学経済学部・大学院経済学研究科教授、経済学博士（東京大学）
主な業績：柳田芳伸・山﨑好裕編『マルサス書簡のなかの知的交流ー未邦訳史料と思索の軌跡』2016年、昭和堂、永井義雄・柳田芳伸編『マルサス人口論の国際的展開——19世紀近代国家への波及』（分担執筆）2010年、昭和堂

渡辺 邦博（わたなべ くにひろ）
奈良学園大学客員教授、経済学博士（大阪市立大学）
主な業績：『ジェイムズ・ステュアートとスコットランド——もうひとつの古典派経済学』2007年、ミネルヴァ書房、「未完の学籍簿と卒業論文目録」（桃山学院大学『経済経営論集』第59巻第3号、2017年）

吉野浩司（よしの こうじ）
長崎ウエスレヤン大学基盤教育センター助教、社会学博士（一橋大学）
主な業績：『意識と存在の社会学』2009年、昭和堂、「アメリカ社会学会における利他主義セクションの可能性——P.A. ソローキンの統合主義社会学の視点が投げかけるもの」（『現代社会学部紀要』（長崎ウエスレヤン大学現代社会学部、2017年、第15巻第1号）

人名索引

あ 行

か　行

さ　行

た　行

な　行

は　行

ま　行

や　行

ら　行

わ　行

事項索引

さ　行

た　行

な　行

は　行

ま　行

や　行

ら　行

わ行

■編者紹介

八木 紀一郎（やぎ　きいちろう）

京都大学名誉教授、摂南大学学長。経済学博士（京都大学）

著　書

『オーストリア経済思想史研究――中欧帝国と経済学者』名古屋大学出版会、1988 年

『経済思想』日本経済新聞社［日経ビジネス文庫］、1993 年

『近代日本の社会経済学』筑摩書房、1999 年

『ウィーンの経済思想――メンガー兄弟から 20 世紀へ』ミネルヴァ書房、2004 年

『社会経済学――資本主義を知る』名古屋大学出版会、2006 年

柳田 芳伸（やなぎた よしのぶ）

長崎県立大学経済学部教授。経済学博士（京都大学）

著　書

『マルサス勤労階級論の展開』昭和堂、1998 年

『マルサス派の経済学者たち』（共著）日本経済評論社、2000 年

『マルサスと同時代人たち』（共編）日本経済評論社、2006 年

『マルサス　ミル　マーシャル――人間と富との経済思想』（共編）昭和堂、2013 年

『マルサス人口論事典』（責任編集）昭和堂、2016 年

埋もれし近代日本の経済学者たち

2018 年 3 月 30 日　初版第 1 刷発行

編　者　八木紀一郎
　　　　柳 田 芳 伸

発行者　杉 田 啓 三

〒 607-8494　京都市山科区日ノ岡堤谷町 3-1

発行所　株式会社　昭和堂

振替口座　01060-5-9347

TEL（075）502-7500/ FAX（075）502-7501

印刷　亜細亜印刷

ISBN978-4-8122-1722-1